KB060058

아인슈타인은
왜 양말을
신지 않았을까

**WARUM EINSTEIN NIEMALS SOCKEN TRUG**

Wie scheinbar Nebensächliches unser Denken beeinflusst by Christian Ankowitsch

ⓒ 2015 by Rowohlt Berlin Verlag GmbH, Reinbeck bei Hamburg
Korean translation copyright ⓒ 2019 Munhakdongne Publishing Corp.
All rights reserved.

The Korean language edition is published by arrangement with
Rowohlt Berlin Verlag GmbH through MOMO Agency, Seoul.

이 책의 한국어판 저작권은 모모 에이전시를 통해
Rowohlt Berlin Verlag GmbH 사와의 독점계약으로 (주)문학동네에 있습니다.
저작권법에 의해 한국 내에서 보호를 받는 저작물이므로 무단 전재와 무단 복제를 금합
니다.

이 도서의 국립중앙도서관 출판예정도서목록(CIP)은 서지정보유통지원시스템 홈페이지
(http://seoji.nl.go.kr)와 국가자료공동목록시스템(http://www.nl.go.kr/kolisnet)에서
이용하실 수 있습니다.(CIP제어번호: CIP2019002000)

# 아인슈타인은
# 왜 양말을
# 신지 않았을까

사소한 행동들의
결코 사소하지 않은 힘

크리스티안 안코비치 지음
이기숙 옮김

문학동네

차례

사용설명서 006

1부. 사실 우리는 왼쪽 무릎으로 생각한다
   : 머리와 몸에 관한 기초 지식

천재의 머리를 톱으로 자르면 무엇이 나올까 015

사실 우리는 왼쪽 무릎으로 생각한다 025

과대평가된 머리와 과소평가된 몸 034

모든 것과 모든 것 046

그냥 웃어라, 행복해지리니! 057

신체와 정신이 이끄는 마법의 회전목마 070


2부. 내 안에 감춰진 진정한 권력자
   : 느낌과 감정

필요한 건 오직 사랑뿐 087

43개의 근육으로 삶을 바꾸는 기술 100

숨 돌릴 틈이 없다. 계속 가자! 124

외로움과 뜨거운 수프의 상관관계 134

3부. 손으로 사고하고, 발로 익힌다
   : 지각, 학습, 이해

   자세히 관찰하는 모험에 대하여 145

   기억은 온몸에 숨어 있다 182

   일곱 가지 감각 202

   손으로 생각하고 발로 배운다 213

   내 방과 낯선 방이 행사하는 힘 235


4부. 좋은 아이디어가 당신을 찾아내도록
   : 아이디어의 개발과 판단, 그리고 행동

   아이디어에게 기회를 줘볼까 267

   손 씻기를 금지해야 하는 이유 292


5부. 그래서 아인슈타인은 양말을 신지 않았다
   : 결론과 팁

   흰 가운과 검은 양말의 위력 331

   성급한 독자를 위한 팁 348


   감사의 글 354

   주 358

여러분은 이 책에서 어떤 도움을 받을 수 있을까. 이 책을 읽고 무엇을 할 수 있을까. 그리고 무엇을 할 수 없을까.

---

약국에서 알약을 사면 포장용기 안에 뭔가가 적힌 종이가 들어 있다. 그 약이 어디에 효과가 있는지, 어떤 부작용이 생길 수 있는지 적어놓은 복약설명서다. 그런데 책에는 왜 이런 설명서가 없느냐고? 좋은 질문이다. 내가 첫 주자가 되어볼까 한다. 물론 이 설명서는 방대한 임상연구를 토대로 한 정보가 아니라 실용서 저자가 자신의 주장과 요구를 알리려고 적은 글이다.

자, 그렇다면 여러분은 이 책에서 무엇을 기대할 수 있을까? 이 책은 우리 인간이 어떻게 느끼고, 어떻게 사고하고, 어떻게 결정을 내리고, 어떻게 행동하는지에 대해 놀랄 만한 설명을 제공한다. 나의 핵심 주장은 이렇다. 우리 뇌는 그간 학자들이 주장해온 것처럼 독립적으로 작동하거나 독단적으로 일하지 않는다. 그 반대다. 뇌는 우리의 신체와 우리를 둘러싼 환경과 우리가 처해 있는 구체적인 상황에 크게 영향받는다(우리 뇌가 신체와 환경과 구체적인 상황에 영향을 주듯이 말이다. 그러니까 항상 돌고 도는 순환과정이다). 예를 들어 어떤 과제를 해결할 때 손짓, 몸짓을 사용하면 더 잘 풀 수 있고, 천장이 높은 방에 있으면 더 좋은 생각이 떠오를 수 있다.

또한 이 책은 여러분이 삶을 좀더 나은 방향으로 개선할 수 있도록 많은 정보를 제공한다. 그 개선방법은 이해하기 쉽고, 응용하기 수월하며, 효과 만점일 뿐 아니라, 시간도 아주 적게 들고, 많은 말이 필요 없으며, 무엇보다 품위가 있다. 그 방법들을 '트릭'이라고 불러도 무방하다. 그러나 이 말은 핵심을 짚어내는 반면 그다지 품위 있게 들리진 않는다.

정보의 대다수는 여러분의 몸과 관계있다. 예를 들어 기분을 밝게 하고 싶으면 그냥 웃어보라든지, 자신감을 높이고 싶으면 몸을 곧게 펴라든지 하는 조언들이 나올 것이다. 아주 단순하고 뻔하게 들린다고? 맞는 말이다. 하지만 단순하고 뻔하다고 해서 그 방법들이 효과가 뛰어나고 과학적으로 입증되었다는 사실이 달라지는 건 아니다.

이 정보들의 타당성을 증명하기 위해 그것이 어떤 이론들을 기초로 삼고 있는지 밝혀놓았다. 그러므로 내 말을 따를 것인지, 아니면 힘든 상황에 처했을 때 그냥 웃으라는 조언을 경멸하듯 혹은 재미있다는 듯 비웃고 말 것인지는 스스로 결정하면 된다.

정보와 트릭들은 내가 마음대로 지어내거나 개발한 것이 아니라 연구를 통해 얻은 것이다. 다시 말해 과학적으로 입증된 신뢰할 만한 여러 전문서적과 논문에서 추려내 정리한 것이다. 나는 이것들을 가능하면 재미있게 쓰고자 했다. 해당 트릭과 주장의 출처는 '주'에 밝혀놓았다. 겁먹지 마시라. 이 책을 이해하려고 작은 글자로 인쇄된 그 글들을 반드시 읽을 필요는 없다. 여러분이 내용에 대한 의문이 생겼을 때를 대비하여 적어놓은 것뿐이다. 하지만 한번쯤 읽어보는 것도 분명 유익하리라고 생각한다. 이런저런 흥미로운 내용들이 숨어 있으니까 말이다.

이 책을 쓸 당시 눈앞에 그려보았던 독자들에게 한 가지

당부하고 싶은 말이 있다(그때나 지금이나 나는 동일한 독자층을 염두에 두고 있다. 책을 쓴다는 건 영원히 끝나지 않는 작업이다. 책이 인쇄에 들어가고 몇 달이 지난 후에도 나는 원고의 특정 대목을 곱씹어본다). 내가 생각하는 독자는 시험 삼아 가끔씩 또는 지속적으로 자신의 직관적 확신을 흔드는 일에 재미를 느끼는 사람이다. 예를 들어 지능은 최대한 효율적으로 훈련된 두뇌의 문제라는 믿음을 깨부수는 것이다. 이 믿음은 널리 퍼져 있지만 분명 틀린 가정이다. 뇌는 피트니스클럽에서 운동으로 만드는 근육 같은 것이 아니다. 이 사실 하나만으로도 위의 가정은 잘못되었다. 뇌는 고도로 복잡한 기관이자 네트워킹의 명수다. 뇌가 하는 일은 신체로부터 크게 영향받는다. 이런 신비로운 활동에는 단순히 이두박근을 움직일 때와는 다른 법칙이 작용한다.

앞에서 언급한 조언에 대해 말하자면, 나는 근본적으로 (최소한 나처럼) 힘겨운 일상을 보내면서도 잘 버텨나가는 사람들을 독자층으로 상정했다. 때때로 이런저런 난관에 부닥치지만 어떻게든 이겨내는 사람들, 하루하루를 성공적으로 보내지만 모든 것을 완벽하게 한다고는 확신하지 않는 사람들 말이다.[1] 조언은 바로 이런 독자들에게 안성맞춤이라고 생각한다.

그러나 이 조언들은 더 심각한 문제를 해결하는 데는 적절한 방법이 아니다! 가령 내가 트램펄린 위에서 깡충깡충 뛰면 우울하고 언짢은 기분이 나아질 수 있다는 사실을 보여주더라도 거기에는 한계가 있다. 그런데도 그런 방식이 우울증을 없애준다고 약속한다면 경솔하고 무책임한 태도다. 그럴 때는 전문적인 도움을 받아야 한다. 그리고 그런 도움은 책보다는 전문교육을 받은 심신치료사나 의사에게 구해야 한다.

그런 의미에서 나는 이 책이 여러분에게 재미와 깨달음을 주는 독서가 되기를 바란다.

아인슈타인은 왜 양말을 신지 않았을까

아, 방금 이런 질문이 들어왔다. "어떤 동기에서 이 책을 쓰시게 됐나요?" 좋은 질문이다. 수년 전 일간지 노이에 취르허 차이퉁에서 읽은 짤막한 기사가 아직도 생생하게 기억난다.[2] 거기에는 지능이 열심히 암산을 연습했는지 아닌지에만 좌우되는 게 아니라, 두 팔이 어디에 달려 있는지에 의해서도 영향받는다고 적혀 있었다. 그러니까 우리 몸이 우리가 느끼고 생각하고 행동하는 방식에 한몫 거든다는 얘기였다. 그때부터 이 문제에 관한 책을 쓰겠다는 생각이 한시도 머리를 떠나지 않았다. 그러나 당장 실행에 옮기는 대신 더 많은 신문기사와 연구 결과를 수집하고 책을 읽으며 공부했다. 모두 머리와 신체의 상호관계를 다룬 자료들이었다. 지금도 나는 이 문제와 관련된 기사들을 갈무리해두고 있으며, 놀라운 답변이 나올 것 같은 많은 웹사이트들을 저장해놓고 있다. 이 책의 집필을 오래전에 끝마쳤는데도 말이다. 누가 알겠는가? 혹시 한 권의 책이 더 나올지.

1부

사실 우리는
왼쪽 무릎으로
생각한다
: 머리와 몸에
관한 기초 지식

- 왜 우리는 왼쪽 무릎으로 생각할까
- 모든 일을 동시에 하는데도 어떻게 아무 문제가 없는 걸까
- 철학자들은 몸과 머리의 관계에 대해 어떻게 생각했을까
- 행복해서 웃는 걸까, 웃어서 행복한 걸까
- 우리의 삶을 바꾸는 방법은 생각보다 훨씬 많다

# 천재의 머리를 톱으로 자르면 무엇이 나올까

뇌가 나오지 뭐가 나오겠는가. 그 안에는 뭔가 세상을 강타할 만한 것이 들어 있을지도 모른다. 하지만 겉으로 보기에는 글쎄, 뭐랄까…… 직접 확인해보시라.

알베르트 아인슈타인이 사망하고 몇 시간 지나지 않아 토머스 하비 박사는 피가 낭자하는 작업을 시작했다. 그는 아인슈타인의 이마를 절개하고 두피를 뒤로 젖힌 후 톱으로 두개골을 열었다. 무슨 목적으로 이런 광적인 행동을 한 걸까? 그는 천재의 두뇌를 소유하고 싶었다. 당대의 혁명적 발견이었던 상대성이론이 탄생한 그 신체기관 말이다.

이 병리학자는 은밀히 일에 착수했을 것이다. 아인슈타인은 자신이 죽으면 곧바로 시신을 화장하고 아무도 모르는 곳에 재를 뿌리라고 유언했으니까. 어쩌면 그는 이미 예견했는지도 모른다. 누군가 자신의 시신을 들쑤셔 천재성의 원인을 규명해보겠다고 나서리라는 것을. 그런데 그가 사망한 1955년 4월 18일 아침, 흰 가운을 입은 신사가 정말로 아인슈타인이 우려했던 바로 그 일을 저질렀다. 하비는 아인슈타인의 뇌를 이리저리 후벼팠다.

토머스 하비가 정확히 어떤 식으로 작업했는지는 아무도 모른다. 그는 혼자 그 일을 했고,[1] 게다가 2007년 사망했으니 본인에게 물어볼 길도 없다. 다만 그가 아인슈타인의 뇌를 빼돌리기까지는 그리 오랜 시간이 걸리지 않았을 것이다. 사람의 두개골을 톱으로 자르고 척추와 연결된 뇌의 밑부분을 절단한 뒤 회색 세포덩어리를 꺼내는 데는 몇 분밖에 소요되지 않는다.

몇 단계에 불과한 이 간단한 작업 덕분에 우리는 세계에서 가장 유명한 뇌의 잔여물을 지금도 볼 수 있다. 그것을 이리저리 돌려보고 다시 한번 들여다보고 또 살펴볼 수 있다. 토머스 하비의 소원은 바로 이것, 아인슈타인이라는 천재의 비밀을 추적하는 것이었다. 그리고 그 비밀은 다름아닌 아인슈타인의 뇌 속에 숨어 있을 것이었다. 그 구조 속에, 그 얽히고설킨 형상과 어마어마한 능력 안에.

토머스 하비가 그날 아침 얼마나 감격스러워했을지 상상된다. 매우 결정적인 수많은 의문에 대한 답을 얻으리라는 기대감에 짜릿한 흥분을 느꼈을 것이다. 천재의 뇌는 어떻게 생겼을까? 그 뇌는 어떻게 구성되었을까? 인간의 지능을 설명해줄 뭔가가 나올까? 그리고 세상 사람들은 자신의 발견을 두고 뭐라고 할까?

토머스 하비가 천재의 뇌를 저울에 올려놓자마자 아주 놀라운 사실이 밝혀졌다. 아인슈타인의 뇌 무게는 평범한 남자들의 뇌 무게와 똑같지 않았다. 오히려 145그램 정도 가벼웠다! 하비 박사의 예상과는 전혀 다른 결과였다. 박사의 실망은 여기서 끝나지 않았다. 아인슈타인의 뇌를 훑어봤을 때 별달리 특별한 점이 없었다. 아니, 다른 사람들의 뇌와 생김새가 똑같았다. 천재의 머릿속에는 분명 기성품이라고 할 만한 뇌가 들어 있었다!

그러나 이 병리학자는 쉽게 낙담하지 않았다. 겉모습 따위가 무슨 소용인가! 뇌의 비밀은 안쪽으로 더 깊숙이 파고들어갈 때 드러날 것이 분명했다. 하비 박사는 뇌를 포르말린 용액에 넣고 가능한 모든 각도에서 사진을 찍었다. 그런 다음 뇌를 각 1세제곱센티미터 크기의 240조각으로 잘랐다. 그리고 이 조각들을 다시 얇게 저민 후 그 박편들을 현미경으로 관찰하기 위해 유리판에 고정했다. 박사는 꼬박 12주 동안 이 작업에 매달렸고, 이후 전문적인 소견을 구하고자 박편이 붙은 유리판을 동료 연구자들에게 보냈다. 이때 뇌 조각 일부는 자신이 챙겨두었다. 그러나 아인슈타인의 사고기관인 뇌를 처음 보았을 때 드러났던 징후가 이번에도 나타났다. 어디에도 특별한 구석이 없었던 것이다.

동료 연구자들은 세상에 공개할 만한 가치가 있는 것을 찾아내지 못했다. 그렇게 아인슈타인의 뇌는 잊혀갔고 뇌를 절취한 병리학자 하비 박사는 다른 일에 몰두했다. 그로부터 23년 후, 스티븐 레비라는 기자에 의해 하비의 비밀이 파헤쳐졌다. 그는 하비의 발견을 즉시 기사로 썼다. "내가 아인슈타인의 뇌를 발견했다."[2] 그다지 놀라운 제목은 아니었지만, 이 사건에서 가장 큰 파장을 일으킨 부분이었다. 아인슈타인의 뇌 일부를 두 개의 큰 유리병에 담아 연구실에 보관하고 있던 노령의 하비가 기자에게 이렇게 고백했기 때문이다. "뇌에서 특별한 점을 발견하지 못했습니다."

세계 여기저기에 흩어져 있던 아인슈타인의 나머지 뇌 조각들은 얼마 전에야 다시 모습을 드러냈다. 여기서 보고

할 만한 것이라고는 그 조각들이 거쳐온 파란만장한 여정밖에 없을 것 같다. 최근 한 연구는 전전두엽 피질의 면적이 평균보다 크다고 발표했지만, 수많은 가정과 이의가 제기되면서 타당성이 부족한 것으로 판명되었다.[3] 사실만 말해보자. 알베르트 아인슈타인의 천재성을 그의 뇌에서 읽어낼 수 있다는 가정을 뒷받침할 타당한 증거는 아직까지 존재하지 않는다. 천재를 만든 혹도 없고, 노벨상을 담당한 중심도 없으며, 프린스턴에 해당하는 부분도 없다. 아무것도 없다. 예나 지금이나 전문가들이 앞에 놓고 연구한 건, 절대로 평범하지 않은 남자의 무척이나 평범한 뇌의 산재한 조각들이다.

그렇다면 아인슈타인은 어떻게 그런 혁명적인 생각들을 할 수 있었을까? 어떻게 그런 남다른 생각을 할 수 있었을까? 어떻게 그토록 똑똑했을까? 어려운 문제에 봉착했을 때는 몇 걸음 뒤로 물러나, 중요해 보이는 것에서 사소해 보이는 것으로 시선을 돌리는 게 좋다. 시험 삼아서라도 해보자. 계속 멍하니 아인슈타인의 뇌를 응시하는 것은 나중에 언제라도 할 수 있으니까. 그렇지 않은가? 좋다.

자, 그럼 그의 뇌 말고 우리가 알아낼 수 있는 건 무엇일까? 일단 산전수전 다 겪은 인간, 아주 흥미로우면서 호감가는 인간의 인생사가 있다. 아인슈타인은 나치를 피해 독일을 떠나 미국에서 새로운 고향을 찾았으며, 상당히 고집이 센 인물로 알려져 있다. 괴팍한 성격의 학자였다고도 한다. 진부한 얘기지만 모두 사실이다. 또 그는 틈만 나면 사색에 잠기는 대신 잠을 자는 것으로 유명했다. "나는 잘 먹는 것과 잠을 잘 자는 것 중에서 하나를 고르라고 한다면 잘 자는 쪽을 택하는 사람이네."[4] 또한 그는 평소 스포츠에는 관심이 없었는데 요트는 열광적으로 즐겼다. 손님들에게 자신의 최신 이론을 들려주는 동안에도 손에서 노를 놓지 않았다. 한 동시대인은 훗날 이렇게 묘사했다. "아인슈타인은 노를 잡은 채 그곳에 모인 친구들에게 자신의 최신 과학이론들을 즐겁게 설명했다. 그는 소년처럼 대담하고 능숙하게 보트를 몰았다. 직접 돛을 올렸으며, 엉금엉금 기어가 닻줄을 팽팽하게 당겼고, 막대기와 갈고리를 사용해 보트를 해안에서 밀어냈다. 그렇게 하는 데서 오는 즐거움이 그의 얼굴에 나타났고, 그의 말과 행복한 웃음에 묻어났다."[5]

아인슈타인이 몰두한 또하나의 취미는 바이올린 연주였다. 열정과 실력이 일치하진 않았지만 개의치 않고 여행지에서 지인들을 위해 작은 음악회를 열곤 했다. 몰입 정도에 비해 그다지 능숙하지 못했던 그의 연주에 대해서는 많은 이야기가 있다. 피아니스트 아르투르 슈나벨은 아인슈타인이 여러 번 시작 신호를 놓치자 탄식하며 이렇게 불평했다고 한다. "맙소사, 알베르트, 숫자 셀 줄 몰라요?"[6] 잠을 좋아하는 아인슈타인의 습성은 오랜 시간 산책하고 소박한 식사를 즐기는 습관과 아주 잘 맞아떨어졌다. "나는 기름기와 고기와 생선을 먹지 않고 살지만 아주 건강하다. 인간은 태어날 때부터 육식동물이 아니라는 생각까지 든다."[7]

그의 획기적인 발견도 지극히 사소하고 우연한 순간에 일어났다. 그때 아인슈타인은 복잡한 공식을 놓고 곰곰이 생각하거나 실험실에서 이리저리 어슬렁거리지 않았다. 그는 별다른 일을 하고 있지 않았다. "나는 베른특허청 사무실 의자에 앉아 있었다." 그게 전부였다. 당시 그가 3급 기술직 전문가로, 나중에는 2급 전문가로 일했던 스위스 특허청은 여유롭고 평온했던 것 같다. 바로 그때였다. 1922년 그가 일본 교토의 한 강연에서 이야기했던 일이 벌어진 것은. "그 순간 불현듯 사람이 자유낙하를 하면 자신의 몸무게를 느끼지 못할 거라는 생각이 떠올랐다. 그러면서 섬광이 번득였다. 이 간단한 생각이 계속 나를 사로잡았다. 그때 느낀 감격이 결국엔 나를 중력이론으로 데리고 갔다."[8]

끝으로 자주 회자되는 그의 또다른 습성을 말해보자. 아인슈타인은 옷을 아무렇게나 입었고, 머리는 아내 엘자 뢰벤탈이 자르게 했으며, 양말은 거의 신지 않았다. "양말을 왜 신어야 하죠?" 왜 양말을 신지 않느냐고 물으면 그는 이렇게 대답했다. "양말은 구멍만 나잖아요!" 이렇게 해서 우리는 아인슈타인이 제아무리 똑똑해도 결국엔 이 세상 사람이었다는 것을 보여주고 싶을 때 끄집어내는 일화에 도달했다. 그렇다면 이런 것들이 그의 빛나는 지성을 설명해줄까? 아니다. 바이올린 연주, 요트에 대한 열정, 양말을 신지 않는 습관 같은 것들은 그의 지능과 지성을 설명하는 데 쓸모없다.

아니, 그렇지만 대체 왜 설명이 안 된단 말인가? 물론 그런 습성들이 그의 지능과 관계있을 개연성은 거의 없어 보이는 게 사실이다. 그래도 잠시 앞에서 언급한 사소한 일들이 무의미한 곁가지 이상의 무엇이었다고 생각할 수는 없을까? 그의 사고와 어떤 식으로든 관계있었다고 생각하지 못할 이유가 있을까? 다시 말해 그가 열심히 바이올린을 연주한 것은 그의 인지능력에 영향을 끼쳤고, 산책 습관은 (나중에 '사고'를 다루는 장에서 알게 되겠지만) 생각을 조합하

아인슈타인은 왜 양말을 신지 않았을까

는 능력에 유리한 분위기를 조성했으며, 스위스 특허청에서 편안하게 앉아 있던 일상은 (이것도 '창의성'을 다룬 장에서 밝혀지겠지만) 그를 창의적인 무의식에 빠뜨려, 자유낙하하며 자신의 몸무게를 느끼지 못하는 사람을 갑자기 떠올리게 했다고 생각하지 못할 까닭이 있을까? 또 욕심 없는 생활이 단순한 기벽이 아니라 그의 아이디어에 영향을 주었던 것이라고 생각할 수 있지 않을까? 얼마든지 가능한 생각들이다. 아인슈타인은 여러 번 이렇게 말했다. "나는 외적으로 소박하고 욕심 없는 생활이 누구에게나, 그것도 몸과 마음에 모두 좋다고 믿는다."[9]

지금 나는 아인슈타인의 상대성이론 발견이 불안정한 음악적 재능과 요트 취미 덕분이라고 주장하려는 게 아니다. 말도 안 된다! 아인슈타인으로 하여금 혁명적 발견을 하게 만들고, 그것을 논리정연한 이론과 공식으로 정리해 세상에 발표하게 한 것은 그의 인지능력이었다.

다른 질문을 해보겠다. 우리는 어떤 식으로 문제를 해결할까? 세계를 어떻게 설명할까? 다른 사람들에 대해서는 어떻게 판단할까? 그리고 우리 자신에 대해서는 어떤 식으로 판단을 내릴까? 기억은 어떻게 할까? 창의력은 어떻게 발휘할까? 계획은 어떻게 세울까? 그리고 무엇보다 중요한 질문이 있다. 이 과정에서 우리 뇌는 어떤 역할을 할까? 우리의 뇌와 다르지 않은 아인슈타인의 뇌는 정말 완벽한 사고 기계처럼 작동했을까? 주변에서 벌어지는 일과 무관하게 제 할일만 했을까? 그의 식습관과 음악활동과 독특한 옷차림에 전혀 영향받지 않았을까? 뇌는 몸과 감정과 환경으로부터 완벽히 차단된 채 홀로 꿋꿋이 창의적인 일을 하는 걸까?

혹시 인지능력은 신체에 의해서도 어느 정도 형성되지 않을까? 외적인 상황에 영향받지는 않을까? 괴팍한 습성, 움직이는 방식, 표정과 자세, 말할 때의 특이한 습관, 근무하는 공간, 우리를 덮치는 감정, 입고 있는 옷, 소파에서 빈둥댈 때의 모습에 의해 만들어지지는 않을까? 간단히 말해, 아무 역할도 하지 못한다는 모든 사소한 것들이 명석함과 사고에 영향을 미치는 건 아닐까?

머리든 몸이든 환경이든 감정이든 아니면 양말이든, 이 모든 문제들을 이 책에서 다루어보려고 한다. 당장 다음 페이지부터 시작하겠다. 이 모든 것을 결정짓는 중요한 질문에 대한 답을 서둘러서 찾아야 하니까. 그 질문이란 바로 이것이다. 아인슈타인은 왜 양말을 신지 않았을까?

# 사실 우리는
# 왼쪽 무릎으로 생각한다

30분 동안 푹신한 침대에 누워 꼼짝하지 않으면 무슨 일이 벌어질까. 자기 자신이 위쪽에 혹이 달린 감자 포대가 된 느낌이 들기 시작한다. 원인은 우리 뇌에 있다. 뇌가 정신을 차리려면 몸이 필요하다.

이 책의 성공에 조금이라도 기여하고 싶다면 잠시 책을 치워놓고 길거리로 나가라. 그리고 살짝 용기를 내어 지나다니는 사람들에게 간단한 질문을 해보라. '우리의 몸은 우리의 총명함에 중요한 역할을 할까요?' 이 작은 실험을 할 의향이 있는가? 있다고? 좋다! 그럼 이따가 다시 만나자.

아, 벌써 들어오셨군! 나는 대다수 사람들이 여러분에게 똑같은 대답을 했을 거라고 생각한다. 바로 '아니요!'라고. 이 대답은 이런 뜻이다. '우리 몸은 우리가 얼마나 똑똑한

지와 전혀 관계없어요. 사고는 뇌가 담당하는 작업이에요. 무슨 그런 바보 같은 질문을!' 그럴 줄 알았다. 수긍이 가는 대답이다. 뇌의 능력 말고 그 어떤 것이 우리의 문제 해결 방식을 담당하겠는가? 이 견해가 얼마나 널리 퍼져 있는지를 직접 확인했으니 여러분도 알 것이다. 그리고 다른 견해를 펼치려면 그 근거를 똑바로 제시해야 한다는 것도 깨달았을 것이다. 그런데 사실은 그 반대 견해가 옳다. 몸은 우리가 얼마나 똑똑한지에 관여한다. 그것도 상당히 크게.

이유는 이렇다. 사고는 두뇌만의 독점적 활동이 아니다. 사고할 때 몸의 나머지 부분들은 열심히 일하는 뇌를 그저 감탄하며 바라보고만 있지 않다. 사고는 팀워크다. 사고는 감각과 운동과 자세의 지원을 받는다. 요컨대 몸 전체의 도움을 받는다는 말이다. 이 주장을 뒷받침하는 수많은 연구 결과 중에서 몇 가지만 소개하겠다.

- 새로운 것을 습득할 때, 오른손을 오므려 주먹을 쥐거나 잠 간 산책하면 더 쉽게 배운다.
- 아이들에게 책을 읽어줄 때, 손짓이나 몸짓을 분명하게 해 주면 말을 더 빨리 배운다.
- 몸을 왼쪽으로 기울여서 보면 에펠탑의 높이를 잘못 추정하

아인슈타인은 왜 양말을 신지 않았을까

게 된다.

- 천장이 높은 공간에서 일하면 더 창의적인 사고가 가능하다.
- 학생들은 앞줄에 앉아 공부할 때 시험 점수가 좋게 나오고, 맨 뒷줄에 앉으면 점수가 나쁘게 나온다.
- 따뜻한 음료가 든 찻잔을 손에 들고 대화를 나누면 서로에 대한 호감도가 금방 올라간다.
- 나무의자에 앉아 있는 사람은 남에 대해 엄격한 판단을 내리기 쉽다.

이런 결과들이 발표될 때면 흔히 함께 나오는 뉴스가 있다. 잃어버렸던 개가 유럽에서 1112킬로미터나 되는 먼 거리를 달려와, 행복해하는 주인과 함께 카메라를 응시하며 숨을 헐떡이는 장면이다. 왜 이들이 그다지 좋지 않은 평판을 받는지 알 수 있는 대목이다. 개가 아니라 연구 결과의 평판 말이다.

이런 연구들에 진지함이 부족한 듯해 혼란스러울지 모르지만, 잠시 그 혼란에 몸을 맡겨도 좋다. 혼란스러움은 모든 인식의 출발점이다. 그 혼란스러움을 생산적으로 만들기 위해 몇 가지를 더 설명하려고 한다. 듣다보면 앞에서 말한 연구들의 이면에 아무리 높이 평가해도 지나치지 않은 중요한 통찰이 숨어 있음을 알게 될 것이다. 바로 우리 뇌가 몸과 불가분의 관계로 연결되어 있다는 사실이다. 그래서 삶을 제대로 올바르게 헤쳐나가려면 몸에 의지해야 한다.

이게 전부라고? 기본적으로는 그렇다. 롤프 파이퍼는 현기증이 날 정도로 단순한 이 주장의 본질을 아주 멋지게 설명했다. 인공지능 전문가인 파이퍼 교수는 한 인터뷰에서, 뇌가 신체에 편입되어 있다는 사실을 강조하는 것은 한편으로 '분명하면서도 상당히 진부한 주장'이라고 말했다. 그러나 다른 한편으로 이 사실을 인식하고 있는 사람이 놀랍게도 아직 많지 않다고 했다. "뇌는 완전한 유기체의 일부입니다. 그것을 따로 떼어 관찰해서는 뇌를 제대로 이해할 수 없습니다."[10]

이 간단하고 혁명적인 주장은 그간 수없이 다양하게 변주되어왔다. 세부적으로 어떻게 표현되었든, 거기에 담긴 핵심 명제는 모두 동일하다.

- 뇌는 신체의 일부다.
- 뇌와 신체는 서로 불가분의 관계로 이어져 있다.

아인슈타인은 왜 양말을 신지 않았을까

- 우리가 세계로부터 얻는 모든 정보는 신체의 감각기관을 통해 뇌로 전달된다.
- 또 신체는 세계와 불가분의 관계로 연결되어 있다.
- 그러므로 우리의 사고는 지금 어떤 공간에 자리잡고 있는지, 어떤 사람들과 함께 있는지, 지금 햇빛이 비치는지 아닌지, 좋아하는 축구팀이 어떤 경기를 펼쳤는지에 영향받는다.

신체와 뇌가 정확히 서로 어떻게 관계를 맺고 있는지 이제부터 한 장 한 장 설명해나가려고 한다. 여기서는 잠시 맛보기로 두 가지 구체적인 예를 들어보겠다. 첫번째 사례는 팀 로러라는 미국 인지학자의 글에서 발견한 것이다. 관절이 따라주지 않아 수행할 수 없는 몸동작을 머릿속으로 생각하면 현실에서 직접 그 동작을 취하는 것과 똑같이 느낀다. 해부학적으로 불가능한 비틀기를 상상만 해도 고통이 느껴지는 것이다.[11]

믿어지지 않는다고? 상관없다. 곧 시험해볼 테니까. 자, 오른손을 천천히 계속해서 뒤로 젖힌다고 상상해보라. 그렇지, 조금 더, 조금 더 젖히면서 손등이 팔꿈치 부분에 닿을 때까지 계속 젖힌다고 상상하라. 입을 고통스럽게 일그러뜨리며 낮게 '아야!' 소리를 내더라도 이상할 게 없다. '말도 안 돼! 정신은 자유롭고 독립적이잖아!' 여러분은 이렇게 말할지도 모른다. 우리는 모든 것을 상상할 수 있지만, 신체의 법칙에 반하는 행동을 하면 곧바로 몸이 개입한다.

두번째 사례는 사고와 신체가 얼마나 밀접히 연결되어 있는지를 더 확실히 보여준다. 이는 일군의 간호사들이 발견한 사실이다.[12] 정신은 건강하지만 병상 신세를 지게 된 환자들이 특이행동을 시작하는 걸 목격한 게 연구의 계기였다. 환자들은 물컵을 입으로 가져가지 않고 목에 갖다댔다. 잡으려는 물건이 뚜렷하게 보이는데도 허공에 손짓하기도 했다. 병실 천장에 있지도 않은 거미가 보인다고 하는 사람도 있었고, 어떤 이들은 본인이 누구인지조차 잊어버렸다.

간호사들은 환자들이 매우 푹신한 병실 침대에 누워 있어야 했던 상황이 그런 특이행동과 연관 있을지 모른다고 추측했다. 검증을 위해 그들은 다음과 같은 실험을 진행했다. 간호사들은 건강한 사람 스무 명을 모집해 열 명은 딱딱한 침대에 눕게 하고, 나머지 열 명은 욕창 방지용으로 나온 '엄청나게 푹신한 매트리스 또는 압력 조절 매트리스'에 눕게 했다. 그리고 두 집단에 '앞으로 30분 동안 절대로 움직여서는 안 되며, 새끼손가락 하나라도 까딱하거나 코

아인슈타인은 왜 양말을 신지 않았을까

를 찡긋해서도 안 된다'는 엄격한 지침을 주었다.

30분 후 실험 참가자들은 자신이 어떤 상태에 있었는지를 이야기하고, 어디에서 몸의 경계를 느꼈는지 그림으로 그려야 했다. 결과는 의미심장했다. 아주 푹신한 매트리스에 누웠던 사람들은 모두 대단히 특이한 경험을 했다고 보고했다. '두 손과 팔이 사라졌고, 두 다리와 골반이 으깨져 볼품없는 덩어리처럼 변했으며, 몸이 헐거워지는 느낌이었다. 그러면서 몸이 규칙적으로 움직이며 위로 떠올려지는 느낌이 들었다.' 그들이 그린 그림도 대부분 비슷했다. 한 참가자는 위쪽에 혹이 달린 감자 포대로 자신을 묘사했다. 혹은 그의 머리였다.

30분간 움직이지 않고 푹신한 침대에 누워 있으면 된다는 말인가? 그러면 뇌가 공황상태에 빠진다고? 그렇다. 30분이면 충분하다. 이유는 간단하다. '나'라고 말할 수 있으려면, 그리고 정체성을 확립해가려면 신체가 있어야 한다. 그 자체로 느껴지는 안정된 신체가 있어야 한다. 신체는 스스로 지각하고 움직이면서 자신의 경계선이 어디인지를 뇌에 알려준다. 신체는 감각기관의 도움을 받아 어디가 '내 집'인지를 매번 뇌에 새로 '묘사'한다. 평소에는 이 모든 상황을 전혀 인지하지 못한다. 어깨에 옷이 걸쳐져 있다는 것을 느끼고 조금 낀다고 생각하지만, 부드럽게 가해지는 그 압력이 뇌에 어깨가 어디에 있는지 알려준다는 사실을 깨닫지는 못한다. 우리는 다른 사람에게 안기고, 설거지한 그릇을 치우며 팔꿈치를 부딪치고, 계단을 가볍게 춤추듯 올라간다. 이 감각적 반응들은 우리 몸의 정확한 윤곽을 뇌에 상기시켜준다. 우리는 우리 몸을 너무나 잘 알고 있기 때문에 눈을 감고도 집게손가락으로 코끝을 톡톡 칠 수 있다.

그런데 아뿔싸! 몸을 더이상 움직이지 못하게 되었다. 그러면 우리는 정신을 차리지 못하고 자신이 누구인지도 정확히 알지 못한다. 뇌는 밖으로부터 정보를 받아들이지 못하면 자기 마음대로 그림을 그리기 시작한다. 그 그림은 대개 환상과 관계있지 현실과는 거의 무관하다. 꿈을 꿀 때와 비슷하다. 꿈을 꿀 때도 밖에서 주어지는 정보가 차단되는 순간, 뇌는 자기만의 상상을 불러낸다. 몸과 마음이 완전히 와해되지 않게 하려고 우리의 신체적 지각은 손발과 두개골 같은 주변부에서 몸 안쪽으로 철수한다고 연구서 저자들은 말한다. 마치 얼음처럼 차가운 물에 누워 있을 때와 비슷한 상황이라는 것이다. 이때도 우리는 신체의 외부 초소를 '희생'시키고 몸안에서 생명 유지를 담당하는 시스템에 집중한다. 감각적 지각을 빼앗는다고 해서 '감각 박탈'이라고 부르는데 이와 비슷한 실험들이 많이 있다. 그리고 모두 이것이 인체에 좋지 않다는 동일한 결론에 도달했다. 모든 외부 자극을 유보하는 것은 지독한 고통을 유발하기 때문에, 이 방법을 사용해 고문까지 할 수 있다.[13]

신체와 뇌가 정확히 어떤 방식으로 연결되어 있는지, 뇌가 자율적으로 작동한다는 생각이 얼마나 확고하게 우리 머릿속에 자리잡고 있는지, 신체와 뇌의 상관성을 누가 알아냈는지, 그리고 이 단순하면서도 혁명적인 생각이 몇 년 전부터 어떻게 확산되고 있는지, 사소해 보이는 것들이 어떻게 우리의 사고에 영향을 미치는지, 이 모든 것들을 이해하기 위해 역사 속으로 들어가보려고 한다. 딱 370년 전으로 돌아갈 생각이다. 그 이상은 가지 않겠다. 그렇게 할 가치가 있다는 것을 여러분도 알게 될 것이다.

# 과대평가된 머리와 과소평가된 몸

철학자들은 몸과 머리의 관계에 대해 어떤 생각들을 했을까? 짧은 시간여행을 떠나보자. 해피엔딩이 기다리고 있을 것이라 약속한다!

인간에게 여러 비난을 퍼부을 수는 있겠지만, 우리가 자기 자신에 대해 사유한다는 것만은 비난의 대상이 아니다. '생명과 우주와 그 나머지 모든 현상들의 본질을 설명할' 해답에 무엇이 있을 수 있는지에 대해서는 수백 년 동안 많은 이론들이 쌓여왔다.[14]

뇌와 신체의 상호관계에 있어서 오늘날까지 성공적으로 명성을 유지하고 있는 명제가 있다. 370년의 역사를 자랑하는 그 명제는 프랑스 철학자이며 자연과학자인 르네 데카르트가 주장한 것으로, 그의 성실한 진리 추구의 산물이다. 데카르트는 신체와 정신이 근본적으로 서로 다른 두 개의 기관이라고 주장했다. 그에 따르면 신체는 믿을 게 못 된다. 감각과 감정을 가지고 있는 시스템이니까! 이 감각과 감정은 우리를 잘못된 길로 빠지게 할 뿐이다! 그러므로 가장 좋은 것은 신체를 의혹의 눈길로 보는 것이다. 한편 데카르트는 우리의 정신을 비할 바 없이 높게 평가했다. 정신은 신체 없이도 훌륭하게 유지되며, 자신과 세계에 대해 혼자 사유할 수 있는 능력을 가지고 있다. 인간이 존재한다는 가장 기본적인 통찰('나는 생각한다. 그러므로 존재한다')도 이 능력 덕분이다.

정신은 신체가 없어도 가능하다는 생각은 상식으로 발전했다. 우리는 머리 혼자 사고와 이성의 발휘를 담당하며, 몸은 어떤 영향도 주지 못하므로 이 둘의 협력관계를 숙고하는 것은 무의미하다고 믿는다.

따라서 우리가 어떻게 사고하고 행동하는지 알고 싶으면 곧장 뇌에 시선을 돌려야 한다. 그리고 뇌가 주변 환경으로부터 어떻게 정보를 얻어 처리하고 결국엔 신체를 조종하는지 공부하면 된다. 이는 뇌과학자들까지 추종하는 이론이다. 그리하여 이들은 우리 뇌의 내부를 다양하게 많이 촬영하여 사진으로 만들고, 거기에 나타난 빨간색, 노란색, 오렌지색 반점들에서 사유와 존재의 심오한 이유를 찾고 있다. 인지과학자 알바 노에는 '당신은 당신의 뇌가 아니다'라는 멋진 제목의 책에서 이 문제와 맞섰다.[15] 그리고 뇌가 더 강력한 힘을 발휘한다는 뇌과학자들의 이론이 얼마나 케케묵은 사상에 기반하고 있는지 증명해보였다.

우호적이지만 냉철한 독자라면 이렇게 반문할지 모른다. '그래서요? 우리가 뇌를 과대평가하고 신체를 과소평가하는 게 뭐 그리 크게 잘못되었나요? 미안하지만, 그건 전문가들끼리 벌이는 일상과 무관한 논쟁 아닌가요?' 일리 있는 말이다. 인간을 머리의 관점에서 생각하는 것은 얼마든지 가능하다. 하지만 여기에는 달갑지 않은 부작용이 몇 가지 따른다. 첫째, 사고와 학습과 기억활동에서 신체가 담당하는 역할을 고려하지 않으면, 중요한 도움을 포기하는 셈이 된다. 신체는 이런 활동에서 강력한 동맹군이 될 수 있기 때문이다. 뒤집어 표현하면, 우리가 사고할 때 신체가 상당히 어려운 문제를 만들어낼 수 있다는 말이 된다. 이 문제가 어디에 숨어 있는지를 아는 사람만이 그걸 방지할 수 있다.

둘째, 신체를 정신이 결여된 단순한 매개체로 보면 신체

아인슈타인은 왜 양말을 신지 않았을까

의 비밀을 영원히 이해할 수 없다. 예컨대 신체는 감정과 기분의 형태로 우리에게 그 비밀들을 끊임없이 속삭인다.[16] 이 언어를 배우지 않으면, 신체는 마치 휴가지에서 낯선 그 나라 말로 길을 알려주어 우리를 당황케 하는 친절한 원주 민 같은 신세가 된다. 이뿐만이 아니다. 신체가 어떤 상태 인지 모르면, 신체가 느끼는 감정에 대해 이야기하고 깊이 생각해볼 기회도 없다. 뱃속에서 나는 꾸르륵 소리가 그저 이상한 소리처럼 들리는 것과 같다고나 할까? 우리가 항상 신체의 위력에 휘둘릴 위험이 있다는 것은 더 말할 필요도 없다. 감정의 기상도에 그려진 재미있는 소용돌이무늬가 무엇을 뜻하는지 아는 사람만이 폭풍처럼 닥치는 감정에 대비할 수 있다.

셋째, 데카르트의 명제는 또다른 이유에서 심각한 결과 를 초래한다. 그의 명제는 오늘날까지도 우리의 모든 문제 를 머리로 해결할 수 있다고 믿게 한다. 다시 말해 독립적 인 뇌가 있다는 잘못된 사실로부터 그 뇌를 가진 인물 전 체를 추론하는 것이다. 즉 우리는 뇌를 판단하는 방식대로 자신마저 총체적으로 판단한다(우리의 뇌가 완전히 독립적으 로 제 할일을 하고 모든 것을 처리할 수 있듯이, 우리도 완전히 독립적으로 우리의 일을 하고 모든 것을 할 수 있다고 생각한다).

이 뇌 중심적 자아상이 얼마나 광범위하게 확산되어 있는지를 알고 싶으면 서점에 가서 관련 서적을 찾아보라. '정신의 힘이 모든 장애물을 이겨낸다!' 이런 식의 문구가 적혀 있다면 틀림없이 그런 책이다. 펼치는 책마다 몇 가지 효과적인 지식만 주입하면 뇌가 우리를 금방 올바른 방향으로 안내한다고 속삭인다. '명료한 사고의 기술을 익혀라. 그러면 결코 잘못된 결정을 내릴 일이 없다!' 두뇌가 모든 걸 조종한다는 명제의 하나가 이것이다. 그 책들은 문제를 해결하는 최고의 방법은 뇌를 계속 다그치는 것이라는 메시지를 보낸다.

심리학자 볼프강 차허도 적었듯이, 순수한 사고의 힘에 대한 이러한 믿음은 단순히 상담서 저자들뿐 아니라 인지치료 전문가들에게서도 찾아볼 수 있다.[17] 인지치료는 '우울증의 계기와 원인을 찾는' 과정에서, 예컨대 '과잉 일반화' 같은 '사고의 오류'를 그 원인으로 지목하는 접근법이다. 바꿔 말하면, 정신적 질병은 명확하게 식별할 수 있는 원인이 있으며 사고를 통해 문제를 해결할 수 있다고 보는 것이다. 참으로 근사해 보인다. 그러나 안타깝게도 틀렸다. 우울증 같은 것은 오히려 당사자에게 곧고 힘찬 걸음걸이를 가르쳐주면 완화시킬 수 있다. 즉 몸의 자세를 이용해 정신에 영향을 행사하는 것이다.

데카르트의 사유방식에는 오랫동안 반박이론이 따라다녔다. "Nihil est in intellectu, quod non antea fuerit in sensu." 수백 년 전 출몰하여 서구 사상계를 배회해온 유명한 문장이다. 번역하면 이런 뜻이다. "먼저 감각 속에 있지 않았던 것은 정신 속에도 존재하지 않는다." 즉 어떤 것이 정신의 주의를 끌 수만 있다면, 그러나 그것이 먼저 감각에 의해 경험되었다면, 신체는 우리의 사유에서 쓸모없는 것이 아니다. 프리드리히 니체는 철학자 데카르트를 직접 공격했다. "관념론자들은 인간을 신체와 영혼으로 쪼갰다. (…) 그러나 자라투스트라는 이렇게 말했다. 하나의 현실만이 존재한다고. 즉 신체만이 존재한다고. 영혼은 신체에 있는 무엇에 지나지 않는다. (…) 정신이 존재하는 것은 신체가 있기 때문이다. 신체는 그 자체로 정신을 발달시키는 힘을 가지고 있다. 꽃이 식물의 몸에서 피어나듯, 우리의 정신도 몸을 토대로 발달한다."[18] 그러나 신체가 사고에 중요한 역할을 한다는 믿음이 확산되기까지는 더 많은 세월이 흘러야 했다. 이 믿음의 전파를 가속화한 사람은 언어학자 조지 레이코프와 철학자 마크 존슨이다.[19] 이들은 우리가 무언가를 표현할 때, 특히 추상적인 것을 말할 때 단순한 비유를 즐겨 사용한다는 사실을 발견했다.

두 학자가 발견한 현상을 자세히 살펴보기 전에 잠시 한 번 더 쉬어갈 시간이다. 책을 손에서 내려놓고 잠깐 산책을 나가보자. 그리고 생각과 감정을 이야기할 때, 혹은 시간이나 사랑에 대해 말할 때 어떤 개념을 사용하는지 생각해보자. 아마 여러분은—다른 사람들도 모두 그렇겠지만—대부분 비유법을 사용한다는 걸 알았을 것이다. 우리는 '과거를 지나왔다'거나, '지식욕을 채웠다'거나, 누구 때문에 '몸이 달아오른다' 같은 표현을 사용한다. 레이코프와 존슨은 바로 여기에 우리의 세계 인식을 이해하는 열쇠가 있다는 것을 깨달았다. 이들의 주장에 의하면, 우리는 복잡하고 추상적인 현상을 설명할 때 단순하면서도 생생한 비유를 사용한다.[20] 예를 들면 어떤 관계의 본질을 구체적인 여행의 개념으로 바꾸어 표현할 때가 있다. 그래서 '우리는 지금 갈림길에 서 있다'거나 '이제 우리는 각자 다른 길을 가야 한다' (…) '나는 이 관계가 어디로 갈지 모르겠다' '길고 긴 가시밭길이었다' 같은 표현을 사용한다.[21]

이런 비유들은 어디에서 나왔을까? 그리고 이 모든 것이 신체와 무슨 관계가 있을까? 이 질문에 대답하려면 우리가 말하는 방식이 어떤 토대를 딛고 서 있는지 설명해야 한다.

아인슈타인은 왜 양말을 신지 않았을까

그런 기초적인 토대는 반드시 있어야 하지 않겠는가? 그렇지 않다면 레이코프와 존슨의 훌륭한 이론 전부가 공중에 붕 뜨고 말 것이다! 실제로 그런 토대가 있다. 바로 우리의 신체다. 우리는 신체 덕분에 두 종류의 일을 할 수 있다. 삶에서 중요한 경험들을 할 수 있고, 움직이면서 세계를 돌아다닐 수 있다. 살면서 방향을 잃지 않으려면 '위와 아래' '앞과 뒤' '안과 밖' '가까움과 멂'을 구분하는 법을 배워야 한다. 다시 말해 방향을 잡을 수 있는 단순한 개념들을 찾아내야 한다.

바로 이 개념들이 우리가 사용하는 언어적 비유의 토대를 제공한다. 복잡한 사안을 시간적 개념으로 설명할 때가 그렇다. 가령 미래가 '우리 앞'에 놓여 있다든지 과거는 '우리 뒤에 멀리' 있다고 말하는 경우가 있다. 다른 맥락에서 우리는 어떤 물건이 왼쪽links 혹은 오른쪽rechts에 있었던 경험을 토대로, 어떤 일에 관심이 없을 때 그것을 '내버려둔다links liegenlassen'고 말한다.

혹시 이렇게 반문할지 모르겠다. '그래요. 우리 인간은 자신의 신체를 보고 얻어낸 은유를 즐겨 사용합니다. 흥미롭군요. 하지만 그게 정말 중요할까요?' 그렇다. 정말 중요하다. 우리가 말하는 방식은 우리가 생각하는 방식, 판단하는 방식, 행동하는 방식을 결정하기 때문이다. 예컨대 어떤 토론을 '싸움'이라는 말로 묘사하고, 자신이 상대방의 논증을 '격파'했다는 비유를 쓰는 사람은 그 비유에 맞게 행동한다. 그는 상대방을 적으로 간주하고 그와 싸워 이겨서 결국 승자가 되려고 노력한다. 동시에 논쟁을 싸움으로 표현하는 비유법은 그 논쟁을 다르게 이해할 수 있는 가능성을 차단한다. 예를 들어 논쟁을 흥미로운 자극의 '교환'으로 보게 하여, 우리를 하나의 자극을 다른 자극으로 바꾸는 사람으로 만드는 가능성 말이다. 이 모든 것은 결국 우리의 지각방식, 그리고 다른 사람이나 일상의 사소한 일들에 대처하는 방식이 어떤 신체 기반의 비유법을 사용하는지에 따라 결정된다는 것을 의미한다. 우리는 말하는 대로 행동한다.

최근에 나온 일련의 연구들은 레이코프와 존슨의 분석이 옳다는 것을 보여준다. 애버딘대학교 연구자들은 실험 참가자들에게 과거의 사건을 떠올리거나 미래의 일을 상상하라고 주문했다.[22] 이 실험은 신체에 구체적인 작용을 일으켰다. 과거를 회상한 사람들은 (과거는 '우리 뒤에 멀리 있다'는 은유에 걸맞게) 모두 몸을 뒤로 기댔다. 미래를 상상한 사람들은 어땠을까? 그렇다. 여러분이 생각하는 그대로

아인슈타인은 왜 양말을 신지 않았을까

다. 우연히 이 장면을 본 제3자들은 동작의 차이를 눈치채지 못했다. 두 동작이 앞뒤로 겨우 2~3밀리미터 차이가 났기 때문이다. 하지만 연구자들은 이 미세한 움직임을 놓치지 않았다.

연구 책임자 린든 K. 마일스는 이 현상을 설명하기 위해 레이코프와 존슨이 관찰한 내용도 언급했다. "시간에 대해 이야기할 때 우리는 흔히 공간적 은유를 사용한다. (…) 시간 같은 추상 개념이 신체의 움직임으로 표현된다는 게 우리로서는 신선한 경험이었다."[23] 이로써 마일스가 이끄는 연구팀은 신체와 언어의 연관성을 실질적으로 증명한 셈이다.

신체와 두뇌가 서로 밀접하게 연관되어 있다는 주장은 어느덧 학계에서 폭넓게 인정받고 있다. 이렇게 된 건 결정적으로 약 20년 전의 일이다. 당시 인지과학 분야에서는 '일종의 혁명'이 일어났다. 인간이 생각하는 방식, 문제를 해결하는 방식, 기억하는 방식, 행동하는 방식을 '완전히 새로운 관점에서 이해하게 하는' 혁명이었다.[24] 그때부터 인지과학은 이 모든 과정을 '체화된 것embodied'으로 이해해야 한다는 논리에서 출발하고 있다. 이로써 여러분이 이 책을 읽어나가며 이따금 접하게 될 '체화embodiment'라는 개념이 등장했다.

인지과학이 이 개념을 만들어낸 이유는, 우리의 사고가 서로 영향을 주고받는 여러 요인들의 통합에 의해서도 결정된다는 것을 말하기 위해서였다. 전체적인 개요를 소개하기 위해 그 요인들을 잠깐 열거해보겠다. 우리의 사고는 다음과 같은 것들로부터 영향받는다.

- 우리의 감각이 받아들이는 인상(우리는 이 인상을 의식하기도 하고 의식하지 못하기도 한다. 어찌되었든 그 인상들은 항상 우리가 사고하는 방식에 작용을 가한다).
- 감각이 받아들인 인상에 곧장 뒤따르는 신체적 반응(이 반응은 다시 감각적 인상에 영향을 미친다).
- 우리 주변에서 일어나는 모든 일들.
- 우리 자신이 직접 수행하는 모든 일들.
- 그 외의 다른 요소들(이는 뒤에서 언급하겠다).

처음 소개하는 것치고는 한꺼번에 너무 많이 열거한 듯하다. 그러나 겁먹을 필요는 없다. 다음 장부터 이 요인들을 계속 불러내어 설명하겠다. 지금은 이 내용들을 그냥 기억해두자. 그리고 우리의 내면과 주변에 있는 것들 중 사고와 판단과 행동에 영향을 주지 않는 것은 거의 없다는 기본 인식으로 만들어 머릿속에 저장해두자. 바꿔 말하면, 성공적으로 사고하고 판단하고 행동하려면 사소해 보이는 요인들을 무시해서는 안 된다는 것, 아니 성공적인 사고와 판단과 행동이 이 요인들에 의존한다는 것이다. 정평 있는 심신치료서에도 이렇게 적혀 있다. "신체가 없으면 내가 세계로 접근하는 통로는 제한되며, 나 자신이 제한된다."[25] 대수롭지 않게 들리겠지만, 이것이 지대한 영향을 주는 상황이라는 사실을 곧 알게 될 것이다.

## 모든 것과
## 모든 것

우리 인간은 모든 것을 동시에 하는 와중에 모든 것에 영향받으며, 제아무리 각양각색의 일들이라도 서로 연결할 줄 안다. 삶을 성공적으로 살아가는 아주 탁월한 방법이다.

---

인간의 정신적, 신체적 능력이 어떻게 발달되었는지 알고 싶으면 걸어가는 모습만 봐도 충분하다. 걷기는 단순해 보여도 사실은 고도로 복잡한 동작이다. 우리는 걷기를 통해서, 성공적으로 사고하고 결정하고 행동하기 위해서는 한 번에 '한 가지' 일만 하라는 충고를 무시하고 여러 일을 동시에 하면서 모든 상황에 영향받는 동시에 자잘한 일들을 서로 연결해야 한다는 것을 알 수 있다. 걷기는 복잡하고 정교하지만 동시에 매우 효율적이면서 진화론적으로 검증

된 동작이다. 걷기가 구체적으로 어떻게 작동하는지 이제부터 간단히 설명하겠다.

특정 환경에서 성공적으로 이동하려면 그와 관련된 많은 정보가 필요하다. 이동하는 길, 날씨, 몸상태, 주변 사람들, 자신의 몸놀림, 매복해 있는 위험 등에 관한 정보들이다. 우리에게 이 정보를 주는 것은 기억과 더불어 신체, 정확히 말하면 감각기관이다. 롤프 파이퍼는 이 정보 수집이 어떻게 이루어지는지를 무척 구체적으로 묘사했다.[26]

- 주변을 둘러본다(그러면서 장애물, 지름길, 행인들에게 주의를 기울인다).
- 발밑에 있는 바닥을 탐지한다(고르지 않은 상태나 걸림돌 등).
- 자신의 몸상태를 탐지한다(근육의 긴장상태와 발바닥, 균형을 잡고 있는지 여부).
- 귀를 기울인다(사방에서 나는 소음, 자신의 발걸음 소리, 독사가 내는 낮은 소리 등).
- 다양한 냄새를 확인한다(불, 음식, 배기가스).

지금 열거한 짧은 목록은, 뇌가 우리의 공간 이동을 조종하기 위해 신체에 있는 '한 가지' 정보원만 이용하지 않는다는 걸 보여준다. 뇌는 주어진 '모든' 감각 통로를 이용한다. 앞에서 언급한 시각체계와 촉각의 경우처럼 감각 통로들이 동일한 정보를 제공할 때도 마찬가지다. 롤프 파이퍼에 따르면, 시각과 촉각은 걸을 때 '대단히 훌륭한 기하학적 정보'를 만들어내는데 이로 인해 '정보의 부분적 중복'이 일어난다.

뇌의 입장에서는 이런 중복 현상이 아무런 문제가 되지 않기 때문에 주어지는 정보들을 동시에 여러 장소에 저장한다. 상당히 복잡하면서 불필요해 보이지만 대단히 효율적인 기능이다. 덕분에 우리는 하나의 정보에서 다른 정보를 유추할 수 있고, 이를 통해 모든 상황에서 자력으로 이동할 수 있다. 예를 들어 밤길을 산책할 경우 눈에 보이는 것은 많지 않지만, 더듬고 냄새를 맡고 귀로 듣는 과정과 기억을 통해 충분히 여러 정보들을 유추하여 속도는 느리더라도 무사히 앞으로 나아갈 수 있다. 하나의 정보에서 다른 정보를 끌어내는 능력을 우리는 이미 어릴 적부터 습득했다. 예컨대 아기조차도 유리병을 보면 그와 연관된 촉감을 유추해낸다.

이로써 우리는 사소해 보이는 것들의 힘을 이해하게 하는 아주 중요한 현상에 도달했다. 신경생물학자들이 '연결'

이라고 부르는 네트워킹이 그것이다.

인간은 모든 가능한 방법으로 주어진 정보들을 이용하고, 그것을 유의미한 단위로 연결하는 위대한 재능을 가지고 있다. 예를 들어 우리는 발바닥에서 감지되는 느낌을 근육의 긴장, 주변 풍경, 소음, 먼지 덮인 길에서 나는 냄새, 과거의 기억 등과 연결한다. 이 인식은 최근에 등장한 것이 아니다. 이를 처음 발표한 사람은 캐나다의 심리학자 도널드 O. 헵이다.[27] 그는 우리 뇌가 동시에 자극받아 활성화되는 신경세포들을 안정적으로 연결한다는 사실을 밝혀냈다. 이는 '헵 규칙'이라는 이름으로 과학사에 기록되었다. 이 이론에서 명백한 타당성을 가지고 있어서 자주 인용되는 핵심 명제는 다음과 같다. "함께 점화되면 함께 연결된다What fires together, wires together."

이 현상을 일컫는 또하나의 개념이 있다. 누구나 알고 있는 학습이란 개념이다. 예를 들어 걷는 법을 학습하는 기술은, 뇌가 모든 정보들을 유의미한 맥락으로 통합하고 그것을 밀접히 연관된 신경세포군에 저장하는 데 있다. 걷기 연습을 자주 할수록, 신경세포들의 상호작용을 강화하여 완벽하게 만든다. 그리하여 결국에는 안전하고 품위 있게 어느 장소를 걷거나 달릴 수 있게 되는 것이다.

이런 방식으로 학습하는 것이 걷기만은 아니다. 스케이트보드 타기, 주식 매수하기, 함께 생활하며 오랜 기간 관계 맺기 등에서도 우리는 항상 감정, 감각적 인상, 몸의 자세, 동작, 얼굴 표정, 기억, 사고 등을 의미 있는 그물망으로 연결한다. 그리고 이렇게 해서 습관을 형성한다. 습관이 만들어지는 과정은 이렇다. 첫째, 우리는 어떤 특정 상황을 경험하고 그 상황을 성공적으로 습득한다. 이어 해당 상황과 연관된 인상이나 느낌을 전부 그물망처럼 연결하여 저장한다. 둘째, 앞서 경험한 것과 비슷한 상황에 처하면 불필요한 노력을 피하기 위해 효과가 입증되어 저장했던 정보들을 불러낸다. 이 과정이 성공하면 조만간 여기에 맞는, 이른바 '도식'을 만들어낸다. 학자들은 '도식'이라고 명명하지만 이것을 '단순 반복 작업'이나 습관이라고 불러도 무방하다. 이 반복 작업이 성공적으로 끝나 우리를 행복하게 만들어주면 그건 훌륭한 전략이다. 에너지를 절약해주니까. 그러나 가끔은 도식화된 해결책을 사용한 탓에 새로운 것을 체험하거나 삶을 변화시킬 기회를 차단하기도 한다. 이 문제는 뒤에서 이야기하겠다.

여하튼 신체는 중심적인 역할을 한다. 그 이유는 진화의 역사에 있다. 인간은 처음부터 고도로 복잡한 세계에 살고 있다. 세계는 수수께끼 같고, 위험하고, 방대하다. 생존은 근본적으로 이 세계를 이해하고 길들이는 데 달려 있었다. 이를 위해 우리 인간은 주어진 모든 방법들을 이용했고 지금도 이용하고 있다. 그 방법들이 거의 모두 신체와 관계있는 것들이라, 오늘날까지도 신체는 세계 쟁취 전략의 핵심이자 중심축으로 남아 있다. 따라서 우리 뇌는 독립적으로 성장한 것이 아니라 '언제나 환경과 상호작용을 해야만 했던 (…) 전체 유기체의 일부'[28]로 발달했다.

이 오랜 세월 지속된 공동의 역사는 그 어느 것도 가만히 내버려두지 않았다. 인간도, 환경도, 신체도, 뇌도 그냥 두지 않았다. 우리는 세계를 변화시켰고, 세계는 우리를 변화시켰으며, 변화한 환경은 다른 생물체를 변화시켰고, 이 생물체들은 다시 우리 인간을 변화시켰다. 낭만적으로 표현하면, 인간과 세계의 관계는 생각할 수 있는 모든 감정의 고저와 열린 결말을 안고 평생 동안 계속되는 사랑의 관계라고 할 수 있다. 알다시피 이런 사랑의 관계는 관련된 모든 사람을 불가분의 관계로 끌어들이고, 매번 새로운 방식으로 모든 이를 변화시킨다. 따라서 뇌가 자율적이라는 명제가 왜 타당성이 없는지도 이해할 수 있다. 세계는 구체적이고 물질적이며 감각적이고 복잡할 뿐 아니라, 그런 구체성과 물질성과 감각을 통해서만 경험할 수 있고 이해할 수 있으며 조직할 수 있다. 그렇기 때문에 여기에 맞는 능력을 보유하고 있고, 그 능력을 환경과 상호작용하며 발전시키는 신체가 필요한 것이다.

인간이 '삶의 세계와 불가분의 관계로 엮여 있다'[29]는 명제를 받아들인다면, 우리가 세계에서 차지하고 있는 위치를 전혀 다르게 생각해야 한다. 자기 자신을 혼자 있는 존재가 아니라, 스스로를 포함해 모든 것이 모든 것과 연결되어 있는 전체의 본질적인 일부로 보아야 한다. 그러니까 머리와 신체만 서로 연결되어 있는 게 아니라, 세계의 조망할 수 없는 나머지 모든 부분들 및 그 안의 마지막 하나하나까지 서로 연결되어 있는 것이다. 어느 누구도 이 그물망 바깥에 자리할 수 없다. 인류의 역사는 국외자를 알지 못한다. 공동의 협연자만 있을 뿐이다. 우리는 늘 그 안에 온전히 매달려 있다. 모든 것이 모든 것과 연결되어 있다는 명제에 대해서는 앞으로 이 책에서 계속 논의할 것이다. 지금은 이 상호연관성을 어떻게 상상해야 하는지에 대해 몇 가지 암시만 제공해도 충분하리라고 본다.[30]

머리와 신체와 환경이 서로 연관되어 있음을 보여주는 아주 간단하고 보편적으로 인정되는 예를 찾다보면, 금방 표정과 맞닥뜨린다. 고전적인 예라고 할 수 있다. 예리한 칼날에 손가락이 베이고 상처에서 선홍색 피가 마구 솟구치는 모습을 보면 본능적으로 얼굴을 찡그린다. 주변 사람 역시 우리의 표정을 보기만 해도 얼굴을 괴롭게 일그러뜨리고 고통을 함께 느낀다.

우리의 감정은 신체에 드러난다. 전문도박사처럼 표정과 제스처에 통제력을 발휘해, 지금 손에 처참한 패를 쥐고 있어도 완벽하게 무표정할 수 있는 사람도 물론 있기는 하다. 그러나 보통은 겉모습을 통해 지금 무엇을 느끼고 있는지 아주 자연스럽게 세상에 이야기한다. 이뿐만이 아니다. 감정은 신체에 있는 모든 기능에 영향을 미친다. 의사이자 심리치료사인 노르베르트 슈라우트는 이를 다음처럼 요약했다. "모든 강렬한 감정, 느낌, 기분에는 심장박동, 맥박의 리듬, 피부와 근육의 혈액순환, 혈압, 호흡, 소화기관 및 배설기관의 활동, 식욕과 갈증, 각성상태와 피곤과 수면의 변화가 수반되며, '소름'과 '곤두선 머리털' 등의 표현이 보여주듯이 모낭의 작은 근육까지도 감정 변화에 관여한다. 좀 더 강렬한 감정이 덮치면 우리의 온몸이 일정한 한계 내에서 그 감정에 관여한다."[31]

따라서 화가 나거나 두려운 기분이 들면 호흡이 거칠어

지고, 마음의 상처를 입으면 근육이 수축되어 몸이 뻣뻣해지고, 무시당했다고 느끼면 이를 악물고 목에 붉은 반점이 생기는 것도 이상할 게 없다. 우리는 누구나 신체에 빗댄 자기만의 표현방식을 알고 있다. 그걸 이용해 격분했다든가 치욕스러울 때 '목이 굵어졌다'(화가 나면 목에 핏줄이 불거지기에 이런 표현을 쓴다—옮긴이)고 말하고, 오스트리아 식으로 표현하면 '주사 맞은 자리가 부어오른다'[32]고 이야기한다.

심리치료사들은 감정과 신체의 긴밀한 상호작용으로부터 신체가 '정신의 화신'이며 외적인 현상이 영혼과 불가분으로 이어져 있다는 확대된 논리를 이끌어냈다. 얼굴 표정과 동작을 보면 어떤 심리상태에 있는지를 알 수 있다는 것이다. 유익하고 그럴듯해 보이는 논리다. 실제로도 그렇다. 하지만 그저 유익한 것으로 머물지만은 않았다. 이와 비슷한 상황이 생기면 유난을 떠는 전문가와 조언자들이 등장하여 이 훌륭한 개념으로부터 절대적인 법칙을 이끌어냈다. 예를 들어 '당신의 눈을 보면 당신의 성격을 알아낼 수 있다'거나 '인간 읽어내기: 상대방의 신체언어를 해독하는 방법' 또는 '순수하게 기계적인 방식의 신체언어 읽기' 같은 모토를 내세우는 이데올로기다. 인간은 표준화된

아인슈타인은 왜 양말을 신지 않았을까

방식으로 감정을 표현하는 로봇이 아니다. 오히려 우리는 끊임없이 변화하는 환경과 타인들에게 매번 다른 식으로 반응하며, 타인들은 또 그들 기분에 따라 그때그때 달리 반응한다. 게다가 우리는 우연과 부조리와 기억이라는 것에 내몰려 있다.

물론 우리는 제스처와 얼굴 표정과 신체언어 같은 고정된 레퍼토리를 사용한다. 그렇다고 해서 이것들이 셔츠와 바지에 붙어 있는 세탁기호처럼 객관적으로 해석될 수 있다는 뜻은 아니다. 우리의 신체적 표현방식 중에는 상황적 맥락에서만 이해할 수 있는 것들이 있다. 가령 무언가를 던지는 제스처는 특정 상황에서는 좋아하는 사람에게 그럴 가치가 없는 일이니 괴로워하지 말라는 뜻을 전달하는 몸짓일 수 있지만, 다른 상황에서는 누군가를 경멸한다는 의미를 지닌다. 주기적 불안감 같은 정서적 부담이 생길 때도 마찬가지다. 이 감정이 신체에 영향을 주는 것은 사실이지만 그 방식은 매번 조금씩 다르다. "계속되는 한기로 나타날 때가 있고, 과도한 발한, 가슴통증, 호흡곤란, 설사, 변비로 나타나기도 한다. 성기능이 타격을 받기도 한다."[33] 이 모든 관찰들을 근거로 '체화이론'에는 신뢰할 만한 것이 전혀 없다고 결론 내릴 수는 없다. 그건 잘못된 추론이다. 오히려 강렬한 감정은 신체에 큰 영향을 주지만, 구체적인 상황과 생활방식에 따라 각각 다르게 나타난다고 해야 옳다.

개개의 제스처와 자세와 증상의 의미를 아무런 맥락 없이 이해하려 하고, 이른바 객관적이라고 내세우는 규칙을 끌어대려는 사람은 결국 한 사람의 신체언어를 연구하면 그의 본질을 알아낼 수 있다는 주장에 이른다. 난센스인데다가 불행한 전통에서 나온 가정이다. 극단적인 예를 들면, 나치의 인종학은 한 사람의 자세로부터 그의 성격을 추론할 수 있다는 터무니없는 논리를 대변한다. 여기에 대해서는 더이상 이야기하지 않겠다.

신체와 두뇌와 환경이 상호작용을 한다는 논리는 다음처럼 조심스럽게 표현해야 한다. '적어도 기본적인 삶의 문제들은 신체적인 차원에서도 표현되지만', 다른 한편으로 신체언어는 '복합적이면서 개인적인 발견 작업을 통해서만' 해독할 수 있다.[34] 표현이 조금 밋밋하게 들린다. 그러나 이 논리의 매력적인 핵심은 모든 인간에게 똑같이 해당된다. 그리고 우리는 여기에서 많은 인식을 도출해낼 수 있다. 다음 장에서는 이 문제에 한걸음 더 가까이 가보려고 한다.

# 그냥 웃어라,
# 행복해지리니!

즐거우면 웃는다. 웃으면 즐거워진다. 신체와 감정과 사고의 활발한 상호순환작용을 살펴보자.

위의 논리를 뒷받침할 탄탄한 학문적 증거를 찾는 사람은 금세 위대한 과학자의 이름과 맞닥뜨린다. 바로 찰스 다윈이다. 영국 과학자 다윈은 『종의 기원』『인간의 유래』 같은 획기적 저술을 썼으며, 『인간과 동물의 감정 표현』이라는 방대한 연구서도 펴냈다.[35] 이 책에서 그는 무엇보다 우리의 얼굴 표정이 선천적인 것인지 아니면 후천적으로 학습된 것인지를 연구했다. 이 문제에 대한 답은 어느덧 나와 있다. 미국 심리학자 폴 에크먼은 여섯 가지 기본 감정이 있다는 명제를 제시했다. 그리고 인간은 항상 동일한 표정을 지어 감정을 표현하므로, 모든 인간이 이 여섯 가지 감정을 이해하고 있다고 말했다. 그 감정은 기쁨, 슬픔, 두려움, 분노, 놀람, 혐오다.[36]

그러나 우리에게 중요한 것은 다윈이 감정과 신체적 표현의 상호작용을 기술한 대목이다. 그는 표정이 우리의 감정을 드러낼 뿐만 아니라 감정에 영향을 준다고 확신했다. "외적인 기호를 통해 감정을 자유롭게 표현하면 그 감정은 강렬해진다. 반대로 될 수 있는 한 모든 외적인 기호를 억누르면 마음속 감정은 약해진다. 분노에 사로잡혀 격렬한 몸짓을 하는 사람은 분노를 더 키울 뿐이다. 공포의 외적인 기호를 자신의 의지로 통제하지 못하는 사람은 어마어마한 공포심을 느끼게 된다."[37]

이는 파급력이 큰 이론이다. 다윈은 우리가 어떤 감정을 얼마나 강렬하게 느끼는지에 신체언어가 영향을 준다는 것을 말하고자 했다. 화가 나서 방안을 미친듯이 이리저리 걸으면 곧 격앙상태로 치닫는다. 그러나 아무리 흥분했더라도 어느 정도 진정하고 자리에 앉으면, 방금 구입한 스마트폰에 생긴 흠집이 그렇게 큰일이 아니라는 걸 금세 깨닫는다. 혹시 큰일이라고 생각하더라도 격분한다고 해서 흠

아인슈타인은 왜 양말을 신지 않았을까

집이 없어지는 건 아니라는 사실을 알게 된다.

다윈은 이 정도에서 멈추지 않고 결정적인 한걸음을 더 나아갔다. 그는 우리가 표정과 감정의 밀접한 연관성을 토대로 느닷없이 특정 감정을 불러일으키는 능력을 가지고 있다고 주장했다. 그렇게 하려면 원하는 감정에 맞는 표정을 지으면 된다는 것이다. 예를 들어 편안한 마음으로 결정을 내리기 위해 긴장을 풀고 싶으면 느긋한 표정을 지으면 된다. 부정한 배우자에게 결별을 통고하기 위해 화를 내고 싶으면 격분한 표정으로 치아를 드러내면 된다. 표현이 약간 냉정하게 들리지만, 실질적으로 다윈이 말하려는 것은 바로 다음의 이야기다. "어떤 감정을 가식적으로 표현하면 우리 마음속에서 그 감정이 쉽게 일어난다."[38]

다윈의 이론이 지닌 급진성은 왜 그의 주장이 널리 인정되기까지 오랜 세월이 걸렸는지 설명해준다. 그의 책은 당시 베스트셀러가 되었으나 곧 도서관 깊숙한 곳으로 자취를 감추었다. 책은 어느 정도 세월이 지난 뒤에야 다시 모습을 드러냈고, 그때부터 관련 실험과 연구가 본격적으로 이어졌다. 그리고 가장 중요한 부분은 그 실험과 연구가 다윈의 관찰 내용을 증명할 수 있었다는 것이다.

다윈의 발견이 어떻게 반수면상태에서 깨어나 새로운

명성을 얻게 되었는지 자세히 기술하는 것은 이 책의 범위를 벗어난다. 그러므로 곧장 1988년으로 건너뛰어 논의하는 게 좋을 듯하다. 당시 사회심리학자 자비네 슈테퍼는 실험 참가자들에게 조금 독특한 과제를 주문했다. 그는 한 집단에 연필을 치아 사이에 끼우되 입술에는 절대 닿지 않게 하라고 했다.[39] 여러분도 직접 똑같이 하면서 얼굴이 어떻게 되었는지 거울로 확인해보라. 어떤가? 그렇다. 웃었을 것이다. 아무 이유 없이, 조금은 부자연스럽게. 하지만 상관없다. 사람들을 그냥 웃게 만드는 것, 바로 그것이 실험의 목적이었다. 그런 다음 연구팀은 다른 집단을 대상으로 실험에 들어갔다. 이들도 역시 연필을 입에 물고 있어야 했지만 이번에는 그 연필을 입술로 꽉 감싸라는 요청을 받았다. 여러분도 한번 더 거울 앞에서 같은 행동을 해보지 않겠는가? 이번에는 어떤가? 그렇다. 인상이 조금 일그러졌을 것이다. 웃음을 지을 수 없다.

슈테퍼는 두 실험군의 표정을 성공적으로 조종한 뒤 신문에 흔히 나오는 만화를 보여주었다. 그리고 얼마나 재미있는지를 물었다. 결과는 명확했다. 인위적으로 웃은 집단은 강제로 찡그린 표정을 지었던 집단보다 확연하게 만화가 재미있다고 느꼈다. 표정이 감정에 계속 영향을 준다는

아인슈타인은 왜 양말을 신지 않았을까

결론이 나오는 대목이다. 게다가 참가자들은 그 실험으로 무엇을 증명하려고 하는지도 알지 못했다. '나는 지금 웃고 있다. 그러니 이 만화도 재미있는 게 틀림없다!'[40] 우리는 분명히 이렇게 생각하는 것이다. 이는 우리의 자아인식에 새로운 관점을 제공하는 결과였다.

이 연구 결과는 폭넓게 인정받았으며 계속적인 실험을 통해 매번 새로 증명되었다. 앞에서 언급한 심리학자 폴 에크먼도 이 현상을 지적했다. 한 인터뷰에서 그는 '기분이 나쁠 때 혼자 웃는 것'이 효과가 있느냐는 질문에 이렇게 답했다. "특정 얼굴 근육을 움직이면, 그 근육과 관련된 감정이 생길 때와 똑같은 변화가 신경계에서 일어납니다. 그건 배우들이 잘 알고 있죠. 러시아 연극학자 스타니슬랍스키는 늘 이렇게 말했습니다. '제스처를 해라. 그러면 감정이 따라온다.'"[41] 연극계에서는 표정을 자의적으로 바꿔서 감정에 영향을 줄 수 있으며, 특정 동작을 해도 그런 효과가 나온다는 것을 이미 오래전에 알고 있었던 것이다.

자세와 동작과 표정에 뒤따르는 것은 감정만이 아니다. 머리도 함께 따라간다. 그리고 인격의 나머지 모든 부분도 따라간다. 이 사실을 보여주는 수많은 연구들이 있다. 예를 들어 특정한 인지적 과제를 해결할 때, 거기에 어울리는 몸

동작을 하면 과제가 더 잘 풀린다는 사실을 밝혀낸 연구가 있다. 이는 뒤에 나올 장들에서 자세히 설명하겠다.

그런데 우리의 감정과 사고와 행동에 영향을 주는 그 사소해 보이는 것들의 비밀을 알기 위해서는, 단순히 개개인이나 그들의 신체와 머리의 상호작용을 관찰하는 것만으로는 충분하지 않다. 여기에 더해 우리 인간들이 서로 상대방에게 영향을 준다는 것, 그리고 우리 모두 구체적인 삶의 세계와 그 문화적 규칙과 긴밀히 연결되어 있다는 것을 인식하는 게 중요하다.

서로 영향을 주고받는 이 상호작용의 이면을 살펴보려면 얼굴과 신체를 관찰하는 게 가장 빠른 길이다. 그러면 우리가 항상 서로를 모방한다는 사실을 발견하게 된다. 이를 일컫는 그럴듯한 명칭이 '카멜레온 효과'다. 작은 파충류 카멜레온이 주변 환경과 같은 색으로 몸색깔을 바꾸듯이, 우리도 주변 사람들을 모방한다. 그들의 얼굴 표정, 신체언어 혹은 행동을 따라 하는 것이다. 지금 내 앞에 있는 사람이 슬픈 표정을 짓고 고개를 숙이고 어깨를 축 늘어뜨리면, 나도 슬픈 표정이 되고 불안하게 고개를 떨구고 의기소침하게 어깨를 늘어뜨릴 수밖에 없다. 대부분은 상대방의 행동을 따라 한다는 것을 전혀 의식하지 못한다. 무의식적으로, 자동적으로, 알아챌 수 없는 방식으로, 다시 말해 아주 미세한 제스처와 동작과 태도로 모방하기 때문이다. 다른 사람과 함께 탁자에 앉아 있으면 놀라울 정도로 얽히고설킨 여러 일들이 동시에 일어난다. 커피를 마시고, 토론하고, 밥을 먹는 동안에도 신체는 서로 소통한다. 즉 상대방에게서 관찰되는 것들을 거의 무의식중에 그대로 따라하는 것이다.

이 모든 걸 왜 하는 걸까? 신경생리학자 비토리오 갈레세가 말한 이 '의식되지 않는 상호주관적 모방'[42]은 어디에 쓸모가 있을까? 그의 대답은 간단하다. 이 모방 성향은 '친사회적 성격'을 가지고 있어서 인간의 공동생활에 유용하다는 것이다. 앞에서도 보았듯이, 특정 얼굴 표정은 자동으로 마음속에 특정 감정을 불러일으킨다. (인위적으로) 웃으면 (실제로) 즐거워진다. 상대방의 깜짝 놀란 표정 혹은 화난 표정을 모방하면, 내 마음속에서도 놀라움이나 분노의 감정이 일어난다. 옆사람의 표정을 모방하면서 그와 공감 상태로 빠져든다. 다시 말해 인간은 공동생활에 중요한 감정이입능력을 가지고 있는 것이다.

비토리오 갈레세는 신체와 뇌가 어떻게 인간의 상호이해를 촉진하도록 설계되었는지 기술한다. 그것은 뇌가 우리의 감정과 타인의 감정을 구별하지 않기 때문이라고 한다. 따라서 우리가 상대방의 표정을 관찰하고 모방하는 것은 '우리 자신의 정서적, 감각적 경험의 기초가 되는 (…) 동일한 신경회로의 재사용으로 볼 수 있다'는 것이다.

우리를 타인과 연결하기 위해 신체는 전혀 다른 능력도 발달시킨다. 베를린의 막스플랑크연구소 연구원들은 두 명의 음악가가 서로 다른 성부로 음악을 함께 연주하면 무슨 일이 벌어지는지 연구했다.[43] 두 음악가는 외적으로만 화음을 맞춘 게 아니라 뇌파까지 일치했다. 연구를 주도한 요한나 쟁거는 그 결과를 다음과 같이 요약했다. "인간이 조화롭게 협력하여 행동할 때는 뇌 내부에서 작은 네트워크가 형성되는데, 함께 연주를 시작할 때처럼 특히 상호조율이 중요한 상황에서는 두뇌 간에도 네트워크가 형성된다."

협력은 확실히 인간의 종의 이익에 기여한다. 때문에 여러 인지학자들은 인간의 사고를 이해하려면 개인보다는 더 큰 집단과 전체로 시선을 돌려야 하는 게 아닌지 자문한다. 저널리스트 마누엘라 렌첸이 한 신문기사에서 최신 연구 상황을 종합하며 말했듯이, 사고는 분명히 '현실에서는 대부분 사회적 맥락 안에서'[44] 진행된다. 학교 교실이건 대학 세미나건 광고 전략회의건 임원회의건, 잘 생각해보

아인슈타인은 왜 양말을 신지 않았을까

면 우리는 대부분 남들과 함께 있을 때 두뇌를 열심히 가동한다. 렌첸은 해당 기사에서 2010년 발표된 연구 결과를 언급했다.[45] "사회적 인지가 각 개인의 정신에서 일어나는 과정으로 환원될 수 없다는 것은 오래전부터 많은 연구들이 증명하고 있다. 이제는 사회적 사고를 원래 그것이 속했던 본연의 자리로 돌려놓아야 할 때라고 연구자들은 말한다. 즉 두뇌가 아니라 개인 간의 관계로 되돌려야 하는 것이다." 이 주장에 따르면 우리의 사고력과 창의력과 성공적 학습은 본질적으로 우리가 어떤 사람들과 함께 있는지, 교실에서 어느 줄에 앉아 있는지, 혹시 밖에서 해가 비치는지 아닌지에 달려 있다.

임상심리학자 아이언 J. 그랜드는 신체언어와 자세가 각각의 문화로부터도 크게 영향받는다는 점을 지적했다.[46] 예를 들어 어떤 제스처가 허용되고 어떤 제스처가 사회적 퇴출로 이어지는지, 공격적인 태도가 존중되는지 아니면 거부당하는지, 상대방의 사적인 영역을 침해하지 않으면서 어느 정도나 가까이 다가갈 수 있는지, 존경심과 겸손함은 어떻게 드러내야 하는지, 혹 이것이 사회적으로 바람직한 것인지, 특정 사회 집단의 일원이라는 것을 어떤 식으로 드러내는지, 그리고 상대방에게 어떤 신체적 행동을 해도 되는지 등에 대해서는 문화마다 생각의 차이가 크다.

그랜드는 우리의 신체언어가 선천적이라는 생각은 널리 퍼져 있는 오류라고 말한다. 실제로 신체언어는 문화적, 역사적 각인의 표현이라는 것이다. 신체를 어떻게 이용하는지, 어떤 제스처를 사용하는지, 어떤 자세를 선호하는지 등은 모두 우리가 살고 있는 사회에 의해서도 영향받는다고 한다. 다시 말하면 느끼고 사고하는 행위들은 우리가 소속된 문화의 표현이라는 뜻이다. 더욱이 그것은 직접적인 인지작용뿐 아니라 신체를 통해서도 영향받는다.

따라서 감정과 인지적 특성의 원인을 자기 자신에게서만 찾는 것은 너무 근시안적이다. 그 원인은 외부의 문화적 조건, 우리의 일상, 날마다 관계를 맺고 살아가는 사람들한테서도 찾아야 한다. 그러므로 배타적인 자아연구에서 탈피하여 주변을 조금쯤은 둘러보는 것도 의미 있는 일이다(그래도 많은 이들은 이렇게 속삭이며 조언할지도 모르겠다. "원인은 '너' 한 사람밖에 없어. 그러니 변명하며 빠져나갈 생각은 하지 마"). 그 이유를 그랜드는 이렇게 적었다. "문화는 시간이 지남에 따라 구성원들이 자신의 행동과 태도를 일정한 방식으로 문화적 합의에 맞추도록 강제하면서 사회적 집단을 독려한다. 이렇게 해서 특정 방식의 근육 사용법, 특정 자세와 제스처, 특정한 자극방식이 장려된다."[47] 다시 말해 사회는 우리가 지배적 문화에 인지적으로 적응할 것을 요구할 뿐 아니라 신체적으로도 맞출 것을 기대한다. 이렇게 문화는 우리의 취향부터 자세와 제스처와 감정과 인지적 스타일까지 결정한다.

이 과정은 대부분 무의식적으로 진행되기 때문에 기존의 방식이 바뀌려면 무언가 특별한 일이 일어나야 한다. 그런 사건 중 하나가 거주지 변경일 것이다. 적어도 나는 그렇게 느꼈다. 나는 빈을 떠나 함부르크에서 새로운 일을 시작해보겠다고 수년간 계획을 세우고 있었다. 그리고 몇 년 전 마침내 계획을 실행에 옮겼다. 나는 함부르크로 가서 친구들이 사는 집으로 이사했다. 새 명함도 받았다. 그런데 날이 갈수록 우울해지더니 결국엔 위염과 씨름하는 상황이 되었다. 아니 대체 왜? 나는 그때 바라던 목표를 이룬 게 아니었나? 맞다. 이뤘다. 원하던 도시에 간 게 아니었나? 맞다. 원하던 도시였다. 그런데도 나는 몸과 마음이 편하지 않았다.

몇 달이 지나고 나서야 내가 거주지 변경의 의미를 대단찮게 생각했다는 걸 깨달았다. 그리고 몇 달이 더 지나고 나서야 두 도시 간 생활의 차이가 어디에 있는지도 이해했다. 예를 들면 사람들이 서로 쳐다보는 방식이 달랐다. 빈에서는 백주대로에서, 카페에서, 박물관에서 상대방의 눈을 바라보고 시선을 마주치는 것이 자연스러운 일이었다. 그렇게 마주치는 시선은 여러 의미를 지니고 있었고, 여러 작용을 일으켰다. 그건 깔보는 시선, 성적인 감정이 실린 시선, 무심코 던지는 시선, 초점 없는 시선, 도발적인 시선들이었다. 그곳에서는 사람들이 서로 얼굴을 바라보았다. 다시 말해 주변의 모습을 기억했고, 주변 사람들에게 무언가 신호를 보냈으며, 그들로부터 지각되었다. 빈에서의 삶은 그랬다. 그리고 나는 그런 생활에 익숙해 있었다. 반면 함부르크에서는 지속적인 눈맞춤이나 백주대로에서 도모하는 찰나의 시선 접촉 같은 것이 없었다. 아무도 다른 사람의 눈을 대놓고 쳐다보지 않았다. 그냥 서로 스쳐지나가며 보거나, 상대를 흘깃 곁눈질하거나, 그것도 아니면 아예 쳐다보지 않았다. 노골적인 눈맞춤을 에티켓에 어긋나는 행동으로 여기는 일본과 비슷했다.

남의 시선을 통해 항상 자기 존재를 확인하는 사람은 함부르크 같은 도시에서는 자신이 환영받지 못하고, 별 볼일 없다고 느낄 것이며, 심지어 자신이 존재하지 않는다는 생각까지 할 것이다. 내가 바로 그런 느낌을 받았다. 그 이유

아인슈타인은 왜 양말을 신지 않았을까

를 알게 되기까지 꽤 오랫동안 신체를 통해 직접적으로 전
달된 감정이었다.

# 신체와 정신이 이끄는
# 마법의 회전목마

삶에서 무언가를 바꾸고 싶다면 사색에 잠기거나 자세를 신경쓰거나 인상을 찡그려라. 모두 원하는 목표에 이르게 한다. 거기엔 그럴 만한 이유가 있다.

———

잠시 누군가의 손목을 꽉 잡고만 있어도 그의 인생에 관한 모든 것을 알아낼 수 있는 경우가 있다. 할코 바이스가 실시한 치료법에 관한 보고서에 암시되어 있는 결론이다. 바이스를 찾아온 고객은 자기 아버지 이야기를 하면서 '격분한 인상'을 주는 제스처를 취했다. "그녀는 짧은 가라테 타법과 같은 동작을 하며 손으로 허공을 갈랐다." 심리학자이며 심리치료사인 바이스는 그녀에게 이 사실을 알려주며 잠깐 실험을 해도 좋겠냐고 물었다. 그녀는 그러라고 했다.

아인슈타인은 왜 양말을 신지 않았을까

할코 바이스는 그녀의 손목을 꽉 잡고는 '살짝 방어할 테니 허공을 가르는 동작을 다시 한번 똑같이 하라'고 요청했다. 처음에는 예상했던 반응이 나왔다. 상대는 잡힌 손목에 저항하며 더 격렬하게 제스처를 취했다. 그러나 곧 놀라운 일이 벌어졌다. "아버지에 대한 공포심과 그에게 당한 폭행의 기억이 그녀를 덮친 것이다." 바이스에 따르면, 그건 그녀가 지금까지 억눌러왔던 공포와 기억이었다.[48]

바이스도 밝혔듯이, 이건 개입한 줄도 모를 정도라고까지는 할 수 없어도 분명히 '간단한 개입'이었다. 그럼에도 손목을 잠시 붙들고 있는 행동은 이처럼 상대의 트라우마로 남아 인생을 결정지은 경험을 의식 속에 불러낼 수 있다.

앞장에서 읽은 내용들을 기억하는 독자라면 이 사례에 놀랄 수는 있어도 믿을 수 없는 일이라며 고개를 젓지는 않을 것이다. 앞에서 보았다시피 머리와 신체와 정신은 서로 불가분으로 연결되어 있기 때문이다. 이것이 뜻밖의 효과를 낸다는 사실은 치아 사이에 연필을 끼웠던 실험이 보여주었다. 그러나 정말 '중요한 경험을 신체를 통해'[49] 불러내어 그것을 심리치료 대화의 화제로 만들 수 있을까? 만들 수 있다. 알다시피 우리 뇌는 모든 정보를 그물망처럼 저장하기 때문이다. 예를 들어 걸음마를 배울 때 우리는 발바닥에 전해지는 느낌과 근육의 긴장을 주변의 모습과 연결한다. 인생사도 이런 식으로 저장하기 때문에 앞에서 언급한 '연결'이 발생한다. 가령 배우자와의 관계에서는 서로 다른 세세한 일들을 커다란 전체로 연결한다. 이것을 '함께한 역사'라고 부른다. 우리는 상대방의 냄새를 기억하며, 특히 강렬하게 그것을 지각했던 순간들도 기억한다. 처음으로 함께 떠난 여행에서 묵었던 호텔방을 기억하며, 바다가 보이던 전망도 기억한다. 상대방이 갑자기 실직하고 집에 돌아왔을 때 어찌할 바를 몰라 하던 눈빛도 뇌리에 깊이 박혀 있다. 그리고 그가 이 위기를 멋지게 극복했던 일도 기억한다. 간단히 말해, 우리의 경험은 개개의 자잘할 일들, 차원들, 서로 얽혀 있던 일들, 순환논리, 열린 결말들로 정교하게 짜인 조직이며, 모든 감각의 통로가 관여해 만드는 다성부의 음악작품이다. 그리고 수많은 축소 모형들로 이루어진 인상의 묶음들이다. 그것은 기억이 수반되는 냄새이고, 느낌이 뒤따르는 접촉이며, 생각이 담긴 시선이다.

모든 것이 모든 것과 연결되어 있다면, 각각의 자잘한 일들은 커다란 전체에 영향을 주거나 그것을 다시 의식하게 만들 수 있으므로 대단히 중요하다. 따라서 이 커다란

아인슈타인은 왜 양말을 신지 않았을까

전체도 유동적이다. 작은 요소의 변화가 전체 시스템에 영향을 주기 때문이다. 한 공간에서 다른 공간으로 이동하면 가끔 무엇을 계획했었는지 잊어버릴 때가 있다. 몸을 곧게 펴면 머릿속이 맑아지는 느낌과 자신감이 밀려온다. 어떤 냄새를 맡으면 그것과 연관된 기억이 떠올라 생각에 영향을 미친다. 이런 현상이 생기는 이유는 이렇다. 건강한 사람의 경우 '어느 기능이 변화하면 그에 따른 부수효과가 발생하여 다른 기능들에 작용을 가한다'. 심리학자 루치아노 리스폴리는 '유기체란 태어날 때부터 모든 기능들이 통합되어 있는 복잡하고 단일한 시스템이기 때문에'[50] 그렇게 될 수밖에 없다고 말한다.

이렇게 해서 사소해 보이는 것들이 우리의 생각과 느낌과 행동에 중대한 영향을 미칠 수 있다는, 내가 이 책의 부제로 달아놓은 문제의 핵심에 도달했다. 세부적인 일들이 삶의 네트워크에서 서로 끊임없이 영향을 주고받는다면, 무엇이 원인이고 무엇이 결과인가라는 물음은 더이상 성립되지 않는다. 다시 말해 인지적 과정과 신체적 과정과 정서적 과정 중에서 어느 것이 먼저인가 하는 문제는 의미가 없다. 오히려 모든 과정들이 동시에 진행된다고 보아야 타당하다.

신체치료사 잭 W. 페인터는 이를 아주 구체적으로 묘사했다. 그에 따르면, '신체구조와 체험 내지 경험은 동일한 현상 혹은 동일한 과정이 가지고 있는 동시적인 측면이라고 보아야 한다. 인간의 모든 측면은 하나의 전체로서 현존한다'. 따라서 자세 변화는 '동시에 체험에 영향을 주고, 반대로 체험의 변화도 신체구조를 바꿔놓는다. 그 두 가지가 동일한 사건의 구성요소이기 때문이다'.[51]

각각의 세부사항이 커다란 전체에 영향을 준다면, 그렇게 영향을 주기 위해 무엇부터 먼저 시작하든 전혀 차이가 없다. 신체건 감정이건 기억이건 혹은 생각이건, 무엇에 시선을 돌리든지 상관없다! 우리가 단 하나의 세부적인 감각을 성공적으로 변화시키는 순간, 익숙했던 기존의 과정이 변하기 시작한다고 보면 된다.

신체와 머리와 정신의 상호관계는 회전목마와 다소 비슷하다. 회전목마에 올라타려면 출입구를 찾아야 하는데 거기엔 그런 게 없다. 아무 곳에서나 올라탔다가 아무 곳에서나 내리면 된다. 어디에서 타든, 언제 타든, 왜 타든, 전혀 문제되지 않는다. 회전목마에 올라타기 위해서는—계속 비유법을 사용하자면—몸이 날쌔면 되고 목마는 충분히 느리게 돌면 된다. 그리고 올라타기에 성공하는 순간 우리는 사건의 한복판으로 들어간다. 여기서 '사건'이란, 언제 어느 지점에서 올라타든 금방 삶에서 무언가를 바꿀 기회가 생긴다는 뜻이다. 말을 잡아탈 수도 있고, 소방차에 오를 수도 있으며, 도널드덕 인형을 택할 수도 있다. 비유법을 덜어내고 이 문제를 학문적으로 표현한 사람은 뇌과학자 게랄트 휘터다. 그는 부담스런 기억을 어떻게 이겨낼 수 있는지를 다음과 같이 설명했다. "우리가 그중 한 차원에서 성공적으로 새로운 패턴을 만들어내면 나머지 다른 차원들은 '덩달아 이끌려간다'."[52] 하나가 바뀌면 다른 것도 가만히 있지 않는다. "훌륭하게 학습된 신경세포 네트워크는 각 연결지점으로부터 활성화될 수 있기 때문이다."[53]

결국 새로운 것을 경험하기 위해 또는 삶에서 무언가를 바꾸기 위해 어떤 길을 택하든 전혀 문제되지 않는다. 머리를 통해 시도해도 되고 감정이나 신체를 이용해도 무방하다. 최종적으로 어떤 방식을 선호하는지, 그리고 어느 것을 택해야 발전이 있을지는 자신이 처한 구체적인 상황과 가지고 있는 소망에 달려 있다. 그러므로 이 문제에 대해서는 근본적으로 판단을 내릴 수 없다. 따라서 내가 앞으로 신체를 선호하며 펼칠 논리들을 다른 대안에 대한 반대로 해석해서는 안 된다.

자신의 신체를 자세히 공부해야 하는 이유 중 하나는 신체가 우리에 관한 정보를 줄 때의 명확성 때문이다. 나는 신체심리치료의 핵심 논리를 추종한다. 그레고리 J. 조핸슨이 다른 연구자들을 대표해 적었듯이, 이 치료법은 '중요한 핵심 신념들이 전체 유기체에 구현되어 있어서 그것을 서로 다른 물리적 증상에서 발견할 수 있다'[54]고 주장한다. 게다가 신체는 우리에게 장황하고 느리게 말하지 않는다. 신체는 인간과 세계의 상호관계를 '1000분의 1초 안에' 폭로한다. 즉 즉각적이고 단도직입적이며 비언어적으로, 우리의 목소리를 통해 '신체 접촉과 동작과 제스처와 수많은 다른 표식들을 이용해'[55] 알려준다.

이 논리에서 몇 걸음만 더 가면 '생체에너지 분석'의 창시자이자 심리치료사인 알렉산더 로웬의 이론에 다다른다. '신체는 거짓말하지 않는다'는 것이 그의 주장이다. 할코 바이스가 보기에 로웬은 '누가 자신에게 말로 들려주는 이야기보다' 그의 신체적 표현을 더 신뢰한다.[56] 이 같은 언어 불신이 정당한지를 생각해보는 것은 논의를 벗어날 것 같다. 우리 개인사의 기반이 무엇인지를 연구하는 것이라면 여하튼 위와 같은 질문은 더이상 제기되지 않는다. 그 기반이 인생의 초창기에 형성되기 때문이다. 이 시기에 뇌는 아

아인슈타인은 왜 양말을 신지 않았을까

직 미발육 상태라 훗날 언어로 되살릴 수 있는 구체적인 기억을 저장할 수 없다. 생후 처음 몇 년을 기억하지 못하는 현상을 '유아기 기억상실증'이라는 말로 표현하는 이유가 여기에 있다.

이 시기로 말하자면, 우리는 의식적으로 접근할 수 있는 기억을 훗날까지 간직하지 못한다. 신체심리치료사들이 신체와 신체에 각인된 기억에 눈을 돌리는 것은 이 때문이다. 그들의 주장에 의하면, 신체는 초창기의 경험도 제스처와 자세와 표정의 형태로 저장한다. 그러므로 최소한 이론적으로는 각각의 신체적 표현이 우리를 모든 무의식적 기억과 직접 만나게 해준다.[57] 이 주장의 논리를 따른다면, 신체적 표현방식이 많을수록 무의식에 접근할 수 있는 가능성이 높아진다. 따라서 '심신 단일성에 포함되는 것이 많을수록' 치료과정은 더 깊은 심층부에 도달할 수 있고 '더 효율적이면서 많은 효과'를 낼 수 있다고 그레고리 J. 조핸슨도 말한다.

물론 이 책이 다루는 주제는 자신의 초기 개인사 탐험이 아니라, 일상을 잘 헤쳐나가기 위해 신체를 이용하는 방법이다. 그래도 신체에 나타나는 세세한 사항들을 많이 참고하면 할수록, 그 관계에 대해 더 많이 알 수 있고 우리가 원하는 목표에 도달할 가능성도 커질 것이다.

뒤에 나올 장에서는 이미 신체에서 작동중인 '연결'을 어떻게 하면 유리한 방향으로 이용할 수 있는지 이야기하려고 한다. 흔히 개입의 기술은 기존의 연결을 풀고 그것을 다른 연결로 대체하는 데 있다. 예를 들어 특정 상황과 특정 자세와 공포감의 연결을 해체하는 것이다. 대중 앞에 서야 하는 중요한 행사를 앞둔 경우 겁에 질려 어깨를 축 늘어뜨리는 사람들이 있다. 그들은 자신이 왜소하다고 느끼면서 몸을 움츠리는 바람에 스스로 더 왜소하게 만든다. 그렇게 하면 신체는 힘든 상황이 닥쳤을 때 도움을 주지 못할뿐더러 오히려 더 큰 불안에 빠지게 한다. 그런 순간에는 '대중 앞에 나서기 – 어깨 늘어뜨리기 – 불안'으로 이어지는 연결을 부수는 계획을 머리로 세워야 한다. 그리고 '앞에 나서기 – 몸을 똑바로 펴기'의 새로운 연결로 바꿔야 한다. 몸을 펴는 자세는 자신감과 용기라는 전혀 다른 감정과 결부되어 있기 때문이다.

다행스럽게도 뇌는 돌에 무언가를 새겨넣은 기관이 아니고, 그에 따라 우리가 그 구조와 오류를 감수할 필요도 없다. 그 반대다. 뇌는 전문용어로 고도의 '신경가소성 Neuroplasticity'이라고 부르는 특성을 가지고 있어서 고령에

아인슈타인은 왜 양말을 신지 않았을까

이를 때까지도 변화가 가능하다. 뇌는 얼마나 강한 도전을 얼마나 자주 받느냐에 따라 그 자극에 쉼없이 반응한다. 누가 그 자극을 주는지는 중요하지 않다. 우리 자신일 수도 있고 대학, 가족, 친구, 여가활동일 수도 있으며, 사회적 네트워크 또한 도전이 될 수 있다. 그러므로 기본 자산으로 갖고 태어난 대뇌와 뇌세포들은 돈이 가득 든 계좌처럼 평생 잘 지켜야지, 세월이 갈수록 자꾸 돈을 인출하다가는 말년에 기본 자산이 하나도 남지 않게 된다고 믿었던 시대는 이제 끝났다.

우리 뇌에서는 시시각각 새로운 신경 그물망들이 생성된다. 하지만 그 그물망은 '두뇌 조깅' 프로그램의 대표자들이 우리에게 주입하려는 것처럼, 점점 더 복잡한 사고력 문제에 도전한다고 해서(마치 더 무거운 아령에 도전하듯이) 생기는 것이 아니다. 몸을 움직이고, 감각적 인상들을 수집하고, 새로운 경험을 쌓고, 숙고하면서 형성되는 것이다. '경험은 뉴런의 네트워크 안에 기록된다. (…) 우리가 활성화시키는 경험 패턴과 행동 패턴들은 더 강도 높게 뉴런 회로에 기록되고 그로 인해 체화된다'[58]고 크리스티안 고트발트도 적었다. 우리는 수많은 신경세포들[59] 그리고 그보다 더 많은 시냅스들[60]을 가진 뇌를 '현재 진행형'으로 상상해야 한다. 뇌는 결코 완성되는 법이 없으며 새로운 도전에 맞추어 매번 자신을 새롭게 고안한다. 뇌에 어떤 일거리를 주느냐 하는 것도 매우 중요한 문제다. 즉 '우리가 어떻게 움직이고, 무엇을 지각하고, 어떤 식으로 생각하고, 무엇을 느끼는지'가 중요하다는 것이다. 크리스티안 고트발트에 따르면, '경험을 자주 쌓을수록 그 경험은 더 많이 뉴런 연결 부위에 새겨지기 때문이다'.[61]

바꿔 말하면, 우리가 어쩌다 가끔 사용하는 패턴들은 빛이 바래고 각 부분의 연결은 서서히 해체된다는 뜻이다. 이는 맥락에 따라 희소식도 될 수 있고 나쁜 소식도 될 수 있다. 만약 우리가 바람직하게 여기는 패턴이라면 상실을 아쉬워할 것이다(사회적 능력을 상실하는 노인들에게 자주 일어나는 현상이다). 반대로 스트레스 상황이 닥칠 때 어깨를 축 늘어뜨리는 것 같은 패턴이라면 그 빛바램을 무척 반길 것이다.

우리 뇌에 신경가소성이 있다는 명제를 입증하는 증거들은 수없이 많다. 그중 특히 인상적으로 생각되었던 사례를 소개하겠다. 연구에 의하면 행복한 젊은 엄마의 뇌는 금방 변화한다고 한다. 출산하고 서너 달이 지나면 벌써 '어머니의 뇌에서 회색질의 부피가 현저하게 증가'한다는 사실이 증명되었다. 이뿐만이 아니다. 이 문제를 파헤친 두 명의 연구자들은, 흥미롭게도 양육하는 동안 진행되는 뇌의 재편이 '이 기간에 발생하는 아이에 대한 엄마의 긍정적 태도와 애착을 부분적으로 반영한다'[62]고 밝혔다. 이에 비하면 팔이 부러져 한동안 움직일 수 없게 되었을 때 뇌가 재편되는 현상은 훨씬 평범하게 느껴진다. 물론 이 사례도 뇌가 모든 도전에 반응하고자 노력하고, 실제로도 대부분 반응한다는 걸 보여주기는 한다. 일례로 2012년 스위스 취리히대학교 신경심리학자들은 부러진 오른팔을 16일 동안 고정한 후 해당 뇌영역이 약 10퍼센트 수축했다는 것을 증명했다.[63] 반면에 전보다 훨씬 많이 사용한 왼팔을 관장하는 뇌영역은 눈에 띄게 확대되었다.

이 장을 마치기 전에 연결 현상이 시사하는 점을 잠깐 언급하겠다. 모든 것이 모든 것과 연결되어 있다면 각각의 작은 부분들은 특정 기능을 가지고 있다. 다시 말해 거기에 어떤 '의미'가 있다는 뜻이다. 이는 그런 의미 혹은 기능이 존재하는 간단한 상황에서 도출되는 주장이다. 뇌의 사례에서 보았듯이, 우리가 사용하는 연결 또는 뇌리에 깊숙이 박힌 연결은 지속적으로 활성화된다. 우리가 사용하는 행동 패턴이 계속 유지되는 이유는, 어떤 목적을 이루어주기 때문이다. 언뜻 보기에 그 목적이 무엇인지 전혀 알 수 없더라도 말이다. 예를 들어 물리적 원인을 찾을 수 없는 허리통증에 지속적으로 시달린다면, 그 통증은 신체가 내보내는 신호들의 연주회에서 특정 기능을 수행한다. 의사나 신체심리치료사의 치료술은 허리통증의 개별적 기능과 그것이 신체 나머지 부분과 정신 및 뇌와 얽히고설켜 있는 부분을 찾아내는 데 있다.

내가 이 마지막 문제를 중요하게 생각하는 이유는, 통증 같은 건강장애를 흔히 기술적 고장으로 인식하여 마치 자동차 실린더 헤드의 파손이나 천장 구조물의 붕괴처럼 여기기 때문이다. 그러면 통증도 그런 인식에 맞게 가볍거나 무거운 기술장비 혹은 주사나 디스크 수술 같은 방법으로 치료하기 마련이다. 그러나 수술대에 눕기 전 이유를 알 수 없는 그 수수께끼 같은 허리통증이 혹시 우리에게 도움되지는 않는지 먼저 검사하고, 허리보다 정신과 더 관계가 많은 인생의 몇 가지 기본 사항들을 추적하는 것이 현명하다. 이는 당연히 전문가가 해야지, 어쩌다 부수적으로 처리할 수 있는 성질의 일이 아니다.

허리통증에 어떤 기능이 있다는 말은 그것을 좋게 생각하라는 뜻이 절대 아니다. 통증은 우리를 괴롭히고, 기분을

아인슈타인은 왜 양말을 신지 않았을까

망치고, 허약한 몸에 신경쓰게 만든다. 그런 걸 좋아할 사람이 누가 있겠는가? 여하튼 나는 아니다. 그러나 몸에 생긴 고장은 어떤 목적을 이루려고 한다. 가능하면 빨리 없애려고 노력하는 식으로, 그 고장의 의미를 묵살해서는 안 된다. 물론 충분히 이해되는 방식이기는 하지만.

자, 이제 구체적으로 살펴볼 시간이다.

2부

# 내 안에 감춰진
# 진정한 권력자
# : 느낌과 감정

- 감정은 무엇 때문에 존재할까
- 이성적인 사고에도 감정이 작용한다고?
- 느낌과 감정을 통제하면 어떤 이득이 있을까
- 43개의 근육으로 삶을 바꿀 수 있다니!
- 따뜻한 수프 한 접시가 구원투수가 되는 이유

# 필요한 건
# 오직 사랑뿐

감정이 없으면 이성적인 사고도, 현명한 판단도, 올바른 행동도 할 수 없다. 이 문제를 조금 자세히 살펴보아야 하는 이유다.

그 제안은 정말 거절할 수 없었다. 절대로 그럴 수 없었다! 나는 취리히로 와서 건실한 대형 출판사가 펴내는 작은 유명 문예지의 부편집장을 맡아달라는 요청을 받았다. 잡지 규모를 계속 키울 예정이어서 내가 새로운 아이디어를 내주기를 바란다고 했다. 그때 나는 몇 년간 프리랜서 저널리스트로 일하면서 안정적이고 정기적인 봉급을 소망하고 있었다. 더욱이 그 제안은 잡지 편집장을 통해 들어왔다. 친한 동료였던 그는 내가 무척 높이 평가하는 사람이었고,

그와 함께 일한다면 분명 큰 즐거움이 될 터였다.

그럼에도 마음 깊숙한 곳에서 윤곽이 잡히지도 않고 무어라 명명할 수도 없는 불편한 느낌이 솟아올랐다. 처음에는 불안감의 발로라고 생각했다. 며칠 후에는 그 느낌이 뭔가 다른 내용을 속삭인다는 걸 깨달았다. '하지 마!' '꼭 해야 돼?' 집요하지만 낮은 속삭임이어서 매번 그 소리를 묵살하곤 했다. 눈부신 열정(머리)과 희미한 느낌(몸) 사이를 오가면서 겉으로는 당장이라도 베를린을 떠나 취리히로 이사할 것처럼 굴었지만, 실제로는 신중에 신중을 기해 이주 계획을 추진하고 있었다.

마침내 계약서에 서명하기 위해 취리히행 비행편을 예약해야 하는 운명의 월요일이 찾아왔다. 하지만 나는 예약을 자꾸만 뒤로 미루었다. 오전에는 정오로 미루고, 정오가 되었을 때는 다시 오후로 미루었다. 그러다 더이상은 핑곗거리가 떠오르지 않아 막 컴퓨터 앞에 앉으려는 순간, 휴대폰이 울렸다. 취리히의 그 친한 동료가 건 전화였다. 그의 목소리에 흥분과 감격이 모두 사라져 있었다. 미안하지만 내일 일정이 취소됐다고 했다. 출판사가 방금 잡지에 문외한인 사람에게 문예지를 매각했다는 것이었다. 그래서 자신도 오늘 사표를 낼 거라고 했다. "자네가 아직 서명을 하지 않아 다행이야!"

그 대단한 기회가 한순간에 허공으로 날아가버릴 것임을 예고하는 뚜렷한 징조는 없었다. 나는 그저 어떤 불확실한 느낌 때문에 베를린을 떠나지 못하고 꾸물댔을 뿐이다. 새로 이사할 도시에는 아는 사람이 한 명도 없었다. 살면서 잡지일 말고는 당분간 할 게 없는 곳이었다. 만일 머리가 시키는 대로 했더라면 벌써 오래전에 거주지를 옮겼을 것이다. 그리고 도착하자마자 하루빨리 다시 떠나야 하는 문제에 직면했을 것이다. 그런데 어떤 막연한 느낌이 그 불상사를 막아줬다. 지금도 그게 뭔지 꼭 집어 말할 수는 없지만, 그 느낌에 고마운 마음이 드는 것에는 변함이 없다.

느낌이 우리 삶에서 실존적 역할을 한다는 것은 과학적으로 증명된 사실이다. 그것도 각기 다른 맥락과 순간과 차원에서 매번 그런 역할을 한다. '느낌'과 '감정'과 '기분' 혹은 '정서' 같은 개념에 대해 모든 이가 똑같이 수용할 만한 정의를 내리기는 어렵지만, 그것들이 중요한 역할을 한다는 것은 분명하다. 그 역할 중 하나를 방금 짤막한 이야기를 통해 소개했다. 그건 내가 구체적인 계획을 실행에 옮기지 못하게 막는 역할이었다.

유명 신경과학자이며 심리학자인 안토니오 다마지오는

오랜 기간 인간의 감정을 연구하면서 그에 관한 정평 있는 책을 여러 권 저술했다.[1] 그의 주장에 따르면, 인간은 자신의 경험을 그에 상응하는 과거 기억 속에 보관한다. 무엇을 체험하든 기억 속으로 흘러들어가 그 기억을 확장하고 변화시킨다. 새 도시로 이사하겠다거나, 아이를 갖겠다거나, 세계여행을 떠나겠다거나, 대학에 들어가겠다는 계획을 세우면 경험이 보관되어 있는 그 기억이 끼어드는데, '예감'이라고도 부를 수 있는 '신체 표지somatic marker'의 형태로 개입하곤 한다.

이 예감은 그다지 섬세하진 않지만 그만큼 빠르게 나타난다. 예감은 찬성과 반대, 두 종류밖에 없다. 신체 표지가 찬성 신호를 보내면 우리는 당장 특정 생각이나 구체적인 계획에 글자 그대로 가까이 다가간다(이로써 페이스북에서 '좋아요'를 뜻하는 파란색 엄지손가락을 다른 시각에서 볼 수 있다). 한편 반대 신호가 나타나면 재빨리 계획과 거리를 두고 뒷걸음질친다. 물론 합리적 근거를 토대로 육감보다 원래 계획을 더 높이 평가하며 실행에 옮길 때도 있다. 하지만 이것은 별개의 문제다.

구체적인 결정뿐 아니라 사고와 행동도 전반적으로 감정의 영향을 받는다. 아이들 사진을 볼 때, 친숙한 사람의

아인슈타인은 왜 양말을 신지 않았을까

냄새가 날 때, 실패한 프레젠테이션을 반추할 때, 고집 센 상대와 토론할 때, 마라톤을 하겠다는 강한 의지가 솟아날 때 등 삶의 매 순간 우리는 감정과 동행하며 그 영향을 받는다. 감정은 우리를 우울하거나 온화하게 만들고, 겁에 질리거나 용감하게 만든다. 우리를 괴롭히기도 하고, 활기도 주며, (잘못된) 확신으로 우리를 흔들고, 재촉하며, 특정한 방향으로 몰아대기도 한다. 그래서 단순히 아이들 사진을 들여다보고, 간단한 생각을 하고, 합리적 근거를 제시하는 것으로 끝나는 게 아니다. 사진마다 자잘한 생각마다 근거마다 감정과 연결돼 있어서, 그 감정 덕분에 사진과 생각과 근거들을 붙잡고 분류할 수 있는 것이다. 그래서 뇌 연구가 게르하르트 로트도 '이성이 감정을 지배하기보다는 감정이 이성을 지배한다'고 적었다. 그러나 이는 세상을 순전히 이성적으로 바라봐야 한다고 주장하는 사람들이 믿게 하려는 것처럼, 우리가 모든 수단을 써서 극복해야 하는 상황이 아니다. 감정이 이성을 지배하는 것은 절대적으로 의미심장한 일이다. "조건화된 우리의 감정들은 다름아닌 '압축된 삶의 경험'이기 때문이다. 겉으로 완전히 이성적이고 감정에 휘둘리지 않는 것처럼 보이는 이들은 사실상 마음이 병든 사람들이다. (…) 우리를 몰아대는 감정과 동기가 없다면, 이성이 제아무리 훌륭하게 작동하더라도 우리는 수동적인 존재에 불과하다."[2]

감정은 그게 작용할 거라고 짐작조차 할 수 없는 상황에서도 우리의 행동을 조종한다. 가령 주식을 거래할 때가 그렇다. 이익이 나면 주가가 떨어질까 불안해져서 (대부분 너무 빨리) 증권을 팔아버린다. 이익이 나지 않으면 상황 판단을 잘못했다는 걸 인정하고 싶지 않아서 (대부분 너무 오래) 주식을 붙들고 있다.

끝으로 감정은 우리로 하여금 따뜻한 스웨터를 입게 하고 간이음식점에서 되너 케밥을 주문하게 만든다. 감정은 신체적인 감각의 형태로 우리의 욕구를 알려주어 그것을 충족하게 만든다. 배가 고프면 먹을 것을 마련하고, 추우면 따뜻한 옷을 입는다. 차가 너무 뜨거우면 찻잔을 입에 댔을 때 움찔한다. 따뜻한 욕조에 몸을 담그면 피로가 풀리면서 쾌적함이 파도처럼 밀려든다. 삶의 매 순간마다 지금 어떤 상태에 있는지, 기분이 더 좋아지려면 무엇을 해야 하는지를 알려주는 느낌들은 수없이 많다. 배고픔, 갈증, 무거움, 따뜻함, 부담감 같은 것들이다.

이외에도 다른 사례들을 열거하여 우리가 어떤 상황에서 근본적인 방식으로 감정에 좌우되는지 보여줄 수도 있을 것이다. 그러나 핵심 논리는 이미 확실해졌다고 본다. 감정은 어디에나 존재하며 필수적인 것이다. 하지만 단 음식이 그렇듯 감정도 너무 많으면 건강에 해롭다. 자신을 완전히 감정에 내맡기는 사람은 거기에 휩쓸리게 된다. 분노에 사로잡히면 판단력과 건강을 해친다. 공포에 짓눌리면 몸이 무력해지고 마비된다.

사람들은 감정에 대처하는 최고의 방법은 그것을 발산하는 것이라고 오랫동안 생각해왔다. 여기엔 감정이란 마치 우리 몸에 완전히 전기가 흐를 때까지 충전하는 전하와 같은 것이라는 인식이(이 비유는 뒤에서도 계속 사용할 것이다) 깔려 있다. 그에 따라 감정이 과다해지면 내부에 쌓여 있는 감정의 기운을 발산해야 한다고, 즉 그 에너지를 없애야 한다고 생각해왔다. 불필요한 에너지에서 해방되면 다시 심리적 균형을 찾을 수 있다는 것이다. 그러나 찰스 다윈의 이론이 나온 후 잘 알려진 것처럼, 감정은 우리가 거기에 충실할수록 더 강화된다. "외적인 기호를 통해 감정을 자유롭게 표현하면 그 감정은 강렬해진다. (…) 분노에 사로잡혀 격렬한 몸짓을 하는 사람은 분노를 더 키울 뿐이다."[3] 그러므로 신체적으로나 정신적으로 건강을 유지하고 싶다면 자신의 감정을 현명하게 다스리는 길밖에 없다.

'감정을 현명하게 다스린다'는 말은 무엇을 의미할까? 우리는 삶을 개선하고 싶으면 감정을 조절하고 조종하고 통제해야 한다는 걸 알고 있다. 그래야 자기관리를 할 수 있으니까. 그런데 이 문제에서 치명적인 오해가 생기는 경우가 많아 중요한 사실을 하나 지적하려고 한다. 감정을 현명하게 다스리는 것은, 감정을 왜곡하거나 더는 느껴지지 않을 때까지 억누르는 게 아니다. 감정이 얼마나 중요한지를 생각해보면 이는 어처구니없는 생각이다. 감정의 기능과 메시지를 이해하고 어떻게 대처할지를 결정해야 한다.

이 능력을 발휘하기 위해 중요한 전제조건은 자신의 감정을 전반적으로 지각한 뒤 납득할 수 있도록 분류하는 것이다. 원한다면 당장 차를 운전하며 시작해볼 수 있다. 차가 막힐 때 하는 게 가장 좋다. 배에 힘이 들어가고 목 근육이 뻣뻣해지는 걸 느낄 것이다. 말할 것도 없이 그 상황이 안겨준 스트레스의 징후다. 여기서 이렇게 물을 수도 있겠다. 그 신체 반응은 삶의 다른 순간들을 떠올리게 하지 않는가? 만일 그렇다면 그 순간들의 특징은 무엇인가? 혹시 속수무책의 무력감과 비슷한 느낌은 아닌가? 이렇게 우리는 신체가 보내는 신호를 토대로 내면의 소리에 귀기울이고, 생각의 가지를 계속 뻗어나가다가 다시 원래 감정으로 돌아오고, 마지막에는 적절한 방법으로 거기에 반응하는 법을 배운다. 예를 들어 다음번에는 교통체증을 피하기 위해 지하철을 이용할 수 있으며, 맞은편에 앉은 사람에게 그의 행동이 부당하다는 것을 공손하게, 그러나 확실히 알려 줄 수 있다.

자기관찰의 유익함을 보여주는 또다른 사례는, 정신분석학자 마야 슈토르히가 전통적인 사무실 풍경을 묘사하며 들려준다. "알고 보니 나는 이를 악다물고 있었다. 동료가 벌써 10분째 나와는 전혀 관계없는 프린터 문제로 투덜거린다는 것도 깨달았다. 제출 기한을 맞추려면 30분 내로 지난번 회의를 기록한 회의록을 발송해야 했다. 나는 주어진 사회적 맥락하에서 내 몸에서 일어난 피드백을 짜증으로 해석했고, 이 해석은 나의 다음 행동을 조종했다. 나는 동료의 행동을 다소 거칠게 중단시켰다. 그리고 그를 가능한 한 재빨리 밀어내고 회의록을 제시간에 처리하는 내 모습을 확인했다."[4]

이렇게 반문하는 사람이 있을지도 모르겠다. 자신의 감정에 주의를 기울이는 것은 당연한 일이지만, 그 감정 외에 다른 것은 말하지 않는 수많은 사람들을 알고 있다고. 그것도 분명히 맞는 말이다. 많은 이들이 지속적으로 자신이 느끼는 감정을 이야기하고 어떤 신체적 고통이 지금 그들을 괴롭히는지 들려준다. 하지만 대개는 지극히 표피적인 이야기에 머물러 있다. 예컨대 오늘 조금 피곤하고 아무 의욕도 느끼지 못하겠다고 말하면서 아마 날씨 탓일 거라고 분석하는 게 고작이다. 심리치료사 구스틀 마를로크는 본인의 감정을 피상적으로 이야기하는 본질적인 이유가 무엇인지를 지적한다. 그렇게 해서 '자신의 심리적, 정서적 현실의 불편한 측면들'[5]을 회피하려 한다는 것이다. 충분히 이해할 수 있는 행동이다. 그건 우리가 느끼는 희미한 감정의 안쪽에서 어두운 심연이 입을 벌리고 있을지 모른다는 두려움 때문이다. 그것을 한 번이라도 면밀히 살피면 아마 우리가 견디기 힘든 삶을 살고 있음을 인정할 수밖에 없을 것이다. 그러니 차라리 날씨 탓을 하며 나머지는 무시하는 게 확실히 속은 편할 것이다.

여기서 조금 더 나아가면, 특정 감정을 자세히 들여다보는 순간 이미 변화를 향해 첫걸음을 내디딘 것이라고 주장할 수 있다. 흔히 볼 수 있는 무기력감을 예로 들어보자. 우리는 무기력이 특별한 상황과 연관되어 있는지, 그것이 어떤 의미를 지니는지, 또 무기력을 막기 위해 무엇을 할 수 있는지(혹은 이 독특한 감정에 궁극적으로 만족하는지)를 알아

아인슈타인은 왜 양말을 신지 않았을까

낼 수 있다.

그렇다고 이 해법을 과신해서는 안 된다. 우울증에 걸린 사람들의 운명에서 볼 수 있듯이, 과도한 주의집중은 우리를 파멸로 끌 수 있다. 우울증이 있는 사람들은 유쾌한 일보다는 불쾌한 일들을 비교할 수 없을 정도로 강하게 지각한다.[6] 외상후스트레스장애나 불안증세에 시달리는 환자들도 '아주 일찍부터 가능한 위협들에 자동으로 주의를 집중'한다고 심리치료사 크리스티안 고트발트는 설명한다. 그러나 이런 경우에도 관심의 초점을 새로운 곳으로 돌리면 도움이 될 수 있다. 기분좋은 일에 집중하면서 부정적인 생각을 줄이는 것이다.[7]

흔히 그렇듯이 여기에서도 중용을 지키는 게 중요하다. 통증치료가 제시하는 요법들은 이 점을 인상적으로 보여준다. 자신의 만성통증에 의식적으로 관심을 두었다가 다시 외면하는 법을 배운 모든 환자들은 고통을 가장 훌륭히 통제했다고 한다. 이 문제에 대해서는 최근에 나온 나의 책에 자세히 기술되어 있다.[8]

우리가 어떤 방식으로 대처하든 간에, 일단 어떤 일을 자세히 의식적으로 들여다보는 것은 올바른 방향으로 가는 수순이다. 이 주장은 뇌 연구에 의해 뒷받침되고 있다. 우리가 특정한 일에 주의를 쏟으면 전두엽이 '한동안 이 의식의 내용을 처리하고 새로 연결하는 데' 도움을 준다. 이를 통해 새로운 것을 배우거나 이미 알고 있는 패턴을 변화시킬 수 있다고 한다. 주의와 관심은 변화의 전제조건이다. 주의깊게 삶을 살아가는 게 중요한 것도 이 때문이다.[9] 이 문제는 결정에 대해 논의할 4부에서 더 자세히 살펴보겠다.

자신의 감정에 본질적으로 많은 관심을 기울이는 것은 또다른 이유에서 권장할 만하다. 처음에는 우리의 지각 임계점 아래에 머무는 감정들이 있다. 일례로 우리 몸에는 '복부의 뇌'라는 이름으로 더 알려져 있는 그 유명한 장신경계가 있다. 장신경계는 척수세포보다 많은 수억 개의 신경세포로 이루어져 있으며, 소화와 장운동과 면역체계 유지를 관장한다. 그런데 복부의 뇌는 대단히 많은 정보들을 뇌로 보내지만 뇌로부터는 아주 적은 정보만 취한다. 그 비율은 9대 1이었는데, 이는 연구자들에게도 놀라운 사실이었다. 우리는 이 육감 중 많은 것을 의식하지 못하지만, 그럼에도 그것들은 건강에 영향을 미친다. 현재 학자들은 머리와 배의 밀접한 관계에 대해 더 많은 것을 알아내기 위한 연구를 진행하고 있다. 여하튼 우리가 주의집중을 하면 불확실한 육감의 정체를 알 수 있다는 것만은 틀림없는 사실이다.

어떤 감정들은 한순간 나타나 우리의 얼굴 표정을 변화시킨다. 이런 감정은 주변 사람은 물론이고 스스로도 눈치채지 못하는 경우가 대부분이지만, 인간관계에서 일어나는 일들에 영향을 주는 것은 분명하다. 심리학자 폴 에크먼은 이 미세한 표정들을 발견하여 그 의미를 해독했다. 에크먼에 따르면, 표정의 의미를 해석할 줄 아는 사람은 상대방이 상황에 관계없이 좋은 표정을 짓더라도 그의 감정상태를 읽어낼 수 있다고 한다.

우리가 감정에 대해 이야기할 때 전혀 의도치 않았더라도 신체에 대해서까지 함께 이야기한다는 것을 앞에서 배웠다. 그 이유는 간단하다. 감정이 신체와 긴밀히 연결되어 있기 때문이다. 감정은 표정과 동작과 자세를 통해 드러나며, 반대로 표정과 동작과 자세에 의해 유발되거나 영향받는다. 신체와 감정 간에는 끝없는 왕복 교류가 일어나는 것이다. 우리가 무언가를 느끼면 거기에 맞는 얼굴 표정이 만들어지고, 특정한 자세를 취하면 또 거기에 맞는 감정이 생긴다.

간단한 개입을 통해 감정을 변화시키는 방법에는 구체적으로 어떤 것들이 있는지 이제부터 소개하겠다.

## 43개의 근육으로
## 삶을 바꾸는 기술

기분을 나아지게 하고 인지능력을 향상시키고 싶으면, 웃거나 곧은 자세로 서거나 집 주변을 한 바퀴 돌아보라. 아주 쉬워 보인다. 그렇다. 정말 쉽다. 이 방법으로 또 어떤 것을 할 수 있는지 이야기해 보자.

가벼운 미소가 단순히 미소 이상의 효과를 낸다는 것은 화가 마르쿠스 뤼페르츠와 나눈 인터뷰 덕분에 얻은 통찰이다. 미소는 삶의 감각과 세상을 보는 시각을 바꿀 수 있는 방법이다.[10] 나는 뤼페르츠에게 집을 나서기 직전 눈길을 어디에 두느냐고 물었다. 그의 의미심장한 대답은 이랬다. "밖에 나갈 때면 저는 쾌활함이나 좋은 기분을 발산하려고 노력합니다. 비교적 드물기는 하지만 어쩌다 기분이 나쁠 때는 집에 있으려고 해요." 기분을 좋게 하는 비결이 있느냐는 물음에는 이렇게 답했다. "그냥 혼자 웃는 거예요. 저는 저 자신과 사이가 아주 좋아요."

내가 뤼페르츠의 말을 즐겨 인용하는 이유가 있다. 그는 기분을 긍정적으로 만들기 위해 아주 간단한 방법을 택했다. 혼자 웃는 것이다. 그를 따라 하지 않을 이유가 없다. 우리에게도 뤼페르츠와 똑같은 방법이 있다. 심리학자 폴 에크먼은 43개의 얼굴 근육으로 약 1만 가지의 서로 다른 표정을 지을 수 있다고 했다. 얼굴 근육을 이용하면 감정상태를 표현할 수 있을 뿐 아니라 심지어 바꿀 수도 있다. 전문서에서 '안면 피드백facial feedback'이라고 부르는 현상이다. 이에 대해서는 광범위한 연구가 이루어졌다. 즉 표정과 감정이 직접 상호작용을 한다는 것은 확실한 근거를 가진 사실로 볼 수 있다.

즐거워지려고 웃는 것은 인간의 문화적 기억에 깊이 스며든 기술이다. 선불교의 명상에서도 오래전부터 이 기술을 가르쳐왔다. "행복해서 웃을 때도 있지만 웃어서 행복할 때도 있다." 현대 선불교의 유명 스님인 틱낫한의 말이다. 그의 말에는 다른 설명이 필요 없다. 그냥 웃으라는 것이 전부다. 그러나 심리학에서 제시하는 실험 규정에 따라 낮게 '에―' 하고 소리를 내보자.[11] 그래, 바로 그거다. 방금 입에서 자동으로 나온 그 소리. 여러분도 분명 눈치챘겠지만, '에' 소리가 나도록 입 모양을 만들면 표정이 상냥해진다. 이 연습의 효과를 높이고 싶다면, 자리에서 일어나 가까운 거울로 가서 본인의 얼굴을 들여다보라.

웃음이 어떻게 우리의 생활감각을 향상시키는지에 대한 문제로만 제한한다면, 얼굴 표정의 위력을 과소평가하기 쉽다. 보톡스 치료도 삶을 개선할 수 있다. 사람들은 대개 주름을 펴기 위해 이 방법을 사용한다. 원래 명칭이 '보툴리눔톡신'인 보톡스는 아주 묽게 희석한 신경 독소다. 보톡스를 주입하면 얼굴 근육이 마비되어 근육을 움직일 수 없게 된다. 그로 인해 주름이 생기지 않는 부작용이 발생하며, 그 결과 얼굴도 매끈해지고 피시술자의 모든 감정상태도 지속적으로 영향받는다. 우선 긍정적인 변화부터 살펴보자. 바젤과 하노버의 의사들은 우울증 치료제를 찾다가 환자들에게 보톡스를 주사하기로 했다.[12] 누구나 이마에 생기는 미간주름에 말이다. 그 결과 눈썹을 찡그릴 수 없게 된 환자들은 더이상 화난 표정을 짓지 못했다. 덕분에 우울증 환자의 절반 정도가 눈에 띄게 상태가 호전되었다. 슬픈 표정을 짓지 못하게 되면서 부정적인 감정이 사라진 것이다. 이는 다른 신경학자들도 확인한 현상이다. 이들도 보톡

아인슈타인은 왜 양말을 신지 않았을까

스로 미간주름을 마비시킨 후 환자의 뇌를 관찰했다.[13] 그 결과, 얼굴 표정이 사라지기 무섭게 감정 처리를 담당하는 뇌부위인 편도체의 기능이 눈에 띄게 약화되었다. 반면에 미간주름을 다시 움직이면 편도체는 예전처럼 활성화되었다.

그러나 보톡스 주사에는 별로 유익하지 않은 부작용도 따른다. 이 주사를 맞은 사람은 더이상 세계를 이해하지 못한다. 최소한 주변 사람들의 감정세계를 알지 못하게 된다. 1부에서도 보았듯이 우리는 타인의 표정과 자세를 모방하면서 그들의 감정을 이해하는데, 이 능력이 방해받으면 부작용이 나타나기 마련이다. 그게 어떤 것인지는 세 명의 신경학자가 밝혀냈다. 이들은 피험자들에게 입으로 연필을 물게 하거나 껌을 씹게 하여 그들의 표정을 통제했다.[14] 이로 인해 피험자들은 행복한 표정을 모방하지 못했다. 이들은 행복한 얼굴을 보면서도 거기에 나타난 감정을 평소보다 훨씬 느린 속도로 이해했다. 보톡스를 맞아 얼굴 근육이 마비된 사람들도 비슷한 반응을 보였다.

잠시 덧붙여 말할 것이 있다. 이 장에서는 자신의 감정을 더 나은 방향으로 바꾸는 방법을 설명하고 있다. 성공한다면 두말할 것 없이 삶의 질도 높아진다. 그뿐만이 아니다. 기분이 좋으면 인지능력까지 상승한다. 심리학자 루치아노 리스폴리의 말을 들어보자. "우리의 지능은 긍정적 감정에 의해 상승하고, 지속적인 부정적 정서에 의해서는 방해받는다."[15] 이 둘의 상호작용은 3부에서 자세히 다룰 예정이다. 다만 여기에서는 자신의 정서적 안녕에 신경쓴다는 것은 스스로를 현명하게 만드는 것을 의미한다는 사실만 이야기해두겠다. 이상 부연설명을 마치겠다.

살면서 한번쯤은 부모님의 교육방식에 위대한 교훈이 숨어 있음을 인정해야 하는 순간이 온다. 지금이 바로 그런 순간이다. '똑바로 서 있어!' '그렇게 축 늘어져 있지 말고 똑바로 앉아!' 이런 단순한 지시에는 시민적인 훈육방침이 들어 있지만, 이를 따르면 대단한 유익함을 얻을 수 있다. 이 현상은 신체교육학자 율리아 코지나르가 자세히 연구했다.[16] 어떻게 하면 미래의 교사들이 좀더 침착하고 자신감 있게 학생들을 교육할 수 있을까 고민하던 게 그 계기였다. 그녀가 찾은 해답은 간단하면서도 설득력이 있었다. 그건 '똑바로 서라!'였다. 자세를 똑바로 하면 자신감이 생기고 기분도 좋아진다. 교사들만 이 통찰을 이용하란 법이 있는가. 우리도 이 방법을 써야 할 이유가 충분히 있다.

율리아가 이걸 깨닫게 된 건 1998년부터 2002년까지 진행한 교직 과목 수강생들을 위한 일련의 세미나 덕분이었다. 그녀가 세미나에서 실시한 훈련은 다음과 같았다. 학생들에게 먼저 '확장된 자세', 즉 자신감을 가지고 몸을 똑바로 편 자세를 취하게 했고 그다음에는 '구부정한' 자세를 취하도록 했다. 그러면서 '특히 긍정적이고 성공적이었던 날과 불쾌하거나 재수가 없었던 날의 기분을 떠올리라'고 주문했다. 다음 단계에서는 학생들을 두 집단으로 나누어 한쪽은 긍정적인 자세로, 다른 쪽은 부정적인 자세로 교실을 돌아다니게 했다. 2분 후 두 집단은 역할을 바꾸어 실험을 계속했다. 즉 곧은 자세였던 집단은 몸을 웅크렸고, 구부정했던 집단은 몸을 폈다. 그리고 다시 교실 돌아다니기, 역할 바꾸기, 교실 돌아다니기, 역할 바꾸기가 계속된 뒤 실험은 끝났다.

실험이 참가자들에게 미친 정서적 효과는 뚜렷했으며, 실험이 반복될 때마다 매번 똑같은 결과를 낳았다. 학생들은 감정과 자세가 서로 일치한다고 보고했다. 똑바른 자세를 취하면 자신감이 높아지고 기분도 좋았으며 호흡도 편했다고 말했다. 그런데 이따금 원하던 범위를 벗어나는 효과가 나올 때가 있었다. 일부 학생들이 '굽은 자세를 한 참가자들과 마주할 때 오만하고 불손하게' 굴었다고 보고한 것이다. 반면에 동정심을 느꼈다는 학생들도 있었다. 한편 구부정한 자세로 걸은 학생들은 자신이 왜소하고 의기소침하고 슬픈 사람처럼 느껴졌다고 했다. 이 느낌은 '확장된 자세로 걸은 학생들과 마주했을 때 더 심해졌다'. 심지어 어떤 학생은 자신이 '곧 짓밟혀버릴 벌레가 된 기분이었다'[17]고 보고했다. 이는 인간이 사회적 존재라는 것, 그래서 우리의 능력과 감정은 지금 활동하고 있는 맥락에 좌우된다는, 단순하지만 간과하기 쉬운 상황을 다시 한번 확인해준다. 우리가 가지고 있는 특성들이 모두 인위적으로 형성된 것은 아니라는 말이다.

'신체 피드백Body feedback 가설'에 더 가까이 접근하는 또 다른 방법은, 심리학자 자비네 슈테퍼와 프리츠 슈트락이 수행한 유명 실험이자 자주 인용되는 연구가 제시한다. 이들은 99명의 남성 피험자들에게 해당 실험은 인체공학적 자세가 성공적인 문제 해결에 어떤 영향을 미치는지 알아보기 위한 것이라고 믿게 했다. 두 연구자는 피험자들이 각기 다른 자세로 앉아 일하도록 상황을 연출했다. 한 집단은 평범한 책상 앞에서 곧은 자세로 앉았고, 다른 집단은 의자보다 낮은 책상에서 일했다. 따라서 후자는 몸을 구부리고 앉을 수밖에 없었다.

아인슈타인은 왜 양말을 신지 않았을까

사실 이 연구의 목적은 어느 집단이 업무를 더 빨리 해결하는지를 밝히는 것이 아니었다. 연구자들은 신체 자세가 감정에 어떻게 작용하는지, 특히 어떤 실험을 성공적으로 수행했다고 칭찬받는 순간에 어떤 결과가 나타나는지를 알고 싶었다. 그렇다면 과연 결과는? 몸의 자세가 정서에 뚜렷한 영향을 미치는 것으로 드러났다. 곧은 자세로 앉아 칭찬을 들은 사람들은 구부정한 자세로 칭찬받은 사람들보다 훨씬 큰 자부심을 느꼈다.[18] 슈테퍼와 슈트락은 자부심을 느끼는 사람은 곧은 자세를 취한다는 사실을 관찰한 찰스 다윈을 언급했다. 다윈의 글에는 이렇게 적혀 있다. "자부심을 가진 사람은 머리와 몸을 곧게 펴서 자신이 남보다 우월하다는 감정을 표현한다. 그런 사람은 당당하고 위엄이 있으며, 될 수 있는 한 커 보이도록 행동한다. 그래서 이런 사람을 두고 비유적으로 자부심이 부풀대로 부풀었다거나 자부심으로 꽉 차 있다고 말한다."[19] 자세와 정서가 밀접하게 연관되어 있다는 측면에서 볼 때 다윈의 문장은 '머리와 몸을 곧게 펴고 있으면' 마음속에 자부심과 우월감을 불러일으킬 수 있다는 것을 의미한다. 하지만 몸을 웅크리면 그와는 다른 감정, 곧 굴욕감이 엄습한다.

'신체 피드백 가설'의 유효성을 증명하는 연구들은 이

외에도 많다. 그중 한 가지를 더 소개해보자. 이 연구는 심각한 심리장애도 신체를 이용하면 제거는 불가능해도 줄일 수는 있다는 사실을 보여준다. 문제의 실험은 심리학자 엘케 되링자이펠이 우울증을 앓는 사람들을 대상으로 실시했다.[20] 실험의 출발점은 여러분도 익히 알고 있는 상황이다. 이번에도 피험자들은 높이가 서로 다른 책상 앞에 자리잡고 앉았다. 각자 나름의 자세로 앉은 그들은 곧 여러 의미를 지닌 그림들을 보고 마음에 떠오르는 것을 글로 적었다. 마지막에는 그림을 보았을 때 어떤 느낌이 들었느냐는 질문을 받았다. 결과는 고무적이었다. 곧은 자세로 앉았던 사람들은 '굽은 자세의 사람들보다 그림에 대해 근본적으로 더 낙관적이고 환상이 가득한 이야기를 적어냈으며, 더 긍정적인 자아상을 그려냈다'.[21]

실험 결과가 의미하는 것은 두 가지다. 첫째는 우리가 앉아 있는 (혹은 구부정한) 자세가 기분에 지대한 영향을 미친다는 것이고, 둘째는 다른 기분을 느끼고 싶을 땐 그저 자세를 바꾸면 된다는 사실이다. 그러나 앉는 자세만 정신적 삶에 영향을 주는 것은 아니다. 또다른 개입방법이 있다. 이 방법을 살펴보려면 앉아 있거나 서 있는 사람에게서 눈길을 거두고 움직이는 사람에게 주목하여 무슨 일이 벌어지는지 관찰해야 한다.

외모를 보고 내면을 추측하지 말라는 것은 선의를 가진 사람들의 고전적 충고 중 하나다. 많은 경우엔 이 충고가 맞을 수 있겠으나 틀린 경우도 있다. 우울증이 있는 사람을 걷는 자세로 알아볼 수 있다는 추측은 오래전부터 존재했다. 실제로 '우울증 환자의 경우 병의 정도와 걷는 패턴 간에' 연관성이 있는 것 같다. 우울증이 있는 사람은 발을 끌며 걷는 경향이 있고 건강한 사람은 역동적으로 걷는다고 한다.[22] 이 추측은 일단의 심리학자들에 의해 사실로 증명되었다. 이들의 연구에 의하면, 우울증을 앓는 사람은 그렇지 않은 사람보다 '걷는 속도가 느리며, 머리를 좌우로 크게 흔들면서 구부정한 자세로 걷는다'.[23] 아주 치명적인 자세다. 이런 자세는 질병의 표시이기도 하지만 우울증을 심화시키는 데도 일조한다. 연구에 참여한 심리학자 요하네스 미할라크는 그 이유를 이렇게 설명했다. "의기소침한 자세로 걸으면 부정적인 감정상태가 활성화되는 경향이 있기 때문이다."[24]

이 주장은 전문가들 사이에서 힘을 얻고 있다. 운동치료사 도미니크 베커스와 조스 데커스는, 우리의 운동방식은 '인간관계와 사회생활에서 중요한 역할을 하는 표현방법'

이며 그 안에 '우리의 신체적 상태와 내면의 상태가 계속'[25] 반영된다고 설명한다. 그렇기 때문에 많은 질병들이 이미 환자의 걸음걸이에서 드러난다는 것이다. 우리는 느끼는 방식에 따라 몸을 움직이고, 몸을 움직이는 방식에 따라 느낀다. 한쪽이 다른 한쪽을 고정시키는 것이다.

게다가 우리 몸에는 장기 기억력이 있어서 이것이—우울증의 경우도 그렇지만—매번 발목을 잡을 위험이 있다. 미할라크는 우울증을 극복한 사람도 자꾸만 의기소침한 자세로 걷는다고 말하는데, 당사자에게는 병이 재발할 수 있는 잠재적 위험이다. 왜냐하면 이들은 익숙한 동작과 자세로 인해 글자 그대로 옛날 질병으로 '되돌아가기' 때문이다. 이런 이유로 심리학자들은 현재 우울증을 겪는 사람들이 부정적인 동작을 버리고 긍정적인 것으로 바꾸는 데 도움이 되는 특별 훈련 프로그램을 개발하고 있다.[26]

동작과 감정이 얼마나 밀접하게 연결되어 있는지는 우리가 (불쾌한) 특정 느낌을 없애려는 방식에서 드러난다. 그럴 때 우리는 어떤 동작을 가능하면 최소화하려 하거나 해당 부위가 말 그대로 '죽은 척'을 한다. 일례로 심리학자들은 환자들이 '특정 감정을 느끼지 않으려고 혹은 표현하지 않으려고 근육에 힘을 주거나 힘을 빼는'[27] 모습을 관찰했다. 움직임이 없는 신체는 활발한 신체보다 감정에 무딘 경향이 있다.

이런 (대부분 무의식적인) 전략이 사용되는 이유는 우리의 기억력 때문이다. 기억력은 우리의 기억들을 그물처럼 연결하여 저장하는 특성을 가지고 있다. 즉 우리의 경험을 구성하는 수많은 세부사항들을 하나의 커다란 전체로 묶어버리는 것이다.

그냥 웃기만 해도 기분이 좋아지는 것은 이 때문이다. 기억력은 웃을 때의 표정을 수년 동안 즐거움이라는 감정과 연결시켜왔다. 몸을 움직일 때의 메커니즘도 비슷하다. 물론 특정 동작과 거기에 해당되는 감정 간의 연결이 웃음과 행복감의 경우보다 조금 복잡하게 진행되기는 한다. 그럼에도 어김없이 동일한 감정을 일으키는 동작들이 있다. 그건 우리가 살면서 스스로 습득했기 때문이거나 아니면 일상생활의 일부로 무의식상태에서 연습을 통해 체득했기 때문이다. 예를 들어 손바닥을 내밀어 어떤 사람을 막으면 그 행동은 우리 마음속에 거리감을 불러일으킨다(그리고 상대방에게는 거부당했다는 느낌을 줄 것이다). 반대로 두 팔을 벌리는 행동은 다정하게 받아들인다는 (그리고 상대방에게는 자신이 환영받는다는) 느낌을 마음속에 만들어낸다.

이 때문에 간단한 동작을 수행하면 특정한 정서가 유발되거나 강화되고, 상대방에게 신호를 보내게 된다. 정서적으로 도움이 되는 또다른 동작을 습득하고 싶으면 춤으로 시도해보라. 심리학자 자비네 코흐는 오래전부터 춤의 치료 효과를 연구하고 있다.[28] 그녀는 동료 연구자 두 명과 함께 우울증을 겪는 사람을 춤으로 도울 수 있는지 밝혀내고자 했다.[29] 그녀는 그 답을 이스라엘에서 찾았다. 그곳에는 '하바 나길라'라는 이름을 가진 이스라엘 특유의 원무가 있다. 번역하면 '우리 기뻐하자'라는 뜻이다. 이 춤을 추는 사람들은 계속 힘차게 뛰어오르는 동작, 즉 수직 도약운동을 반복한다. 자비네 코흐는 해당 연구를 위해 우울증 환자들과 함께 이 춤을 연습했다. 그러자 눈에 띄는 결과가 나타났다. 우울증이 줄어들고 삶의 즐거움을 다시 찾은 것이다. 자비네 코흐는 보고서 끝머리에 다음과 같이 결론을 요약했다. "활기찬 원무는 우울증 환자들에게 긍정적인 효과를 주었으며 춤치료나 운동치료 및 그 밖의 보조요법에 권장할 만하다."[30] 또한 원무가 우울증 환자들의 정서에 긍정적으로 작용하는 이유는 그 운동이 '거의 수직 동작으로만 이루어져 있었기' 때문이라고 한다. 다시 말해 그들이 평소에는 긍정적 느낌을 일으키는, 하늘로 치솟는 운동을 거의 하

아인슈타인은 왜 양말을 신지 않았을까

지 않았다는 것이다. 따라서 연구자들은 이들이 '더 힘차게 위아래로 움직이도록'[31] 독려했으며, 실제로 위로 뛰어오르는 운동은 밝고 즐거운 기분을 조성했다.

이와 관련해 주목할 만한 현상으로 생각되는 것이 몇 가지 있다. 첫째, 우리는 특정 장소나 방향을 구체적인 느낌과 결부시킨다. 예를 들어 긍정적인 느낌은 '위'와 연결하고 부정적인 느낌은 '바닥'과 연결한다. 이는 흔히 사용되는 언어적 비유법에서도 볼 수 있다(우리는 '바닥'에 떨어진 느낌이라거나 '구름에 떠 있는' 기분이라고 말한다). 둘째, 우리가 방금 말한 방향으로 이동하거나 그런 장소에 있으면, 즉 '위로 뛰어오르거나' '아래로 가라앉으면', 마음속에서 긍정적인 혹은 부정적인 감정이 유발된다.

이 같은 현상의 배경에 대해서는 레이코프와 존슨의 이론을 소개할 때 이야기한 바 있다. 우리는 신체를 통해 생성된 좌표계를 이용해 세상에서 방향을 잡는다. 그래서 '위'와 '아래'가 어디인지, '앞'과 '뒤'가 어디인지를 구분한다. 이를 토대로 우리는 감정이나 도덕이나 권력 같은 추상적 개념을 이 간단한 공간 개념으로(즉, 구체적인 개념으로) 바꿔 표현하고 실제로도 그것들을 구체적인 공간에 위치시킨다. 이런 시각에서 보면 위로 뛰어오르는 도약운동이

'날아갈 듯한 느낌'을 불러일으키고, 우리가 직장에서의 '승진'을 성공으로 여기게 하고, 타인의 도덕성에 대한 기대치를 '높이게 하는' 것도 모두 일리가 있다. 신체와 심리와 정신이 '위'와 '아래'로, '이쪽'과 '저쪽'으로 서로 어울려 대단히 복잡하면서도 효과적으로 춤추고 있지 않은가.

춤은 우울증 환자뿐 아니라 암, 통증, 외상에 시달리는 환자의 치료 및 관리에도 긍정적인 영향을 미치며, 정신분열증, 자폐증, 식이장애 치료에도 유용하다.[32] 그 외에 이런저런 '감정 고조'를 일으키기 위해 간단한 방법을 찾는 이들에게도 춤이 도움이 된다는 점을 덧붙여 말해둔다.

이런 배경을 놓고 보면 내 친구의 사연도 의미가 있을 것 같아 잠깐 소개하려고 한다. 막스라는 이름의 그 친구는 오래전부터 조증과 울증이 번갈아 나타나는 심각한 감정 변화에 시달리고 있다. 우리는 별난 우회로를 거쳐 그 문제를 이야기하게 되었다. 그가 운영하는 작은 호텔의 피트니스클럽에서 트램펄린이 망가진 것을 발견한 나는 어떻게된 일이냐고 물었다. "내가 그랬어." 그가 대답했다. 평소처럼 호텔을 순회하던 어느 날 아침, 그는 그 둥그런 트램펄린 옆을 지나갔다. 그리고 충동적으로 그 위에 올라가 잠깐 뛰었다. 며칠 후 다시 뛰고, 또 며칠 후 다시 뛰며, 그렇게 계속 뛰었다. 그가 트램펄린에서 뛰는 행동을 울증 단계의 해소와 연관시킨 것은 어느 정도 시간이 흐른 뒤였다. 어느 순간 스위치가 딸깍하며 깨달음의 불이 켜졌다. 이때부터 그는 매일 아침 지하실로 내려가 45분 동안 뛰었다. 발밑에 있는 트램펄린이 하나둘씩 주저앉고 마침내 총 네 개가 망가질 때까지 열심히 트램펄린을 혹사시켰다. 그후로 정말 울증 단계가 나타나지 않았다고 그는 말한다. "깡충깡충 뛰면 정말 기분좋거든!" 자기 같은 사람은 흥분과 감격을 잘하지만, 한편으로는 분명히 유쾌한 일인데도 오랫동안 거기에 집중하지 못할 때가 많다고 했다. 트램펄린을 네 개 망가뜨리고 6개월 만에 우울증을 없애는 도약운동을 중단한 것도 그 때문이라고 했다. 그러나 언제고 다시 시작할 수 있다는 생각만으로도 위로가 된다고 했다.

힘찬 도약운동을 만병통치약으로 선언한다면 그건 이 운동을 과대평가하는 것일 게다. 내 친구와 같은 사례에서 도약운동은 보조적인 도움만 줄 수 있다. 이제 소개할 사례도 비슷한 경우다. 앞에서 언급한 심리학자 자비네 코흐가 밝혀냈듯이, 불안감에 시달리는 사람에게 권할 만한 운동이 있다. 바로 몸을 흔드는 운동이다. '4분의 3박자에 맞춰 몸을 좌우로 흔드는 운동은 불안감을 진정시키는 최고의 방법'[33]이라는 것이 자비네 코흐의 경험에서 나온 지식이다. 그녀의 동료 연구자들은 '격투기에서 연습하는 동작들'이 불안감 해소에 좋다고 말한다. 왜냐하면 그것은 '사람이 가하는 신체적 위협들'[34]을 효과적으로 방어할 수 있기 때문이다. 이런 운동과 동작을 추천하는 이유는 이렇다. 불안감에 사로잡힌 사람은 글자 그대로 몸이 '굳어버리지만' 마음속 감정은 한없이 들끓는다. 이런 내면과 외면의 치명적 부조화는 몸을 움직여야 극복할 수 있다.

일단 감정과 운동의 상호관계를 공부하기 시작하면 수많은 관련 이론들과 마주친다. 그러나 대부분은 앞에서 설명한 '신체 피드백 가설'을 다룬 게 아니라, 운동이 신체에 미치는 직접적인 영향을 논한 것들이다. 예를 들어 일련의 연구들은 운동을 하면 우리 몸에서 '행복 호르몬'인 도파민이 더 많이 분비되는 현상을 탐구하고 있다. 누구에게 물어보아도 운동이 여러 면에서 몸에 좋다는 대답이 나온다. 이 문제를 더 자세히 알고 싶은 사람은 관련 연구들을 종합해놓은 최신 메타연구를 참고하기 바란다.[35] 거기에는 총 14만 2000여 명의 피험자들이 참여한 약 1600개의 연구들이 평가되어 있다. 결론은 '운동하면 건강해진다'이다.

하지만 이런 연구 결과들이 아무리 중요하더라도 이 책

이 다루는 주제와는 별로 관련없다. 차라리 우리의 정서와 인지능력에 영향을 줄 수 있는, 추천할 만한 동작이나 운동 목록 같은 것이 있는지로 시선을 돌려보겠다. 내 대답은 안타깝게도 '있기도 하고 없기도 하다'이다. 앞에서도 보았듯이, 우리에게 구체적인 정보를 주는 학문적 연구들은 점점 늘어나고 있다. 예컨대 웃음이 우리를 행복하게 만든다든지, 올바른 자세가 자신감을 준다든지, 신나게 뛰면 즐거워진다든지 하는 정보들이다. 여기까지는 좋다. 그러나 특정한 효과를 얻기 위해 구체적으로 무얼 해야 하는지를 설명한 '신체적 개입' 방법의 목록을 찾는 사람이라면 내 대답에 실망할 것이다. 그런 것은 없기 때문이다. 그리고 앞으로도 그런 목록은 나오지 않을 것이다. 하지만 잠깐! 좌절할 필요는 없다. 보편적인 처방안이 없다고 해서 신체적 개입이 불필요하다는 결론을 내려서는 안 된다. 그 반대다. 우리는 이제 겨우 흥미진진한 발견 여행의 출발점에 서 있다. 모든 건 차근차근 순서대로 하면 된다.

인간은 표준 모델과 특별 제조 모델(자동차 업계에서 사용하는 두 개념을 잠시 빌려보겠다)이 혼합된 아주 놀라운 존재다. 우리가 다른 사람들과 똑같이 기능하는 상황이 있는가 하면, 나머지 대다수 사람들과 구별되는 상황도 있다. 우리의 삶은 이 양극단 사이를 오간다. 그래서 우리 대부분은 이유 없이 웃으면 기분이 좋아지지만, 그렇지 않은 사람들도 일부 존재한다. 그 원인은 이미 여러 번 언급한 우리의 기억에 있다. 기억은 사람마다 동일하게 작동한다. 다시 말해 그물망처럼 연결되어 기능한다. 또 기억은 일련의 비슷한 경험을 기반으로 삼고 있다. 예를 들면 부모님에 대한 기억 같은 것들이다. 그러나 특정 동작과 얼굴 표정과 자세가 특정한 감정과 구체적으로 연결될 경우, 사람들은 이따금 서로 큰 차이를 보인다. 경험이 서로 다르기 때문이다. 가령 어떤 구체적인 자세가 나에게는 격렬한 감정을 불러일으키는 반면, 다른 사람에게는 별다른 의미가 없는 경우다.

따라서 우리는 두 가지 측면을 염두에 두고 있어야 한다. 하나는 우리가 서로 똑같이 행동하는 (그렇기 때문에 내가 이 책에서 일반적인 방식으로 서술할 수 있는) 부분이고, 다른 하나는 우리가 서로 다르게 행동하는 (독자 자신을 제외하고는 그 누구도 알 수 없는 개인적인) 부분이다. 몸이 수행하는 동작 레퍼토리와 거기에 연결된 감정을 잘 알기 위해서는 스스로를 살펴보아야 한다. 간단한 일처럼 보인다. 원칙적으로는 그렇다. 다만 우리가 대부분의 자세를 무의식적

아인슈타인은 왜 양말을 신지 않았을까

으로 취한다는 점을 고려해야 한다. 다시 말해 우리는 스스로를 은폐하는 재주를 갖고 있기 때문에, 행동과 자세의 본질을 간파하기까지 조금 시간이 걸린다는 뜻이다.

첫 단계에서는 직접 몸을 이렇게 저렇게 움직이며 시작해보자. 아니면 이 책에서 제안했던 동작을 해도 좋다. 그러면 어떤 구체적인 자세가 마음속에 어떤 구체적인 감정을 일으키는지 금방 알게 될 것이다. 앞에서 언급한 심리학자 그랜드가 자신의 고객에게 요구했던 것을 해도 좋다. 그는 고객에게 '평범하지 않은 상황에서 하는 동작이나 얼굴 표정으로 실험해보라'고 주문했다. 예를 들어 '평소보다 빨리 또는 느리게 움직이든가' 아니면 평상시보다 '제스처를 더 크게 하거나 작게' 해보라고 했다.[36]

하지만 여러분은 여기에서 조금 더 앞으로 나가야 한다. 특정한 얼굴 표정이 어떤 정서적 효과를 유발하는지 아는 게 도움이 된다고 해도, 그것이 실제로 마음속에 어떤 감정을 불러일으키는지는 해당 표정을 특정 맥락에서 시험해보아야만 비로소 완전히 파악할 수 있다. 예를 들면 자신이나 남들이 예상치 못했던 상황에서 웃어보라는 것이다. 두려워할 것 없다. 뭐 큰일이야 나겠는가? 정말이다.

가능하면 부담없이 실험하는 게 중요하지만 그전에 한

가지 더 알아둘 것이 있다. 과학자 브렌트 스콧과 크리스토
퍼 반스는 판매원들이 종종 힘들게 준수해야 하는 지시사
항이 어떤 결과를 초래하는지 연구했다.[37] 그 지시사항은
'웃어라!' '항상 웃어라!' '손실에 연연하지 말고 웃어라!'였
다. 연구 결과는 어땠을까? 순전히 겉으로만 그런 척해서
는 아무 소용이 없다는 것이었다. 웃는 것도 마찬가지였다.
스콧과 반스는 억지웃음이 전혀 쓸모가 없을뿐더러 '정서
적 피폐와 위축'으로 이어진다는 것을 보여주었다. 웃음을
강요당하면(또는 스스로 강요하면) 사람들은 기분이 나빠졌
으며, 자신의 직업을 아주 무가치하게 느끼기까지 했다. 인
상적인 것은 특히 여자들이었다. 여자들은 남자 동료들보
다 거짓웃음으로 인해 훨씬 큰 고통을 받았다.

그러나 스콧과 반스는 긍정적인 결과도 보고했는데, 이
로써 우리는 이 책에서 접할 모든 신체적 개입의 성공을
좌우하는 핵심 조건에 도달했다. 그건 바로 피험자들이 웃
음에 필요한 내적 토대를 마련한 후에 기분이 확연히 나아
졌다는 점이다. 피험자들이 이런 결과를 얻을 수 있었던 것
은 스콧과 반스가 그들의 연구에서도 인용한 바 있는 '내면
행위Deep Acting'라고 불리는 방법 덕분이었다. 이는 두 가지
서로 다른 전략을 통합한 방법이다. 첫번째 전략은 확고한

아인슈타인은 왜 양말을 신지 않았을까

결의를 토대로 웃음을 짓는 것이다. 말하자면 대략 이런 식이다. '기분은 엉망이지만 거기에 영향받지 않겠다. 나는 지금 세상에 웃음을 선사하려고 한다.' 두번째 전략은 진심이 느껴지는 웃음을 짓게 만드는 장면을 기억 속에서 찾는 것이다. 그리고 그 기억을 세상에 보여주고 싶은 웃음의 동기로 삼는 것이다.

　신체적 개입을 시도할 때 이 두 가지 접근법을 명심하고 있어야 한다. 오직 긍정적인 내면의 이미지와 그에 뒤따르는 자발적 결정을 토대로 할 때만 여러분이 짓는 단순한 미소가 성공을 거둘 수 있다. 내면의 긍정적 장면이 어떤 것들인지, 그리고 자발적 결정의 근거로 무엇이 있을지는 모두 여러분의 상상에 맡기겠다. 이런 제안들이 너무 부족하다고 여겨지는 사람은(정말 부족한 게 사실이다) '취리히 자원 모델Zürcher Ressourcen Modell'을 참고하면, 간단하고 효과 만점인 실마리를 찾을 수 있다. 정신분석학자 마야 슈토르히는 『체화』라는 재미있는 책에서 이 모델과 거기에 어울리는 트레이닝의 이론적 토대를 기술해 유익한 정보를 주고 있다.[38] 취리히 자원 모델은 기본적으로 다음과 같이 진행된다. 도달하려는 목표를 위해 먼저 마음속에서 장면을 찾아내고, 그 장면을 말로 표현하고, 신체 자세를 개발한 뒤 그것을 연습하는 것이다.

한 가지 더 언급해둘 사항이 있다. 이것 역시 우리의 기억, 그중에서도 특히 우리 몸의 기억과 관련되어 있다. 나이가 들면서 우리는 점점 많은 경험을 쌓게 되고 인격도 갈수록 뚜렷하게 형성된다. 이 모든 것들은 우리의 인지능력과 습관만 결정하는 게 아니라 신체 자세에도 영향을 준다. 예를 들어 그간의 경험과 각인으로 인해 순종하는 경향을 가지게 되면, 절로 어깨가 늘어지고 고개도 숙여진다. 이렇게 함으로써 심리상태도 고착된다.

익숙한 자세를 바꾸려고 몸을 똑바로 펴기 시작하면 당연히 그로 인한 결과가 뒤따른다. 몸과 머리가 극심한 혼란에 빠지는 것이다. '이게 뭐지?' '왜 이렇게 이상하게 서 있는 거지?' 아마 몸과 머리는 이렇게 생각할 테고, 익숙지 않은 자세는 통증이나 최소한 불편함을 안겨줄 것이다. 충분히 납득할 수 있는 반응이다. 새로운 것은 무엇이든 미지의 것이고, 미지의 것은 우선 스트레스와 불확실성을 유발하니까. 그래서 새로운 자세를 시험할 때는 어쩔 수 없이 저항에 부딪칠 수밖에 없다. 그 저항은 분명 괴롭지만, 여러분도 알다시피 익숙한 것을 유지하려는 정상적인 반응이다.

이런 저항은 우리에게 도움이 될 수도 있다. 일단 확장된 자세를 학습하고 나면, 우리로 하여금 새롭게 조성된 현재 상태를 방어하고 금방 다시 포기하지 않도록 하는 것이 바로 그 저항이다. 그러니 삶에 등장하는 방해요소들을 존중하고 고마움을 느껴야 할 충분한 이유가 있는 것이다. 우리가 어떤 모습으로 서 있고 스스로 어떻게 고군분투하는지를 되돌아보기 위해서는 되도록 아주 멀리 미래를 향한 여행을 떠나야 한다. 그렇게 하는 것만으로도 뒤죽박죽이던 모든 것들이 정리되어 최소한 조금쯤은 긍정적으로 작용할 것이다.

지금까지 많은 것을 고민하고 연습했으니 이제는 숨을 돌릴 시간이다. 그래서 다음 장의 주제도 호흡으로 정해보았다.

> # 숨 돌릴 틈이 없다.
> # 계속 가자![39]

> 우리가 얼마나 강도 높게 감정을 느끼는지는 숨쉬는 방식에도 좌우된다. 숨을 깊게 쉬는지, 얕게 쉬는지, 가쁘게 몰아쉬는지, 평온하게 내쉬는지가 관건이다. 기분이 좋아지고 명료한 사고가 가능한 리듬을 찾아내는 것은 여러분의 몫이다.

오디세우스와 그의 아내 페넬로페의 사랑 이야기는 아주 특별하다. 이 이야기가 오늘날까지 사람들을 매료시키는 이유는, 사랑하는 두 남녀가 20년을 떨어져 지낸 후에도 서로를 향한 마음을 되찾았기 때문이다. 처음에 오디세우스는 세상에서 가장 아름다운 미녀 헬레네를 다시 고국으로 데려오려고 다른 그리스 영웅들과 함께 트로이를 향해 배를 타고 떠났다. 그러나 트로이인들이 헬레네를 내주지 않는 바람에 그리스 전사들은 하는 수 없이 도시를 포위했다. 하지만 소용이 없었다. 그로부터 10년이 지난 후 오디세우스는 트로이 목마를 이용하기로 계책을 세우고, 결국 그 전쟁에 피비린내나는 종지부를 찍었다.

하지만 그걸로 끝이 아니었다. 오디세우스는 귀향길에서 본격적으로 계속되는 불운을 겪었다. 어리석음과 오만과 신들의 계략이 뒤섞여 발생한 일들이었다. 모험으로 점철된 방랑이 끝나고 오디세우스는 마침내 그리스의 작은 섬 이타카에 있는 자신의 왕국으로 돌아왔다. 하지만 그곳에는 아내 페넬로페와 결혼하고 싶어하는 파렴치한 청혼자들이 진을 치고 앉아 그의 재산을 축내고 있었다. 페넬로페는 오디세우스가 죽은 줄 알고 있었지만 그는 살아 돌아왔다. 그러나 빛나는 영웅이 아닌 걸인의 모습이라 아무도 그를 알아보지 못했다.

우리의 주제와 관련해 내가 중요하게 생각하는 문제의 순간, 오디세우스는 궁전에 있었다. 그의 몰골은 지저분했고 옷차림은 남루했다. 페넬로페는 오디세우스를 알아보지 못했지만 그를 궁전으로 맞아들였다. 그리고 시녀에게 나그네의 발을 씻겨주라고 명령했다. 오디세우스는 오랜 세월 시중든 에우리클레이아가 자신을 알아볼까 두려워 다리를 어둠 속에 감추었다. 그의 오른쪽 무릎에는 옛날에 사냥하다가 멧돼지의 이빨이 비스듬히 살 속에 박히는 바람에 생긴 깊은 상처[40]가 있었다. 그러나 감추어도 소용없었다. 시녀는 오디세우스의 상처를 만져보고는 지금 자기 앞에 앉아 있는 사람이 누구인지 단번에 알아챘다. 그 깨달음은 어마어마한 놀라움이 되어 그녀를 덮쳤다. "숨이 멎고 목소리가 나오지 않았다. 그녀의 눈에 눈물이 한가득 고였다." 구스타프 슈바프는 시녀가 오디세우스를 알아본 순간을 이렇게 묘사했다. 이는 우리가 이야기할 호흡과 감정의 중요한 연관성을 보여준다. 오디세우스가 돌아왔다는 것을 깨달았을 때 시녀는 격한 감정에 휩싸여 숨이 멎었다.

이제 오디세우스가 무슨 행동을 할지는 보지 않아도 훤하다. 기뻐 어쩔 줄 모르는 시녀의 감정 표출을 막으려고 그는 "오른손으로 그녀의 목을 누른 채 자기 쪽으로 끌어당기며 속삭였다. '유모, 나를 망칠 작정이오?'" 그리고 "그가 다시 목에서 손을 떼었을 때" 비로소 에우리클레이아는 숨을 쉬고 말을 할 수 있었으며 마음도 어느 정도 진정시킬 수 있었다.

호흡과 감정의 관계를 나타내는 언어적 비유는 쉽게 발견할 수 있다. 가령 긴장된 사건이 지나고 나면 우리는 '안도의 한숨을 내쉰다'. 뭔가 정신없는 일이 일어난 후에는

아인슈타인은 왜 양말을 신지 않았을까

다시 '한숨 돌린다'. '숨을 헐떡이는' 순간도 있고, 중요한 축구경기가 진행될 때는 '숨막히는' 긴장감이 흐른다.

감정과 호흡의 관계는 감정과 표정, 감정과 자세, 감정과 동작의 관계와 똑같은 식으로 형성된다. 즉 한쪽이 다른 한쪽의 조건이 되는 영원한 순환관계다. 인간의 호흡을 열심히 분석하면 다른 사람의 규칙적인 호흡에서 일어나는 아주 경미한 변화도 확인할 수 있고, 나아가 그의 정서적 상태까지 추론할 수 있다. 물론 당사자는 자신의 상태를 전혀 의식하지 못하는 경우가 많다(이것을 알아내는 것은 대부분 전문적으로 교육받은 심신치료사들의 몫이다).

감정을 조절하려고 일부러 호흡을 빨리 하거나 느리게 하고, 깊은 숨 혹은 얕은 숨을 내쉬는 것은 자연스러운 트릭이다. 어떤 방법이 어떤 작용을 일으킬 수 있는지를 이제부터 이야기해보겠다. 가장 간단한 방법은 숨을 참는 것이다. 이렇게 하면 감정이 약해진다. 숨을 참는 방법을 사용하는 사람은 어린 시절 배운 전략에 의지하는 것이다. 우리는 이미 어렸을 때 의식하지 못한 채 이 방법을 써본 적이 있다. 정신과 의사 메히틸트 파포우제크와 소아과 의사 하누스 파포우제크가 밝혀낸 바에 의하면 '젖먹이들은 불만이 계속되면 심호흡을 참거나 단조롭고 거의 기계적인 호

흡 빈도로 반응하는데, 흡사 죽은 척하는 것과 비슷하다'.[41]
다시 말해, 어느 순간 격한 감정에 휩싸인다 싶으면 우리는
일종의 비상 브레이크를 당긴다. 그리고 흔히 말하듯이 그
상황을 지배하는 '열기를 빼버린다'. 숨을 고르거나 아예
참아버리는 것이다.

이 방법은 좋기도 하고 나쁘기도 하다. 그렇게 해서 죽
은 줄로만 알았던 오디세우스의 귀환을 보고 느낀 주체할
수 없는 기쁨을 조금 누그러뜨린다면 좋은 방법일 것이다.
안 그랬다면 소리를 지르고 궁전을 뛰어다니며 비밀에 부
쳐야 할 왕의 도착을 발설하고 말았을 테니까. 또는 지금
막 이뤄낸 월드컵 우승에 대한 기쁨도 잠시 진정시킬 수
있을 것이다. 그렇지 않으면 〈가우초들은 이렇게 걷지〉(독
일이 2014년 브라질월드컵에서 우승한 후 일부 선수들이 본국에
서 열린 환영행사에서 부른 노래. 가우초는 남미의 목동을 뜻하
는 말인데, 허리를 숙여 구부정하게 걷는 자세를 흉내내면서 결
승전 상대였던 아르헨티나를 조롱했다는 비난을 받았다—옮긴
이)라는 노래를 부르며 베를린을 돌아다닐 테니까. 어느 정
도 이성적으로 사고할 수 있도록, 넘쳐흐르는 감정을 억제
하여 적절한 수준으로 낮추는 것은 절대적으로 의미 있는
일이다.

아인슈타인은 왜 양말을 신지 않았을까

그러나 이렇게 해서 감정을 근본적으로 틀어막는다면 그건 나쁜 전략이다. 『아스테릭스, 스페인에 가다』에 나오는 '코스타 이 브라보'의 아들처럼 얼굴이 빨개질 때까지 숨을 참으며 모든 감정에 대응하는 것 말이다. 그렇게 하면 감정이 제공하는 모든 도움을 저버리는 것만으로 끝나지 않는다. 신체심리치료의 역사에 대한 전문가인 울프리트 고이터가 지적했듯이, 그 전체 과정은 '만성적 호흡곤란'으로 이어지기도 한다.[42] 그러면 우리는 몸으로 나타나는 대가를 치러야 하고 감정을 끊임없이 멀리해야 한다.

심리적 장애에서 호흡이 중요한 역할을 하는 건 자연스러운 현상이다. 신체심리치료사인 기 토넬라가 확인했듯이, 우울증 환자들의 전형적인 특징은 근본적으로 '반응장애' 경향이 있다는 것이다. 토넬라는 이런 증상을 당사자의 호흡과 연관지으며 이렇게 적었다. "실제로 우울증에 걸린 상태에서는 호흡이 얕아지는데 이것이 신진대사에 악영향을 준다. 에너지가 심각하게 줄어들고 결합조직과 근육이 활성화되지 못하면서 감정이 거의 생기지 않는다. 그로 인한 결과는 지각 및 느낌의 상실과 심각한 행동장애다."[43]

흔히 그렇듯이, 너무 모자라도 문제지만 너무 많아도 탈이 난다. 임상심리학자 아이언 J. 그랜드는 많은 이들이 '동작과 호흡을 만성적으로 과장하여 스스로 과도한 자극을 주는 한편, 감정적 흥분이 덜한 상태는 회피한다'[44]고 지적했다. 계속 호흡을 이용해 자신을 오디세우스의 귀환이나 월드컵 우승 때와 맞먹는 흥분상태로 올려놓는다는 것이다. 그렇지 않은 다른 감정상태는 허무하고 무료하다고 느끼기 때문이다.

그럼 '어떻게'라는 문제만 남는다. 감정을 바르게 조절하려면 어떻게 호흡해야 할까? 그건 이 책의 범위 내에서 자세히 대답하기 힘든 질문이다. 그만큼 서로 다른 접근법과 이론이 수없이 많다. 하지만 희소식이 있다. 모두가 인정하는 적절한 해법이 몇 가지 존재한다는 것이다. 일례로 심리학자 루치아노 리스폴리는 자연스런 '심호흡과 복식호흡'을 되찾으면 주기적 불안을 아주 효과적으로 해소할 수 있다고 말한다.[45] 앞에서 언급한 울프리트 고이터도 '특정한 감정에서는 특유의 호흡 패턴이 나타난다'고 보고했다.[46] 이를 뒤집어 해석하면 일부 호흡 패턴은 특정한 감정의 자각을 배제한다는 뜻이다. 예를 들어 분노나 불안감에서 전형적으로 나타나는 아주 특별하면서 '격앙된 방식'으로 호흡하는 사람은 그 순간 '슬픔을 느끼지 못한다'고 한다.

이로써 호흡을 통해 긍정적인 느낌을 유발할 뿐 아니라,

달갑지 않은 감정이 아예 고개를 들지 못하게 하거나 다른 것으로 대체할 수 있다는 대단히 구체적인 가능성들이 열린다. 가장 좋은 것은 '고객의 현재 상태를 고려한 맞춤형' 호흡법을 훈련하는 것이라고 경험 많은 심리치료사 일제 슈미트치머만은 말한다.[47] 이 훈련의 목표는 호흡이 본래 가지고 있는 자연스럽고 자발적인 형태에 부합할 때까지 숨을 깊게 들이마시는 것이다. 많은 사람들이 처음에는 호흡 훈련을 '기계적으로 따라 하거나 체험'하지만 곧 효과가 나타난다고 한다. 그리고 이것이 '새로운' 신체 체험과 확장된 자아 체험으로 연결된다는 것이다. '4-6-8 방법'도 여러모로 효과가 입증된 호흡법이다. 이 방법을 사용하면 시험에 대한 불안감은 물론이고 분노와 좌절감도 '호흡으로 날려버릴' 수 있다. 방법은 코로 천천히 숨을 들이마시며 넷까지 세다가, 숨을 참은 상태에서 여섯까지 센 후, 입으로 천천히 숨을 뱉으며 계속 여덟까지 세는 것이다.

특히 효과적인 것은 작은 우회로를 이용하는 호흡 훈련이다. 예컨대 노래를 통해 훈련하는 것이다. 최근에 진행된 실험에서 연구자들은 합창단원들이 함께 노래할 때 어떤 현상이 나타나는지를 연구했다.[48] 거기에서 나온 몇 가지 결과는 온통 긍정적인 효과 일색이었다. 덧붙여 우리가 알아야 할 것이 있다. 우리의 심장박동수는 계속해서 바뀐다. 심장은 빨리 뛰었다가 다시 천천히 뛴다. 편안히 소파에 누워 있을 때도 심박수는 매번 다르다. 이건 절대적으로 정상이며 우리가 건강하다는 의미다. 반대로 심장이 항상 일정한 속도로 뛰는 사람은 건강에 심각한 문제가 있는 것이다. 일반적으로 말하면, 심장이 심박수를 바꾼다는 것은 우리가 살아 있다는 표시다. 심장박동에 근본적으로 영향을 주는 것은 호흡이다. 숨을 들이마시면 심박수가 올라가고 숨을 내쉬면 떨어진다. 숨을 내쉴 때 심박수가 감소하는 것은, 자율신경계에서 우리 몸을 안정시키는 역할을 하는 이른바 미주신경 때문이다. 그러니까 숨을 내쉬면 미주신경이 활성화되어 심장박동을 억제한다. 이뿐만이 아니다. 신경은 우리의 감정 발생, 특히 공감능력 발생에도 관여한다. 이로써 호흡 훈련이 어째서 감정 조절에 그토록 효과적인 방법인지가 분명해졌다.

우리가 함께 노래를 부르면 이 모든 것들이 동시에 일어난다. 즉 규칙적으로 깊게 호흡하게 되고, 이것이 심장박동수를 변화시키고, 이는 다시 우리를 더 건강하게 만드는 동시에 우리의 감정을 조절한다. 뿐만 아니라 함께 노래를 부르면 노래하는 사람들의 심장박동이 일치화되기 시작한다.

아인슈타인은 왜 양말을 신지 않았을까

즉 이들의 심장이 차츰 비슷한 속도로 뛰는 것이다. 신체와 정신과 심리와 환경의 상호순환관계를 이보다 더 인상적으로 보여주는 사례는 아마 거의 없을 것이다.

# 외로움과 뜨거운
# 수프의 상관관계

우리는 태어난 첫날부터 몸을 만질 때 느껴지는 따스함이 얼마나 좋은지를 경험한다. 그래서 신체 접촉은 우리의 감정과 마음 관리 뿐 아니라 올바른 휴양지 선택에서도 중요한 역할을 한다.

———

예비 아빠들은 사실 분만실에서 불필요한 존재다. 그들이 딱히 할 수 있는 중요한 일은 없다. 모든 건 아이를 낳는 엄마와 조산사가 다 해결한다. 예민한 남자들은 그걸 알기에 의미 있는 다른 일을 찾는다. 당시 나는 오른손을 펴서 곧 우리의 첫아이를 출산할 사랑하는 여인의 등을 만져주어야겠다는 생각이 들었다. 그녀는 아주 잠깐 반응을 보였을 뿐이지만 만족스러워하는 모습이었다. 나는 틈이 날 때마다 등의 같은 자리를 반복적으로 만져주었다. 힘겨운 몇 시간이 지난 후 마침내 아이가 나올 때까지.

출산 전의 불안과 출산 후의 안도감을 포함한 모든 흥분이 서서히 가라앉은 몇 달 후, 사랑하는 그녀와 나는 우리가 겪은 출산 모험을 다른 사람들에게 들려주기 시작했다. 아내는 단 두 문장으로 당시 내 역할의 핵심을 표현했다. "남편이요? 그 사람은 정말 아무것도 한 게 없어요. 하지만 내 등을 만져준 그의 손길은 정말 오랜 시간 동안 도움이 됐어요."

내 손과 그것이 발휘한 효과를 과대평가할 마음은 없다. 그러나 간단한 신체 접촉이 어떤 일을 해낼 수 있는지, 우리의 감정과 사고에 어떤 작용을 하는지 이 예를 통해 아주 잘 드러난다고 생각한다. 그건 우연이 아니다. 신체 접촉은 태어나 처음 호흡하는 순간부터 인간의 성장에 중요한 역할을 하기 때문이다. 우리는 접촉을 통해 관심과 안도감과 보호를 느낀다. 접촉은 발달사적으로 보면 말할 것도 없이 '인간관계에서 가장 기초적인 교제방식'[49]이며, 이 본질은 일생 동안 변하지 않는다. 우리가 얼마나 타인의 접촉에 강하게 반응하는지는 접촉 행위가 (상대방의 동의를 얻어 이루어질 경우) 긍정적인 반응을 유발한다는 사실에서 드러난다. 그 반응이 어떤 것들인지는 437명이 참여해 4년 넘게 진행된 한 실험적 연구가 보여주었다.[50] 실험지침은 간단했다. 한 사람이 상대방의 등에 1~2분간 손을 올려놓고 있으면, 실험은 그것으로 끝이었다. 곧이어 상대방은 그것이 어떤 느낌을 불러일으켰는지 말해야 했다. 결과는 모두 긍정적이었다. 실험 참가자들은 더 안정되고 편안한 느낌을 받았다고 보고했다. 정신이 더 맑아지고 생생해졌다고 이야기한 사람들도 있었다.

그래서 심신치료사들은 신체 접촉이 불안감을 줄이거나 편안함과 신뢰감을 주는 간단한 방법이라고 보고 있다.[51] 이건 우리가 직접 몸의 특정 부위에 손바닥을 대보아도 충분히 알 수 있다. 그러면 그 지점으로 주의가 쏠리면서, 가령 굳어졌던 배 근육이 가볍게 누르는 손의 압력에 따라 다시 서서히 풀리는 것을 느낄 수 있다. 나는 이런 간단한 개입이 얼마나 효과적인지를 분만실에서뿐 아니라 훗날 야간에 도심을 조깅하면서 한번 더 경험했다.

조용한 거리를 뛰고 있는데 멀리서 흥분한 목소리가 들려왔다. 어느 남녀가 서로 고함을 지르며 육탄전까지 벌이고 있었다. 그 사람들 옆을 벌써 반쯤 지나온 순간, 나는 다시 몸을 돌려 몇 걸음을 되돌아갔다. 젊은 여자는 인도에 서서 남자에게 소리를 지르고 있었고, 남자는 어둠 속에서 안경을 찾는 중이었다. 아마 여자가 남자의 코를 때리면서 안경이 벗겨진 것 같았다. 나는 조심스럽게 여자 옆으로 가서―직감적으로 혹은 우리 아이가 태어날 때의 경험에 힘을 얻어―신중하게 손바닥을 여자의 등에 갖다댔다. 그녀는 가만히 있었다. 그사이 나는 그녀를 진정시키는 말을 건넸다. 성공이었다. 최소한 그 순간만은. 얼마 후 두 남녀는 각자 따로 제 갈 길을 갔다. 남자는 휘어진 안경을 들고, 여자는 울면서 낮은 소리로 욕하며.

신체 접촉이 지닌 긍정적 힘의 원인은 인간이 출생한 후 처음 몇 년의 시간에서 찾을 수 있다. 우리 뇌가 아직 그럴 능력을 갖추지 못해 기억에 남아 있지 않은 이 시기에는, 다음과 같은 경험들이 얽히고설켜 하나의 정교한 그물망으로 연결된다. 즉 신체 접촉은 편안한 것이며 애정과 안도감과 사회적 소속감과 똑같이 삶에 필수적이라는 것, 그리고 몸에서 느껴지는 따스함과 직결되어 있다는 경험이다. 엄마가 아기를 만져주면 그 느낌은 피부를 통해 전달된다. 아기도 엄마를 느끼고, 엄마는 보드랍고 따뜻한 감정을 발산한다.

신체 접촉이 아이들의 두려움이나 고통을 진정시키는 것은 바로 이 경험의 그물망 덕분이다.[52]

이런 경험과 감정의 연결은 더 광범위한 결과를 낳는다. 예를 들어 (바람직한) 신체 접촉은 성인의 체온도 높인다. 다시 말해 신체 접촉은 앞에서 말한 유아 시절의 인간관계 프로그램을 가동시킨다. 이는 실험을 통해 밝혀진 사실이다. 이 실험에 참가한 남자와 여자들은 작은 상자를 들고 서로의 얼굴과 팔과 손바닥과 흉부에 접촉을 시도했다.[53] 상자는 잠깐 불빛을 내보내며 피험자의 피부색을 측정하는 기구로 설명됐다. 그러나 사실은 악의 없는 접촉이 신체에 영향을 주는지 아닌지를 알아내기 위한 소형 열카메라였다. 역시나 예상대로 신체에서 반응이 나타났다. 피험자들의 얼굴 온도가 섭씨 0.1~0.3도가량 올라간 것이다. 어린 시절 형성된 연결의 경험이 얼마나 깊숙이 고착되어 있는지를 보여주는 사례라 할 수 있다.

때문에 인간관계를 온도 개념으로 기술하는 것도 지극히 타당하다. 어린 시절의 경험은 우리를 보호해주는 엄마처럼 자신과 가까운 사람은 따뜻한 느낌을 준다는 확신을 심어주었다. 나이를 먹으면서 우리는 항상 이 경험을 떠올린다. 그리고 이를 토대로 다른 사람들과의 관계를 어떻게 느끼는지 판단한다. 예를 들어 친절한 사람을 만나면 '그가 따뜻하게 맞아주었다'고 말한다. 반대로 자신을 거부하는

아인슈타인은 왜 양말을 신지 않았을까

듯한 사람을 만나면 '그가 차갑게 대했다'거나 '쌀쌀한 분위기가 감돌았다'고 말한다.

이뿐만이 아니다. 우리는 사회적 관계를 묘사하는 방식대로 그 관계를 느낀다. 그것도 몸으로 직접 느낀다. 예를 들어 불친절한 사람과 엮이게 되면 정말로 차가운 느낌이 몸을 관통한다. 누군가를 성적으로 갈망하면 따뜻하고 기분좋은 흥분과 전율에 휩싸인다.

토론토대학교의 두 심리학 교수는 외로움이 글자 그대로 '추운' 느낌을 주는지를 연구했는데, 실제로 그렇다는 결과가 나왔다.[54] 이들은 65명의 대학생들을 두 집단으로 나눈 뒤 자신이 사회적으로 따돌림받았을 때와 어느 집단의 일원으로 인정받았을 때 중 한 가지 상황에 몰입하라고 주문했다. 이어 참가자들은 자신들이 있는 방의 실내온도를 추측해보라는 요청을 받았다. 결과는 명확했다. 사회적 따돌림의 경험을 기억 속에 불러낸 학생들은 긍정적 경험을 회상했던 학생들보다 방이 훨씬 춥다고 느꼈다. 어느 집단에 속하지 못한다는 생각만으로도 당사자의 주관적 지각이 눈에 띄게 '냉각'된 것이다.

이 결과는 뇌 연구에 의해서도 뒷받침되고 있다. 뇌 연구가 밝혀낸 바에 따르면, 우리가 느끼는 따뜻함이나 차가움이 신체적 자극 때문인지 정신적 자극 때문인지 아니면 사회적 자극에서 비롯된 것인지는 뇌에 아무런 영향을 주지 않는다. 다른 사람이 나를 만지든(그래서 이 접촉을 따뜻함으로 느끼든), 뜨거운 커피 한 잔을 손에 들고 있든, 아니면 마음이 따뜻한 사람과 만나든, 이 감정을 처리하는 것은 항상 동일한 뇌부위, 이른바 뇌섬엽이다.

앞에서 언급한 토론토대학교의 심리학자들은 자신들의 이론을 검증하기 위해 또다른 실험을 진행했다. 그리고 그 결과를 통해 우리가 외롭다고 느끼는 순간 마음의 평안을 얻을 수 있는 간단한 묘책을 선물했다. 두 학자는 피험자들을 여러 집단으로 나누어 컴퓨터를 이용한 가상의 공놀이를 하게 했다. 일부 참가자들에게는 처음 한 번만 공을 넘겨주고 이후에는 계속 무시하면서 의도적으로 배제시켰다. 다음 단계에서는 피험자들에게 뜨거운 커피, 뜨거운 수프, 사과, 과자, 차가운 콜라를 제시하고 이중에서 하나를 선택하게 했다. 그 결과 사회적으로 배제되었던 피험자들, 글자 그대로 '찬밥 신세'였던 학생들은 뜨거운 음식인 커피와 수프를 골랐다. 실험을 진행한 두 학자는 다음과 같이 결론지었다. "우리의 연구 결과는 따뜻한 수프를 먹으면 사회적 고립에 대처하는 데 도움된다는 사실을 시사한다." 그러니

아인슈타인은 왜 양말을 신지 않았을까

까 외롭다고 느낄 때 뜨거운 수프가 도움이 된다는 사실이 과학적으로 증명된 것이다.[55] 그래서 노숙자들에게 작은 관심을 보이자는 의미에서 말할 때 사람들은 무료급식소를 뜻하는 '수프 키친Soup kitchen'이라는 용어를 사용한다.

따뜻하면 기분이 좋아진다는 기본 명제를 받아들이면, 지중해에서 휴가를 보내고 싶은 우리의 소망도 단번에 새로운 시각에서 보게 된다. 다시 말해 바다와 야자수, 칵테일과 해변에서의 재미난 놀이가 우선이 아니다. 물론 그런 것들도 중요하지만 우리가 남쪽 바다에서 찾는 것은 보호받고 있고 안전하다는 것, 모든 면에서 인정받고 있다는 아주 오래전에 가졌던 확신의 부활이다. 글자 그대로 '따뜻한' 그곳에 있으면 우리 자신을 호의로 (오래전 우리들의 어머니가 그렇게 했듯이) 대할 수밖에 없다. 사람들은 겨울철에 나타나는 우울증의 원인을 밤이 긴 계절이면 낮이 짧아지는 데서 찾았다. 그러나 앞에서 소개한 토론토 학자들의 연구를 보면, 기분을 우울하게 만드는 것은 어둠보다 추위라는 사실을 알 수 있다.[56]

이제 곧 다가올 2주 동안 마요르카섬으로의 휴가를 예약하는 사람은, 사실 즐거움보다는 의무감과 의학적 이성에 따라 그렇게 한다고 볼 수 있다. 그렇다고 해도 이런 사실이 여러분의 휴가 기분을 완전히 망쳐놓지는 않았으면 좋겠다.

3부

손으로
사고하고,
발로 익힌다
: 지각, 학습, 이해

- 혼란스러운 세계에서 어떻게 방향을 잡아야 할까
- 주의집중은 어떻게 할까
- 유의미한 관련성은 어떻게 만들어질까
- 기억작용에서 몸은 어떤 도움을 줄까
- 우리가 두 손으로 훌륭하게 사고할 수 있다고?
- 아이들이 창밖을 응시할 때 집중을 더 잘하는 이유는?

# 자세히 관찰하는
# 모험에 대하여

우리가 나름의 방식으로 세상을 보는 가장 큰 이유는 머리에 촉수가 없는 대신 두 손과 손가락들이 있기 때문이다. 우리는 많은 것들을 못 보고 지나칠 수 있지만, 구름 속에서 얼굴 형상을 알아볼 수 있는 능력을 갖고 있다.

우리 대부분이 고통스러운 경험을 통해 알고 있듯이 주의 집중이란 정말 만만치 않은 일이다. 주의집중은 강제로 되는 게 아니다. 하지만 의지를 발휘하여 조종할 수는 있다. 다시 말해, 무엇이 됐든 어떤 일에 목적을 가지고 몰두하겠다는 결심은 할 수 있다. 이는 중고등학교와 대학교뿐 아니라 인생의 동반자, 컴퓨터 게임, 직장, 뜨개질, 섹스, 내면의 삶, 라틴어 어휘 등, 수많은 일에 해당된다. 어떤 일을 관심의 초점에 놓으면 최소한 거기에서 능력을 키울 수 있는 기회가 생긴다.

이 자발적인 행위가 성공하지 못할 때마다 듣게 되는 고전적인 말들이 있다. '집중해!' '정신 차려!' '좀더 노력해!' 특히 어린아이들이 이런 호소에 익숙할 것이다. 아이를 닦달하여 공부시키려는 많은 부모들의 노력이 바로 이런 말들로 이루어졌기 때문이다. 아마 대다수의 부모들은 자신이 작가 프리드리히 토르베르크가 그려놓은 아버지처럼 행동한다는 사실을 알 것이다. 토르베르크가 소개한 어느 일화에는 재능이 없는 젊은 배우가 명절을 맞아 고향집을 방문하는 이야기가 나온다.[1] 그가 '딱할 정도로 형편없는' 배우라는 사실은, 어느새 그의 부모가 살고 있는 헝가리 시골 마을에까지 소문났다. 마을 주민 모두가 그 아들이 배우로서 실패한 데 대해 걱정하고 있었다. "잔치 때 식사를 하는 동안에도 아버지는 아들에게 마을 사람들의 염려에 대해 한마디도 하지 않았다. 나중에 아버지는 아들을 옆방으로 불렀다. '줄러. 내 아들아.' 그는 더듬거리며 말을 시작했다. '나는 괜찮지만…… 네 엄마가 너무 마음이 아픈가보다…… 부탁하마. 배우 노릇 잘 좀 해!'"[2] 우리가 아이들에게 던지는 '제발 집중 좀 해'라는 말에도 비슷한 의미가 담겨 있다. 마치 그것이 오로지 의지의 문제인 것처럼 말이

아인슈타인은 왜 양말을 신지 않았을까

다! 물론 의지의 문제이기도 하지만 달리 생각하면 그렇지 만은 않다. 어떤 일에 정말로 몰두하고자 노력하는 것은 당연히 중요하다. 하지만 그건 그 일이 우리의 관심을 불러일으킬 때만 가능하다. 가령 완전히 새롭다든지, 눈에 띄게 요란하다든지, 휘황찬란하게 번쩍거린다든지, 규모가 거대하다든지, 특별히 구미가 당긴다든지, 극도로 흥미진진하다든지 하는 일일 때다. 간단히 말하면, 그 일이 어떤 식으로든 주의를 기울일 만한 특성을 가지고 있어야 한다.

문제는 눈에 띄는 특성과 중요성 사이에 필연적인 연관성이 없을 때 시작된다. 내 집에서 연기가 모락모락 피어오른다면 주의를 기울이고도 남을 만한 상황이다. 아이들이 단순히 장난으로 화학실험을 하는 게 아니라, 그 이상의 일이 벌어진 것일 수 있기 때문이다. 반면에 기린으로 분장한 사람이 인도에서 확성기를 들고 고래고래 소리지르며 알아듣기 힘든 광고를 하는 경우라면, 이는 눈에 띄기는 하지만 우리에게는 전혀 중요하지 않은 상황이다. 그럼에도 이런 행동은 최소한 잠시나마 우리의 주의를 끌 것이다. 다시 말해 우리를 사로잡는 것이 있다고 해서, 그것이 자동으로 우리에게 중요한 것은 아니라는 뜻이다.

하지만 문제가 조금 복잡해지는 경우가 있다. 아주 중요한데도 불구하고 우리의 주의를 끌지 못하는 것들이 많다. 그건 숨쉴 때 필요한 공기처럼 늘 존재하기 때문일 수 있고, 우리의 지각작용처럼 별 탈 없이 기능하기 때문일 수도 있으며, 중력처럼 우리와 항상 관계된 일이어서 그럴 수도 있고, 신체처럼 우리와 동일시되기 때문일 수도 있다. 존재가 당연한 것들은 우리의 관심 바깥에 숨어 있다. 이로 인해 우리는 그 대상들을 간과하고 그것에 대해 크게 고민하지도 않는다. 단, 우리가 의식적으로 그렇게 하겠다고 마음먹을 때는 예외다. (하지만 우리 자신의 지각작용에 대해 자발적으로 고민해보겠다는 사람이 과연 있을까?) 또 당연한 것들이 주의를 끄는 경우는 그것이 우리를 화나게 할 때 혹은 그 당연한 것이 망가질 때다. 이는 우리 몸을 통해 가장 쉽게 관찰할 수 있다. 몸이 건강하면 우리는 거기에 신경쓰지 않는다. 그러나 열이 나서 침대에 누워 있으면 몸의 중요성을 절절히 깨닫고, 그때부터 많은 관심을 기울이며 건강하게 살려고 노력한다. 그러다 병이 낫는 순간, 몸은 다시 문제없이 기능함으로써 우리의 의식에서 사라져버린다.

조금 더 복잡한 문제로 가보자. 우리가 세상으로부터 받아들이는 것들 중에는 주의를 끌지 못하는 것들이 많다. 대다수 정보들이 우리의 지각 레이더 아래에 머물러 있다. 그

아인슈타인은 왜 양말을 신지 않았을까

럼에도 그 정보들은 심리학자들이 말하듯이 '부지불식간에' 우리에게 영향을 미친다. 대개 우리가 이미 알고 있거나 삶의 기본적인 과정을 조종하는 정보들이다. 이 정보들은 우리의 의식을 휙 스쳐지나가는데, 주의력이 한정되어 있기 때문이다. 예를 들어 여러분이 지금 이 문장을 해독할 때 동원하는 작업 기억은 다섯 개부터 최대 일곱 개까지의 정보 단위들을 실시간대에 동시에 작동시킬 수 있다. 다시 말해 다섯에서 일곱 개의 단어들인데, 이는 결코 많은 수가 아닐뿐더러 두뇌 조깅을 한다고 해서 늘어나지도 않는다. 의식적으로 개입하지 않아도 처리되는 모든 정보들은 우리 입장에서 보면 이득이다. 예를 들면 후각이나 미각으로 얻는 정보가 그렇다.[3] 우리는 크게 신경쓰거나 주목하지 않아도 냄새를 맡거나 맛을 느낄 수 있다. 그렇다고 해서 냄새와 맛이 아무 영향을 주지 않는다는 뜻은 아니다. 그 반대다. 후각과 미각으로 전해지는 정보들은 우리 뇌에서 광범위한 반응을 유발한다. 대표적인 예가 '페로몬'이다. 페로몬은 몸의 분비선에서 만들어지는 전달물질이다. 우리는 다른 사람을 만나면 코로 직접 그의 페로몬을 지각한다(물론 상대도 마찬가지다). 그리고 잠재의식 속에 후각 메시지가 전달되는 순간 우리 뇌는 '마음에 든다!' 혹은 '마음에 들지 않는다!'라는 판단을 내린다(상대방의 뇌도 같은 식으로 판단한다). 그러니까 우리는 말 그대로 서로 '냄새를 맡거나 맡지 못할 수' 있다. 극단적인 경우에는 '마음에 든다'는 신호에서 끝나지 않고, 당장 그 자리에서 상대방에게 반해버린다(운이 좋으면 상대방도 그럴 것이다). 우리가 처음 만난 사람에게도 대단히 과장된 내용의 짧은 메시지를 보낼 수 있는 것은 이 때문이다.

코와 뇌 사이에서 벌어지는 이런 직접 소통의 장점은, 성가시고 노동 집약적인 '일단 한번 자세히 들여다보는' 주의집중의 기제보다 훨씬 빠르게 진행된다는 데 있다. 단점은 우리가 이 무의식적인 과정에 신경쓸 겨를이 없다는 것이다. 그러나 무의식도 언젠가는 의식 속으로 들어올 수 있다. 그래서 어떤 것들은 금방 주목하는 반면, 어떤 것들은 시간이 지나서야 주의를 기울이게 된다. 또 우리의 의식 속에 잠깐 등장한 후 다른 것에 밀려났다가 다시 나타나는 과정이 되풀이되는 것도 있다.

결국 우리의 주목을 둘러싸고 그것을 쟁취하려는 처절한 투쟁이 벌어진다.[4] 마지막에 가서 우리가 정말 어느 것에 집중하는지, 무엇을 배우고, 무엇을 기억하고, 무엇을 잊어버리고, 무엇을 이해하는지는 여러 조건들에 의해 결

아인슈타인은 왜 양말을 신지 않았을까

정된다. 예를 들면 그것이 재미있는지 새로운 것인지 주목할 가치가 있는지에 의해 결정되기도 하고, 우리가 어떤 정서적 상태에 있는지(피곤한지, 의욕이 없는지, 흥분했는지 등등)에 좌우되기도 한다. 더불어 우리에게 제공된 것(또는 우리가 선택한 것)이 흥미로운지, 또 우리가 자발적으로(혹은 강제로) 그 일에 몰두하는지, 그리고 세밀한 정보들까지 알아채는 데 성공했는지 등에 의해 결정된다.

이 문제가 아무리 복잡하다고 해도 주의집중을 조종하는 핵심은 어디까지나 우리의 의지다. 좋은 소식은 이때 신체를 이용할 수 있다는 것이다. 그런데 이는 희소식인 동시에 나쁜 소식이기도 하다. 우리는 신체가 아주 강력하게 개입할 수도 있다는 사실을 반드시 고려해야만 한다.

예컨대 효과적으로 공부하고 내용을 빠르게 이해하기 위해 근본적으로 집중력을 높이고 싶은 사람은 몸에 신경써야 한다. 불교에서 수행하는 명상에서 수행자들은 먼저 호흡에 주의를 기울이고, 호흡이 신체에 가하는 작용에 주목한다. 그들은 신체를 통한 새로운 집중력을 훈련함으로써 더 많은 현상들, 즉 자신의 감정과 지각과 사고를 알아차린다.[5] 이는 지도와 훈련은 물론이고 실제로 가르침을 주는 살아 있는 스승, 곧 신체가 필요한 야심찬 프로젝트다.

이보다 훨씬 간단한 것은 하얀 종이에 그림을 그리는 것이다. 이 방법은 집중력에 도움이 되지만 날마다 반복하는 명상처럼 장기적이지는 않다. 그러나 때로는 금방 효과가 나타나는 방법이 필요한 법이다. 예컨대 중요하지만 견디기 힘들 만큼 지루한 연설을 들을 때가 그렇다. 그때는 연설을 듣는 동안 의사일정표에 아무 그림이나 끼적거리는 것도 의미 있는 방법이다. 이는 영국 연구자들이 실험을 통해 밝혀냈다.[6] 실험 참가자들은 전화기에서 흘러나오는 죽도록 따분한 연설을 들어야 했다. 이때 무언가 낙서를 해도 좋다는 허락을 받은 참가자들은, 아무것도 하지 말라는 지침을 받은 참가자들보다 연설 내용을 훨씬 잘 기억할 수 있었다. 이 메커니즘은 우리 몸이 가지고 있는 지능 덕분이라고 보아야 한다. 우리의 몸은 직관적으로 올바른 행동을 할 때가 많다.

심리학에서 강박적으로 연구하는 것 중 하나가 껌 씹기다. 일부 연구들은 껌 씹기가 인간의 집중력에 어떤 영향을 주는지를 보여주려고 애쓴다(혹시 이 껌 씹기 연구를 특별히 장려하는 사람들이 있는 건 아닐까?[7]). 여하튼 이 주제는 별도의 장에서 아주 많은 각주와 더 많은 사례들을 제시하여 얼마든지 다루어볼 만한 문제다. 다행히 껌 씹기 연구를 종합한 메타연구들이 있는데 대략적으로 모두 동일한 방향으로 나아가고 있다. 따라서 나는 다른 것들을 뛰어넘어― 아니, 내 말은 몇몇 아이들이 길거리에 학습교재로 쓰라고 붙여놓은 껌을 뛰어넘는다는 말이 아니다―곧바로 메타연구가 제시한 결과로 가보겠다.[8] 껌을 씹으면 집중력과 인지능력과 스트레스에 어떤 영향을 주는지에 대해 해당 연구는 이런 대답을 내놓는다. "빈틈없이 관찰한 결과 껌 씹기의 심리적 효과는 집중력 향상에 있었다." 그리고 이것이 인지과정과 스트레스 감소에도 해당되는지에 대해서는 더 많은 연구가 나온 뒤에야 말할 수 있다고 했다.

다른 메타연구서 저자들도 비슷한 내용을 기술했다.[9] '껌 씹기가 기억력과 집중력을 포함하여 인지과정의 다양한 측면을 개선한다는 분명한 증거들'이 있다는 것이다. 그러면서도 저자들은 그 반대의 경우를 보여주는 '분명한 증거들'도 있다고 강조한다. 앞뒤가 맞지 않는 것처럼 들린다. 그러나 세번째 연구를 보면 그 이유를 알 수 있다.[10] 이 연구는 학습자들이 집중력을 높이려면 언제, 얼마나 오랫동안 껌을 씹어야 하는지 알려준다.

가장 중요한 내용부터 시작하자. 껌의 맛이나 크기나 색깔, 그리고 설탕이 첨가됐는지 아닌지는 전부 중요하지 않다. 중요한 것은 껌을 씹는 행동이다. 그리고 두번째로 중요한 정보, 껌을 씹으면 실제로 집중력과 능률이 향상되는 것으로 보인다는 사실이다. 적어도 약 160명의 실험 참가자들이 퍼즐 맞추기나 불러준 숫자들을 역순으로 말하기 등의 과제를 해결하는 데 도움이 되었다고 한다. 세번째 정보는 껌을 씹기에 가장 이상적인 시점을 특정하고 있다. 실험 결과 과제를 풀기 약 '5분 전'에 껌을 씹은 참가자들이 가장 우수한 성과를 냈다. 집중력을 강화하는 껌 씹기의 효과는 15~20분간 지속되었으며, 이후부터는 다시 평균 수준으로 돌아갔다. 다른 한편으로 '실험중' 껌을 씹는 행위가 과제 해결에 명백히 방해되는 것으로도 드러났다. 심리학자들은 '껌을 씹는' 과정과 '사고하는' 과정이 서로 방해작용을 하는 데서 그 이유를 찾았는데, 이 추측은 또다른 연구에 의해 옳다는 것이 증명되었다.[11] 우리가 무언가를 골똘히 생각하면서 손가락으로 초조하게 책상을 탁탁 두드릴 때도 마찬가지 상황이 발생한다. 이 행위도 집중력을 흐트러뜨린다. 손가락으로 두드리는 행동과 사고하는 행위가 상호방해작용을 하기 때문이다. 우리의 집중력은 초조함을 나타내는 분명한 신호에도 쉽게 혼란에 빠진다.

학문적 껌 씹기의 깊숙한 공간으로 떠나본 이 작은 여행

아인슈타인은 왜 양말을 신지 않았을까

에서 남는 것은 무엇일까? 내가 보기에는 다음과 같은 정보들이 유용할 듯하다. 특별히 어떤 일에 집중하고 싶은 사람은 취향에 맞는 껌을 책상에 올려놓은 후 일에 착수하기 정확히 '5분 전'에 껌을 입에 넣고 씹는다. 씹는 동안은 편안히 휴식을 취한다. 그리고 껌을 뱉어 책상 밑에 붙여놓는다. 이후 20분 동안 집중하여 과제에 몰두한다. 경우에 따라 껌을 다시 씹는다. 과제를 끝마치면 껌을 뱉어버린다. 씹어 먹는 사탕도 동일한 효과를 낼 수 있는지에 대해서는 아직까지 연구된 바가 없다.

물론 어떤 일에 집중하려는 계획이 성공하는지 여부는 의지에만 달린 것은 아니다. 우리의 감각이 어떻게 작용하고 무슨 일을 수행하는지, 우리 몸이 어떤 신체적 특성을 가지고 있는지에 의해서도 결정된다. 그 이유는 '우리가 결심을 하고 주변에서 일어나는 일들을 스스로 설명할 때, 우리에게 주어진 모든 시스템들을 가동하기 때문이다'.[12]

우리가 외부 세계를 인지할 때 이용하는 핵심 시스템은 오감이다. 오감은 가령 따스한 바람이 피부를 스친다든지, 음식에서 신선한 채소 냄새가 난다든지, 유리잔에 담긴 시원한 음료에서 진주 같은 거품이 인다는 것을 전해준다. 물론 우리의 감각기관들은 주변 세계의 모습을 객관적으로 제공하지 않는다. 감각기관의 능력이 제한되어 있기 때문에 우리의 지각이 놓치는 것들도 있다. 일례로 우리는 아주 높은 음이나 특정한 색깔을 지각하지 못한다. 또 개에 비하면 형편없는 후각을 가지고 있다. 다시 말해 우리의 신체는 뇌에 제한된 정보만을 제공한다. 만일 우리가 사용하지 않는 감각 정보들이라면 아무 문제가 없다. 하지만 우리에게 간절히 필요한 정보들도 있다. 예를 들어 제한된 시각능력 때문에 인지하지 못하는, 멀리 있는 형체가 그런 것들이다. 인간의 발명품 대다수는 이처럼 부족한 감각 덕분에 탄생했다. 허블 망원경을 만들어 우주로 쏘아올린 이유는, 맨눈으로는 베텔게우스에서 붉은 반점밖에 보이지 않았기 때문이다. 이야기를 하다가 다시 옆길로 새버렸다. 다시 집중하자!

몸의 구체적인 형태도 우리가 주변 세계로부터 받아들이는 이미지에 큰 영향을 준다. 이는 우리에게 두 팔과 손이 있다는 단순한 사실에서부터 시작된다. 우리는 팔과 손으로 물건을 쥘 수 있고, 만져서 그 느낌을 알 수 있고, 입에 넣을 수 있고, 돌릴 수 있고, 눈 아주 가까운 곳까지 가져올 수 있다.[13] 팔과 손은 우리로 하여금 어느 대상에 집중하게 할 뿐 아니라 정확한 지각도 가능하게 한다. 만약 우

아인슈타인은 왜 양말을 신지 않았을까

리 머리에 짧은 촉수만 달려 있었다면, 이 모든 것들은 불가능할뿐더러 전혀 다른 양상을 띠었을 것이다.

주의력과 지각과 몸의 형태가 얼마나 서로 밀접하게 연관되어 있는지를 보여주는 작은 사고 게임이 있다. 이 게임은 철학자이며 인지과학자인 숀 갤러거가 고안했다.[14] 그는 이렇게 묻는다. "인간의 몸에서 이른바 영혼이라는 것을 꺼내어 개구리에게 이식하면 무슨 일이 벌어질까? 그렇게 해도 당신은 여전히 전과 똑같은 눈으로 세상을 바라볼까?" 우리가? 개구리의 몸 안에서? 아닐 것이다. "개구리의 눈과 뇌는 너무나 다르게 조직되어 있고 자신의 주변 환경에 철저히 적응한 까닭에, 개구리의 세계와 인간의 세계는 분명히 다를 수밖에 없다." 무슨 뜻인가 하면, 우리가 얼마나 집중력이 좋고 똑똑하고 교양이 있는지, 그리고 우리 자신에 대해 어떻게 생각하는지를 결정하는 것은 인지능력만이 아니라는 이야기다. 두 다리를 이용해 공간에서 움직이는 것 같은 우리 몸의 구체적인 형태도 거기에 관여한다.

이로써 나는 아이의 공간 지각과 어른의 공간 지각이 서로 어떻게 다르냐 하는 문제에 도달했다. 아이의 몸에 들어가 있는 느낌 혹은 키가 아이만한 어른의 몸에 들어가 있는 느낌은 어떤 것일까? 그리고 아이의 몸일 때는 주의와 지각이 어떻게 달라질까? 알다시피 사람의 키는 줄일 수 없기 때문에 연구자들은 가상현실을 이용하여 이 문제를 추적했다.[15] 그리고 다음과 같은 간단한 대답을 내놓았다. "중요한 건 크기다!" 실제로 크기는 중요한 역할을 한다. 연구자들은 30명의 실험 참가자들에게 온라인 캐릭터인 아바타를 하나씩 배정한 뒤, 화면에서 그것을 조종하며 움직임을 추적하게 했다. 현실의 인물과 아바타는 밀접하게 연결되어 있어서 그 둘의 움직임은 동기화되었다. 즉, 실시간으로 같이 움직였다. 그 결과 참가자들은 대단히 짧은 시간 내에 자신을 가상의 캐릭터와 동일시하고 강력한 동질감을 느꼈으며, 마지막에는 자신이 실제로 가상세계에서 움직이는 아바타라고 여겼다. 실험과정에 조금 긴장감을 불어넣기 위해 연구자들은 참가자들에게 생김새는 다르지만 크기는 똑같은 아바타를 배정했다. 참가자의 절반은 4세 아이의 생김새를 가진 아바타를, 나머지 절반은 어른이 축소된 모습의 아바타를 받았다. 결과는 어땠을까?

예상대로 4세 아이의 아바타는 물론이고 축소된 성인의 아바타도 주변을 전보다 훨씬 크게 지각했다. 결과는 별로 극적이지 않다. 그러나 이 문제를 조금 더 곰곰이 생각해보면, 주의와 지각은 우리가 어느 정도 높이에서 세상을 '내

아인슈타인은 왜 양말을 신지 않았을까

려다보는지' 혹은 '올려다보는지'에 따라 크게 좌우된다는 사실이 아주 분명하게 드러난다. 즉 우리는 사물을 그 객관적인 크기에 따라 인식하는 게 아니라 크기와의 관계 속에서 지각한다. 키가 작은 사람에게 커다란 사물은 유난히 커 보이지만, 키가 큰 사람에게는 작게 느껴진다. 결국 우리가 세계를 보는 방식에는 신체 크기 같은 평범한 요소가 결정적 역할을 한다.

몸의 구체적인 상태도 우리가 인지하는 공간과 공간의 규모에 영향을 미친다. 사실 성인은 어느 특정한 지점이 자신에게서 얼마나 멀리 떨어져 있느냐는 간단한 물음에 웬만큼 비슷한 대답을 할 거라는 생각이 든다. 그런데 그렇지가 않다. 여기에서도 원인은 우리의 몸이다. 비탈의 기울기나 구간의 길이를 몸상태가 좋은지 나쁜지에 따라 다르게 추정한다는 것이 관련 연구에서 나온 결과다.[16] (신체적으로 단련된) 피험자들은 힘든 조깅을 막 끝냈을 때보다 한 시간 정도 충분히 휴식을 취했을 때 비탈의 기울기를 훨씬 평평한 것으로 지각했다. 피곤한 피험자들이 등에 무거운 배낭을 짊어지고 걸을 때에도 같은 현상이 반복되었다. 이때에도 비탈은 갑자기 정복할 수 없는 것으로 지각되었고, 목적지는 도달할 수 없는 곳으로 여겨졌다. 이 메커니즘은 우리 뇌를 지배하는 '생존의 기본 원리'[17]를 통해 설명할 수 있다. 생존의 원리는 뇌를 움직여 계산하게 만든다. 현재 몸 상태로 등산할 수 있을까? 만일 어려움이 예상되면 뇌는 그냥 지각작용을 변화시켜, 경사가 완만한 산을 갑자기 알프스 북벽의 하나인 아이거 노르트반트처럼 보이게 만든다. 그러면 대부분의 사람들은 등산을 포기한다. 이 모든 상황에서 작동하는 것이 오직 두뇌뿐일 거라고 추측한다면 잘못 짚었다. 아무리 뇌가 중요한 기능을 한다고 해도, 모든 지각의 왜곡을 유발하고 결정하는 것은 신체다. 몸을 보호해야 한다는 정보가 신체로부터 나오면, 뇌는 여기에 항복하고 몸이 의지를 실현할 수 있도록 지각을 조작한다.

비슷한 연구들은 또 있다. 모두 신체와 뇌가 영리하게 협동한다는 것을 보여주는 연구들이다. 그중 한 연구는 이 문제를 손익계산과 결부시킨 대단히 흥미로운 사례를 소개하고 있다.[18] 연구자들은 실험 참가자들에게 점점 가까이 다가오는 위협적인 소리가 바로 자기 앞까지 왔다고 생각할 때 단추를 누르라고 했다. 처음에는 실험 참가자들 전원이 일찌감치 단추를 눌렀다. 그다음에는 참가자들 중 일부가 일찍 단추를 눌렀다. 단추를 일찍 누른 피험자들은 몸상태가 최상이 아니었다. 반면 단추를 확연히 늦게 누른 피험자들은 모두 운동으로 몸이 단련된 사람들이었다. 피험자들의 이런 지각 차이의 이면에는, 스스로 상태를 알고 있는 신체와 앞날을 대비하는 뇌의 상호대화가 숨어 있다. 체력이 좋은 사람은 위협적인 상황에서 빨리 달아날 수 있기 때문에 뇌가 출발 신호를 늦게 울렸다. 그러나 발이 말을 듣지 않는 피험자들의 경우엔, 뇌가 아주 일찌감치 신호를 보내어 위협적인 소리가 가까이 왔다는 것을 알려줌으로써 더 많은 도주시간을 벌어주었다. 상당히 영리하다. 그리고 꽤나 효율적이다. 우리는 대개 이 모든 것들을 알아채지 못하니 말이다.

뇌와 신체 간의 협력이 대단히 정교할 수 있다는 사실을 믿지 못한다면, 아마 에펠탑을 누워서 본 적이 없는 사람일 것이다. 그렇지 않은가? 지각 연구에서는 한 건축물을 똑바로 서서 보는지 아니면 왼쪽으로 기울인 상태에서 보는지에 따라, 그 높이를 각각 다르게 추정하는지의 여부를 탐구했다.[19] 그 대답은 다르게 추정한다는 것이었다. 몸을 왼쪽으로 기울이면 똑바로 서서 볼 때보다 에펠탑이 훨씬 작게 지각된다.

연구 책임자의 설명을 들으면, 아마 주의깊은 독자는 언어와 공간과 신체의 상호관계에 대해 이야기한 내용이 기억날 것이다. 언어학자들은 우리가 공간을 이용한 언어적 비유로 사고하고 추상적 상황을 이해한다는 논리를 제시했다. 바로 그런 비유가 몸을 왼쪽으로 기울였을 경우 에펠탑을 원래보다 작게 추정하게 만드는 원인이라고 한다. 인간의 뇌는 상상의 공간에 있는 숫자들을 그 가치에 따라 정렬하는데 작은 숫자는 왼쪽에, 큰 숫자는 오른쪽에 배열한다. 이런 비유는 과거(왼쪽)와 미래(오른쪽)를 이해할 때도 사용된다. 몸을 왼쪽으로 기울이면, 우리는 작은 숫자들이 배열되어 있는 영역에 가까워진다. 몸을 반시계 방향으로 돌리면서 에펠탑을 바라볼 때 탑의 높이를 낮게 추정하는 것도 이 때문이다.

우리는 이런 상상 속에서 편안히 적응하여 살고 있기 때문에, 당연히 주변의 사물을 둘러볼 때도 그 상상에 맞게 지각한다.[20] 이 사실은 신경심리학자들이 보여주었다. 실험 참가자들은 주어진 리듬에 맞춰 1부터 30 중 아무 숫자나 부를 수 있었다. 실험이 진행되는 동안 연구자들은 피험자들의 눈이 어떻게 움직이는지 관찰했다. 그 결과 피험자들이 곧 높은 숫자를 부를지 낮은 숫자를 부를지를 확실하게 알아낼 수 있었으며, 숫자들 간의 차이가 큰지 작은지도 예측할 수 있었다. 그 정도로 피험자들은 시선의 방향을 정확

아인슈타인은 왜 양말을 신지 않았을까

하게 바꿨다. 예를 들어 우리도 작은 숫자를 생각할 때는 왼쪽 아래를 바라본다.

그러나 단지 무거운 배낭을 짊어진 탓에 갑자기 비탈길을 오르는 일을 감당할 수 없는 것으로 여기거나, 비스듬히 선 자세 때문에 철탑의 높이를 원래와 다르게 추정하는 것은 아니다. 우리가 세상을 '전혀 새로운 눈으로 보는' 데는 감정도 한몫 거든다. 예를 들면 앞에서 언급한 페로몬으로 인해 사랑에 빠질 때가 그렇다. 그러면 지금까지 아름다운 일몰을 관찰했던 곳에서 이제 오케스트라가 연주하는 낭만적인 오페라를 감상하게 된다. 지금까지는 대화 상대가 필요 없다고 여겼지만 이제부터는 그의 일거수일투족을 주시한다. 그 몸짓에 세상을 설명해주는 의미가 담겨 있기 때문이다. 요컨대 단순한 감정이 덮치는 순간, 우리의 관심과 지각은 미친듯이 소용돌이친다.

여러분이 이런 감정의 폭풍우를 경험으로 알고 있다고 전제하고, 상대적으로 덜 주목받은 현상으로 넘어가겠다. 멋진 위트도 우리의 지각에 짧은 시간이나마 영향을 미친다. 이는 오스트레일리아의 생리학 교수인 존 D. 페티그루 박사가 밝혀냈다.[21] 그는 연구에서 우리가 즐거운 기분이 되면 세상을 평평한 것으로 본다고 했다. 이유는 이렇다.

우리가 웃을 때는 주변 세계를 3차원으로 지각하는 능력이 사라진다. 왜 이렇게 되는지를 페티그루 교수는 두 눈의 '지각 경쟁'에 초점을 맞춘 복잡한 전문용어로 설명한다. 서로 다른 그림을 동시에 보여주면 인간의 두 눈은 지각 경쟁을 하기 시작한다. 페티그루 교수는 이 현상이 우리 뇌에서 동기와 정서와 기분을 둘러싸고 벌어지는 중요한 과정을 보여준다고 지적한다. 다시 말해 그것은 인지적 과정과 신체적 과정이 복합된 현상이라는 것이다. 그러나 이 연구에는 결함이 있다. 어떤 위트 덕분에 피험자들이 세상을 잠시나마 평평한 원반으로 지각하는지에 대해서는 언급하지 않기 때문이다. 하지만 그 단서는 또다른 연구를 통해 얻을 수 있을지도 모르겠다.

다 알다시피 우리 몸은 감정의 신호를 뇌로 보낸다. 그런데 이따금 뇌는 그중 몇 가지 신호를 잘못된 원인과 연결하고, 그로 인해 우리의 주의를 엉뚱한 방향으로 돌리는 일이 발생한다. 그리고 우리는 불현듯 무언가 잘못되었다는 생각을 한다. 이 내용은 도널드 더턴과 아서 에런이라는 두 명의 심리학자가 40년 전 발표한 논문에서 찾을 수 있다. 이들의 연구 결과는 이후 많은 저서에서 인용되고 있다. 두 학자는 두 개의 현수교를 건너는 남자들의 행동을 연구했다. 한쪽 다리는 튼튼해서 아무런 위험 없이 건널 수 있었다. 다른 쪽 다리는 급류가 흐르는 계곡 위 70미터 높이에 걸쳐져 있었다.[22] 남자들이 두 다리 중 하나를 건너면 매력적인 여성이 기다리고 있다가 말을 걸었다. 그녀는 남자들에게 지각작용을 실험한다고 말하며, 여러 장의 그림을 보여주고 그 내용을 묘사해달라고 부탁했다. 남자들이 제시된 설문지에 대답을 적고 나면, 여성은 그럴 일은 없겠으나 혹시 질문이 있으면 연락하라며 전화번호를 알려주었다.

결과는 흥미로운 동시에 일관성이 있었다. 공포감을 일으키는 현수교를 건넌 남자들은 두 가지 행동을 보여주었다. 그들은 안전하고 단조로운 다리를 건넌 남자들보다 '훨씬 많이' 성적인 색채의 이야기를 적어냈으며, 인터뷰를 한 아름다운 여성에게 '훨씬 많이' 전화를 걸었다. 반면에 남성이 인터뷰를 했을 때는 위험한 다리를 건넌 남자들과 안전한 다리를 건넌 남자들의 설문지 사이에 아무런 차이가 없었다. 이 특이한 행동을 설명하자면 이렇다. 현기증이 나는 높이에 서 있던 남성 피험자들은 흥분으로 심장이 마구 뛰었다. 우리 뇌는 이런 신체적 징후를 설명해줄 무언가가 필요하기 때문에 그 이유를 찾게 된다. 다리를 건넌 남자들은 두 명 중 한 명꼴로 무서운 현수교가 아닌 매력적인 여성에게서 그 이유를 찾았다. 우리는 특정한 신체적 감정을 지각하면 스스로 그 이유를 설명하고 그 결과에 따라 주의를 기울인다. 이 행동은 다시 남자들로 하여금 성적인 색채가 있는 이야기를 적게 하고, 생판 모르는 여성에게 전화를 걸게 한다. 이런 배경을 놓고 본다면 왜 우리가 평소와 달리 휴가중 쉽게 사랑에 빠지는지도 이해할 수 있다. 휴가지에서 감성을 자극하는 일몰을 며칠간 바라보고 있으면, 우연히 그 모습을 배경으로 산책하는 이성에게 그 일몰의 아름다움을 전가시키는 것이다.

감정과 신체와 두뇌의 상호의존관계는 더 많은 사례를 들어 설명할 수 있다. 그 예시들은 모두 우리의 주의와 지각이 감정으로부터 크게 영향받는다는 것을 보여준다. 가령 신체가 뇌에 배고픔과 갈증의 신호를 보내면, 우리는 라틴어 어휘에 쏟았던 주의를 냉장고에 들어 있는 음식 쪽으로 돌린다. 슬픈 감정이 물밀듯이 밀려들면 특히 부정적인 것들에 주의가 쏠린다. 그러나 행복한 감정이 생기면 주로 긍정적인 것들이 눈에 들어온다. 슬픈 사람에게는 세계가 슬프게 보이고, 즐거운 사람에게는 즐겁게 보이는 것도 이 때문이다. 이 상황은 다시 우리의 감정상태를 그대로 고착

아인슈타인은 왜 양말을 신지 않았을까

시킨다. 이미 느끼고 있거나 알고 있다고 믿는 것들을 우리의 지각이 새로 확인해주기 때문이다. 이 과정들은 대부분 우리가 눈치채지 못하는 상태에서 진행된다. 그 과정을 의식으로 끌어올리는 것이 우리의 주의와 관심이다.

여러분이 내가 이야기하는 대로 따라 할 마음이 있다면, 잠시 이 책을 내려놓고 지금 앉아 있는 방을 둘러보기 바란다. 여러분 앞에 탁자가 놓여 있다고 가정하자. 그 위에는 식구들이 어질러놓은 온갖 잡다한 물건들이 놓여 있다(우리집이 그렇다). 뒤죽박죽 흐트러져 있는 그 물건들을 하나하나 열거하고, 거기에 얽힌 사연을 이야기하고, 물건의 쓰임새를 설명하려면 족히 몇 페이지가 필요할 것이다. 그런 와중에 여러분이 마취된 듯 몇 분 내로 깊은 잠에 빠지리라는 것은 두말할 필요도 없다. 물건들을 세세하게 묘사하는 일은 그 정도로 지루하기 짝이 없다. 책 다섯 권, 휴대폰 충전기, 안경 케이스, 이 글을 저장하기 위한 외장하드, 새로 나온 친환경 접착테이프, 세무서에서 날아온 독촉장, 함부르크동물원 입장권, 키친타월에 싸온 공원 분수대의 조약돌, 차곡차곡 쌓여 있는 날짜 지난 신문들, 먹다 만 막대사탕, 동전, 컴퓨터 마우스, 갈색 편지봉투, 닌텐도 3D 등이 탁자 위에 있다.

정보와 형태와 색깔과 그림과 의미가 넘쳐흐르는 이곳에서 빠져 죽지 않으려면 몇 가지 트릭을 쓰는 게 좋다. 극단적인 방법은 방을 나가는 것이다. 그러니까 혼란을 그냥 묵살하는 것이다. 인간의 청각이 높은음을 무시하듯 말이다. 마찬가지로 우리의 근육도 정보를, 특히 몸안에서 내보내는 정보를 억누를 수 있다. 근육을 수축하면서 숨을 참으면 더이상 특정 신호가 지각되지 않는다. 심리치료에서 '신체 방어'라는 말로 표현하는 전략이다. 말 그대로 우리 몸에 갑옷을 둘러 몸안에서 나는 소리에 무감각해지는 것이다. 이것 역시 무의식적으로 일어나기 때문에, 보통 언제 우리가 그런 행동을 했는지 알지 못한다. 상황이 구체적으로 어떤지에 따라, 신체는 이 메커니즘으로 우리에게 도움을 줄 수도 있고 해를 끼칠 수도 있다. 만일 우리가 온 신경과 주의를 기울여야 하는 힘든 상황에 처해 있다면, 감정은 불필요한 에너지를 소모한다. 그럴 때는 감정을 멀리 떨어뜨려놓는 게 중요하다. 그래서 예컨대 가족 중 한 명이 사고를 당하면 우리는 스스로도 놀랄 정도로 침착하고 태연해진다. 우리 몸은 모든 가용자원을 비상관리 체제(아드레날린, 빨라지는 심장박동, 소화기능 중지, 근육 수축, 통각의 감소)에 쏟아붓는다. 그러다 시간이 흘러 모든 것을 이겨내고

아인슈타인은 왜 양말을 신지 않았을까

사고를 당한 가족이 안전해지면, 그제야 비로소 몸이 비틀거리고 기진맥진해지면서 주저앉는 것이다.

반면에 중요한 결정을 앞두고 있는 경우라면, 갑옷으로 무장한 몸은 결코 도움되지 않는다. 어떤 결정이 옳은지 틀린지를 말해주는 것은 결국 우리 몸이기 때문이다.

그럴 때는 주의력을 오직 몸에 쏟으려는 의지만이 해결책이다. 이로써 주변에서 무수히 쏟아지는 정보들을 걸러내는 트릭에 관해 이야기할 차례가 되었다. 그 트릭이란 지금 당장 중요한 것에 주목하고 나머지는 무시하는 것이다. 여러분이 현재 처한 상황에 대입하여 말하자면, 책을 읽으면서 탁자의 상태는 묵살하라는 뜻이다. 그러나 끝내 무질서하고 혼란스러운 거실을 청소하고 싶은 마음이 든다면, 탁자가 여러분의 주의력 한가운데로 밀고 들어올 것이다. 상황에 맞는 무시의 기술이란 바로 이런 것이다. 그리고 주의력 결핍에 시달리는 사람에게는 없는 능력이다. 이런 사람들은 무시하는 능력이 없어서 모든 것에 동시에 흥미를 보인다. 근본적으로는 호감이 가는 특성이긴 하다. 그러나 당사자의 입장에서는, 모든 것에 관심을 기울이지만 겨우 잠깐 동안만 몰두하기 때문에 계속 자신에게 과도한 짐을 지우게 된다는 단점이 있다.

아무리 걸러내더라도 우리 뇌에는 많은 정보가 들어온다. 그 정보들을 처리하기 위해 우리는 두 가지 핵심 전략을 사용한다. 상황을 단순화하고 패턴을 만드는 것이다. 이 과정이 어떻게 진행되는지를 보여주기 위해 앞에서 말한 탁자 이야기로 돌아가겠다. 놀랍게도 탁자는 전과 다름없이 무질서한 모습이다. 그 수많은 정보들을 처리하기 위해 뇌는 몇 가지 까다로운 과제를 해결해야 한다. 그것도 동시에.

- 우선 뇌는 뒤죽박죽된 정보들을 줄여야 한다. 이를 위해 뇌는 온갖 세세한 일(안경 케이스에 생긴 흠집, 날짜 지난 신문의 헤드라인)에 신경쓰지 않고 대담하게 무시하면서 본질적이라고 생각되는 것에 집중한다.
- 동시에 우리 뇌는 이렇게 단순화한 모습을 유의미한 단위, 곧 패턴으로 정리한다. 그러니까 배경(탁자)을 그 위에 어지럽게 놓여 있는 물건들과 구분하는 것이다. 그런 다음 뇌는 각각의 요소들(책 커버, 페이지, 띠지 등)을 논리적인 하나의 전체(책)로 짜맞춘다. 가만히 놓여 있는 정물이라면 이렇게 하는 게 쉬울 수 있다. 그러나 역동적인 대상들을 유의미한 단위로 묶어야 한다면, 상당한 노력이 들어가야 하는 작업

아인슈타인은 왜 양말을 신지 않았을까

이다. 예를 들어 이리저리 뛰어다니는 사람들, 매번 다른 옷을 입는 사람들, 재미있는 모자를 쓴 사람들, 무성한 수염을 붙이고 다니는 사람들을 하나의 패턴으로 정리할 때가 그렇다. 하지만 우리 뇌는 이런 사람들에게까지 변함없는 신뢰를 보여주며 항상 동일한 대상으로 지각한다.

- 뇌가 탁자를 지각하는 것은 기계적인 퍼즐 맞추기가 아니다. 우리는 항상 사물에 의미를 부여하고, 사물에 대해 추측하고, 사물들을 서로 관련지으면서 기억을 더듬는다. 그리하여 누가 탁자를 어지럽혔는지, 그렇게 해서 그 사람이 무슨 신호를 보내려 했는지를 생각하기 시작한다. 바꿔 말하면, 탁자 위의 모습을 구성하는 것이다. 그 모습의 일부는 현실과 관계있지만, 더 많은 부분은 우리 자신과 관계있다. 기억과 학습도 이와 비슷하게 기능한다. 이때도 우리는 그물처럼 저장되어 있는 정보들을 패턴으로 연결하고, 여기에 주관적 색채가 강한 개인적인 의미를 부여한다.

- 이 모든 과정은 대개 무의식적으로 진행된다. 그 이유와 결과는 이미 앞에서 이야기했다.


패턴을 만들고 거기에 의미를 입히는 기술을 우리가 얼마나 탁월하게 구사하는지는 쉽게 시험해볼 수 있다. 친구

몇 명에게 전화를 걸어라. 그리고 먹을거리를 준비해 그들과 함께 공원으로 차를 몰고 가면서 하늘에 떠 있는 구름을 바라보라. 장담하건대 몇 분 안에 누군가가 그 구름에서 얼굴 모양이 보인다고 말할 것이다. 옛날에 좋아하던 선생님이라든지, 불길이 타오르는 굴렁쇠를 통과하는 전설 속의 신비한 동물 같다고 말할지 모른다. 우리 인간은 태어난 첫날부터 세계의 의미를 해독하거나 거기에 의미를 부여하는 일에 단련되어 있다. 그래서 구름 속에서 상상의 동물을 보고, 아주 오래된 치즈토스트에서 성모 마리아의 모습을 발견한다. 이런 현상에는 '아포페니아apophenia'라는 이름이 붙어 있다. 때론 구매자까지 생긴다. 방금 말한 토스트는 인터넷 경매에서 대단한 관심을 불러일으켰는데, 사람들은 그걸 사겠다며 상식 밖의 액수를 제시했다.[23]

이 문제에서도 우리 몸이 중요한 역할을 한다. 몸은 혼란한 현실을 단순한 패턴으로 축소할 수 있는 도구를 제공한다. 그 과정은 이렇다. 알다시피 우리는 신체를 통해 수많은 감각적 경험을 한다. 다시 말해 우리는 태어나는 첫날부터 세상을 구체적인 사물의 형태로, 그것도 우리 자신의 몸의 형태로 경험한다.[24] 우리는 그 모든 사물들을 만지고 움직이고 가공한다. 즉 직접 감각으로 경험한다. 따라서 우리가 이런 직접 접촉의 방식을 다른 모든 사물들에 적용하는 것은 논리적으로 당연한 일이다. 즉 감자 포대와 학교 공책만이 아니라, 추상적 대상인 감정과 개념과 체험에도 적용한다.[25] 그래서 우리는 개념과 감정과 구조에 대해 말하고 사고할 때 그것들이 뚜렷한 경계선을 가진 개개의 사물인 양 이야기하지, 인지적 구성물이나 무형의 개념처럼 금방 사라지는 대상으로 여기지 않는다.[26] 예를 들어 우리는 간단히 '세계경제'라는 말을 사용한다. 이 말은 정치가, 은행가, 기업가, 투자자 들이 화폐와 상품의 흐름을 주도하고, 증시에 투자하고, 정보원과 함께 카푸치노 한 잔(아니면 두 잔)을 마시러 가고, 생산지를 외국으로 옮기는 등의 활동을 하며 함께 만들어가는 파악하기 힘든 시스템을 뜻한다. 이 모든 것을 우리는 '세계경제'란 말로 요약해버린다. 세계경제가 어떤 형태인지, 과연 그런 게 존재하는지, 누가 세계경제에 속하고 누가 속하지 않는지, 누가 어느만큼의 몫을 어디에서 얻는지, 세계경제가 어떻게 발전하는지 등에 대해서는 아무도 정확히 말하지 못하면서 말이다.

이 혼란한 시스템을 매번 설명한다는 것은 의미도 없을뿐더러 장기적으로 보면 실용적이지도 않기 때문에, 우리는 편의상 '세계경제'라는 말을 사용한다. 이렇게 하면 소통도 빨라지고 누구나 알아들을 수 있다. 고도로 복잡한 대상을 한마디로 줄여 말하는 것은 충분히 이해할 수 있는 일이지만, 이는 두 가지 결과를 초래한다. 세계경제를 하나의 사물로 공언해버리면, 이 복잡한 사안의 중요한 측면들이 그냥 사라지고 만다. 다시 말하면, 특정 단어를 사용함으로써 실제로 현실의 중요한 부분들이 우리의 의식 속으로 들어오지 못하는 것이다. 어느 대상을 단축된 이름으로 부르는 전략에는 또하나의 결과가 뒤따른다. '세계경제'라는 용어를 사용하면서 뚜렷한 윤곽을 가진 개별 구성물인 것처럼 말하는 사람은 그것이 마치 만질 수 있고, 이리저리 밀 수 있고, 층층이 쌓아올릴 수 있는 사물, 한마디로 나무토막과 감자 포대와 책처럼 통제하고 다스릴 수 있는 대상이라는 것을 암시한다. 이 얼마나 기막히게 모순적인 전략인가. 이 전략은 첫째로 말도 안 되는 가정에 바탕을 두고 있다('세계경제'를 조종한다고? 하하!). 둘째로 이 전략은 우리로 하여금 일단 행동하게 만든다. '세계경제'를 정말로 이해하고 올바른 명칭으로 부르고 나서 행동하기 시작한다면, 아마 우리는 아무것도 하지 못할 것이다.

이 전략을 더 극대화하는 방법이 '존재론적 은유'를 만드는 것이다(레이코프와 존슨은 추상적인 것을 구체적인 것으

아인슈타인은 왜 양말을 신지 않았을까

로 바꿀 때 쓰는 비유법을 이렇게 불렀다). 우리는 '세계경제'를 단순히 사물로만 보는 게 아니라, 마치 의지를 가지고 있고 일정한 성격까지 지닌 사람으로도 생각할 수 있다. 실제로 우리는 그렇게 하고 있다. 그래서 '세계경제'가 병들었다거나 튼튼하다거나, 약화되었다거나 건강하다거나, 부담을 견딜 수 있다거나 자유롭다고 말한다. 이 주장이 과장이라고 생각되거든 신문을 들여다보라. 세계경제를 두고 인간의 건강상태를 이야기하는 듯한 헤드라인을 읽을 수 있을 것이다. "세계경제가 극도로 약화되었다." "세계경제가 활력을 얻었다." "세계경제가 나빠지고 있다."[27] 마치 세계경제가 사람인 것처럼 표현해놓았다. 그래서 충분히 쉬기만 한다면, 30분 전과 다름없이 치워지지 않은 상태로 놓여 있는 탁자 주위를 즐겁고 활기차게 뛰어다니는 아이가 될 수 있는 것처럼 묘사해놓았다.

이런 트릭을 쓰는 이유는 간단하다. 우리는 이런 방법을 통해 국가와 기업처럼 전체를 조망하기 어려운 구성물들이 어떻게 발전하는지, 왜 우리가 갑자기 똑같은 정치 문제에 대해 이야기하는지, 그리고 그 모든 것의 의미는 어디에 있는지를 스스로에게 설명한다.

우리가 세계로부터 받아들이는 것들은 여러 번의 여과

와 해석과정을 거친 결과다. 이 과정에는 우리의 뇌와 신체가 똑같이 관여한다. 앞에서 말한 탁자도 세계경제도 마찬가지다.

잠시 짤막한 여담을 해보겠다. 우리는 누구나 존재론적 은유를 사용한다. 예를 들어 '사고'와 '영혼'과 '정신'에 대해 이야기할 때, 우리는 개념들을 사물로 바꾸고 인간의 특성을 부여한다. 두 언어학자 레이코프와 존슨이 분석했듯이 우리 대부분은 '정신'을 '기계'로, '영혼'은 '부서지기 쉬운 사물'[28]로 이해한다. 이런 식으로 말하고 사고하는 습관은 어느새 몸속 깊숙이 스며들었기 때문에 '우리는 일반적으로 그것이 정신적 현상을 언어로 묘사하는 확실한 방법이라고 여긴다'고 두 학자는 설명한다. 그것이 구성물일 수 있다는 생각을 '대부분의 사람들은 꿈에도 하지 못한다'.[29]

이제는 그렇지 않은, 드문 상황을 이야기해보겠다. 즉 우리가 삶에서 이 절대적으로 당연한 듯이 여겨지는 일에 주의를 기울이는 상황을 이야기하려 한다. 우선 이런 질문을 던져보자. 추상적 사고를 구체적인 사물로 바꾸어놓는 게 언어 차원에서 도움이 된다면, 그건 실제 삶에서도 도움이 되지 않을까? 그러니까 사고 같은 추상적인 것을 정말로 구체적인 물건처럼 다룬다면 어떻게 될까?

아인슈타인은 왜 양말을 신지 않았을까

그냥 한번 상상해보자. 누구나 괴로운 고민거리를 떨쳐버리고 싶었던 상황을 겪어보았을 것이다. 마침 일단의 심리학자들이 그럴 경우 특정한 생각을 물건처럼 다루면 더 잘 회피할 수 있지 않을까 하는 질문을 던졌다. 결론을 미리 말하자면, 할 수 있다는 것이었다. 그것도 아주 훌륭하게. 연구자들은 실험 참가자들에게 몸에서 어디가 좋고 어디가 싫은지를 종이에 적으라고 주문했다.[30] 그런 다음 모든 참가자들에게 자신이 적은 내용에 대해 생각해보라고 했다. 그리고 일부 피험자들에게는 종이를 찢어버려도 좋다고 말했다. 나머지 피험자들에게는 종이에 적힌 것에 대해 생각한 뒤 보관하고 있다가 맞춤법에 어긋나는 곳이 없는지 검토하라고 주문했다. 맞춤법 확인이 끝난 뒤 모든 피험자들은 몸에 대한 생각을 이야기해야 했다. 종이를 각각 다르게 다루었던 두 피험자 집단은 뚜렷하게 다른 결과를 보여주었다. 생각을 종이에 적은 뒤 찢어버린 피험자들에게는, 그 생각이 긍정적이었든 부정적이었든 지금 자신의 몸에 대한 판단에 아무런 역할을 하지 못했다. 그러나 종이를 한번 더 들여다봤던 피험자들은 훨씬 강도 높게 거기에 적힌 내용을 참고했다.

두번째 실험에서 피험자들은 이른바 지중해식 다이어트

에 찬성하는지 반대하는지, 그리고 그 이유가 무엇인지를 적어야 했다. 이번에도 피험자 집단 간에 결정적인 차이를 두었다. 한쪽 집단은 내용을 적은 종이를 가방에 잘 보관하고 있어야 했다. 그랬더니 마찬가지로 뚜렷한 결과가 나왔다. 자신의 생각을 물리적으로 지니고 있었던 피험자는 그 내용을 쉽게 잊어버리지 않았다. 실험을 실시한 심리학자들이 알아낸 것은 또 있었다. 특정 내용을 종이에 적은 뒤 그것을 보관하거나 버리는 것을 단순히 '상상'하면 전혀 효과가 없었다.

요약하면 이렇다. 괴로운 생각을 떨쳐버리고 싶다면, 그 내용을 적은 다음 종이를 그냥 없애버려라. 구체적으로 어떤 식으로 하는지, 어떤 절차와 연결하는지, 혹은 다른 일을 하다가 생각난 김에 하는지 등은 전혀 중요하지 않다. 나 자신의 경험으로 말한다면 그건 아주 효과적인 개입이었다. 그리고 그때 가장 큰 용기가 필요했던 부분은, 그 일을 실행에 옮기면서 스스로를 멍청하다고 여기지 않는 것이었다. 나는 한동안 어려운 문제를 놓고 고민한 적이 있었다. 집에서도 밤늦은 시각까지 그 문제가 머리에서 떠나지 않았다. 그러다 어느 순간 그 문제를 집에서 멀찌감치 '떼어놓자'는 생각이 들었다. 처음엔 저녁에 집으로 돌아오면서 그 혼란스러운 생각들을 전부 머리에서 몰아내는 방법을 생각해보았다(『해리 포터』에서 덤블도어가 자신의 기억을 펜시브에 담아놓듯이 말이다). 그 방법은 조금 도움은 됐지만 효과가 짧았다. 그래서 이번에는 머리를 짓누르는 생각들을 쪽지에 기록하고 그 종이를 동그랗게 뭉쳐 강물에 던졌다. 그랬더니 전보다 훨씬 머리가 맑아지는 효과가 나타났다. 다음날 저녁 비슷한 고민이 새로 생기기는 했지만, 그렇다고 이 간단하고 효과 만점인 트릭이 잘못되었다는 의미는 아니다. 오히려 고민거리를 안고 이따금 부풀리며 과장하려는 내 성향이 잘못되었다는 것이 확실해졌다. 조금 길어진 여담을 이것으로 끝내겠다.

복잡성을 감소시키고 패턴을 형성할 때 신체는 또하나의 중요한 과제를 담당한다. 성급한 해석에 저항하여 그것을 사실의 차원으로 되돌리는 것이다. 우리 뇌가 개별 인상들로부터 단순한 패턴을 이끌어내고 은유를 만드는 것은 별개의 작용이다. 최소한 이 작용과 마찬가지로 중요한 것은 그 패턴들이 세계와 관련 있는지를 검토하는 것이다. 즉 우리 머릿속에 그려진 그림들이 탁자 위의 실제 상황과 일치하는지 혹은 계속 실제와 같은 모습인지를 검토하는 것이다. 뇌와 탁자 사이에서 벌어지는 이 피드백은 몸의 도움을 받아 진행된다. 아니, 몸의 도움이 있어야만 가능하다. 우리는 탁자 위의 책을 바라보고, 거기에 손을 대고, 이리저리 들춰보고, 다시 제자리에 놓는다. 기대했던 일이 일어난다면, 즉 그 물건에서 예상했던 촉감이 느껴지고 본래의 형태를 유지하고 있다면, 우리 뇌는 할일을 제대로 한 것이다. 정신분석학자 마야 슈토르히는 이 문제를 조금 추상적으로 설명했다. 그녀는 '상징과 사고가 모두' 이런 구체화 기능에 '의존한다'고 말한다.[31] "유의미한 패턴을 발견하기 위해서는 자극이 필요하다. 그것은 패턴 형성 시스템 바깥에서 오는 자극이며, 사고기관의 주위 환경이 끼어들면서 발생하는 자극이다."[32] 이 말을 풀어서 설명해보자. 우리의 사고는 몸을 필요로 한다. 사고는 몸이 있어야 비로소 전개될 수 있고, 일관된 세상의 모습을 그려낼 수 있다. 그런 다음에야 우리는 그 그림을 가지고 무언가를 시작할 수 있다.[33] 물론 그 그림이라는 것이 때론 너무 단순하거나 지나치게 환상적일 수는 있다.

복잡성을 감소시키고 패턴과 은유를 만드는 일이 성공적으로 끝나면, 우리는 그것들을 언제든지 이용할 수 있도록 기억에 저장한다. 다음 장에서는 이 문제를 자세히 이야기해보겠다. 부정확하게나마 기억을 여러 번이나 그물 형태로 저장하는 우리의 신기한 기억작용과 함께 왜 이런 일이 발생하는지를 다음 장에서 살펴보려고 한다.

# 기억은
# 온몸에 숨어 있다

우리는 살면서 매 순간 경험과 학습한 내용과 기억을 더듬는다. 우리는 온전히 현재 속에서만 살 수 없다. 절반은 항상 과거 속에서 생활한다. 기억이라는 문제 전체를 한번쯤 자세히 살펴보아야 하는 이유다. 그리고 여기에서 몸이 담당하는 중요한 기능에도 시선을 돌려야 한다.

고전적인 삶의 지혜를 찾는 사람이라면, '바로 지금 이 순간을 살라'는 충고와 금방 맞닥뜨릴 것이다. 무엇 때문에 지나간 과거에 연연하는가? 삶의 성취는 순간을 즐기고 우리의 모든 주의를 현재에 돌리는 데 있다고들 한다. 그럴듯하게 들리기는 해도 이 충고는 우리를 곧장 파국으로 인도한다. 인간의 성공 스토리의 비밀은 그 정반대에, 다시 말해 지금 이 순간을 살지 않는 데에 있기 때문이다. 도리어 자신의 경험이라는 풍요로운 보물을 꺼내 써야 성공적으로 살 수 있다.

우리는 지금 체험하는 것들, 즉 보고, 냄새 맡고, 느끼고, 듣고, 생각하고, 지각하는 모든 것들을 바로 이 순간에도 경험이나 과거에 형성된 각인이나 축적해놓은 지식과 연결한다.[34] 외부 자극이 '뇌로 하여금 지금까지 형성된 뉴런 네트워크에서 비슷한 기억이나 삶의 역사를 결정한 패턴들'[35]을 찾게 한다는 것은 어느새 확실한 사실로 자리잡았다. 이 과정에서 해당 자극이 무엇인지를 우리가 반드시 의식하는 것은 아니다.

우리가 과거를 선호하는 것은 진화 때문이다. 진화는 '많은 까다로운 문제들의 해결'과 관련해 '기막히게 훌륭한 임무'를 수행했다고 인지심리학자 아서 M. 글렌버그와 신경생리학자 비토리오 갈레세는 주장했다.[36] 때문에 진화는 보수에 가깝다. 다시 말해 진화는 새로운 도전이 생기면, 일단 익숙한 해결법을 사용하고 이미 학습했던 것을 매번 새롭게 응용하는 경향이 있다. 인간은 '대부분 기억의 영향을 받으며'[37] 그 기억을 현재에 적용하려고 노력한다. 그래서 인간의 인지능력을 연구하는 사람 중 그 누구도 기억을 무시하지 않는다. 그리고 우리의 신체도 무시하지 않는다.

모든 것은 우리가 기억과 그 안에 저장된 것들을 불러낼 때 우리 몸이 크게 관여하는 데서 시작된다. 그 과정이 어떻게 되는지는 이미 앞에서 이야기했다. 우리는 세계를 아주 구체적인 사물의 형태로 경험하며, 무엇보다 우리 몸의 형상으로 경험한다. 그리고 이 경험을 우리가 세계와 관계를 맺는 방식에 적용한다. 더불어 기억과 지식 같은 추상적인 것들에도 적용한다. 그에 따라 우리는 흔히 기억이 여러 개의 층과 그보다 많은 선반을 보유한 거대한 자료실이나 보관소나 창고라고 상상한다. 저장된 기억은 다시 '뚜렷한 경계'가 있는 '개별 형상'으로 이해한다.[38] 우리가 기억들을 특정한 저장소에 넣어두었다가 다시 문제없이 꺼낼 수 있다고 상상하는 것도 이 때문이다.[39] 우리는 기억을 '더듬는다'거나(마치 잡동사니가 쌓인 곳을 뒤지듯이), 무엇을 기억에 '담아둔다'거나(창고에 보관하듯이), 무언가가 (제대로 닫히지 않은 그릇에서 그러하듯이) '떨어져나갔다'는 말을 한다. 어떤 때는 기억을 사람으로 상상하여 거기에 사람이 가진 능력과 특성을 대입한다. 그래서 기억이 우리를 '가만히 내버려두지 않는다'거나(귀찮은 이웃이라도 되듯이), 과거가 '따라와 발목을 잡는다'거나(날쌘 달리기 선수라도 되듯이), 기억이 '엄습했다'거나(불청객이라도 되듯이), 기억이 '무겁게 마음을 짓누른다'(뚱뚱한 사람이라도 되듯이)고 말한다.

아인슈타인은 왜 양말을 신지 않았을까

중고등학교와 대학에서 '제공'하는 지식도(값나가는 화물이라도 되듯이) 마찬가지 방식으로 이해한다. 우리는 그 지식을 무언가 아주 구체적인 것으로 생각한다. 교사는 학생들에게 특정한 '교육 자료'를 주입한다는 말을 하고, 대학생들은 필기시험을 보기 위해 어마어마한 양의 '학습 자료'를 익혀야 한다고 불평한다. 무언가를 배우고 나면 우리는 그것을 '익혔다'고(음식이라도 되듯이) 말한다. 때문에 새로운 '자료'는 일단 '소화부터 해야' 하는 것도 일리가 있다. 또 지나치게 똑똑한 사람을 두고는 지혜를 '숟가락으로 떠먹었다'고 놀리기도 한다.

우리가 이런 간단한 방식으로 지식과 기억에 대해 이야기하는 것은 충분히 수긍할 수 있는 일이다. 그렇게 하면 복잡한 사안과 문제들을 이해할 수 있으니까. 더구나 기억의 구조와 지식을 전수하는 올바른 방법에 대해서는 현재 서로 모순되는 갖가지 이론들이 난무하는 실정이라, 그런 방법이 더 필요해 보이기도 한다. 따라서 이제부터는 우리에게 중요한 두 가지 측면에만 한정하여 논의하려고 한다. 하나는 우리가 기억을 저장했다 다시 불러내는 방식에 몸이 어떤 영향을 주는가 하는 것이다. 그리고 다른 하나는 우리가 어떤 식으로 개입하여 그 과정을 조종할 수 있는가

하는 것이다. 이 문제들을 논의하는 과정에서는 우리가 언어적 비유를 통해 알고 있는 것보다 조금 더 혼란스러워질 수도 있다. 우리의 기억은 복잡하면서도 역동적인 시스템이라, 앞으로 학자들이 오랜 시간 동안 더 연구해야 하기 때문이다.

그래도 우리가 기억과 학습을 묘사할 때 사용하는 비유들을 잠시 들여다보는 건 의미 있는 일 같다. 어차피 기억과 학습을 이야기할 때 사용하는 그 비유법대로 우리는 사고하고 행동하기 때문이다. 지식을 소포처럼 포장할 수 있다고 믿는 사람은 그 소포를 학생들에게 '전달'하려 할 것이고, 학습하는 장소보다는 물류센터와 비슷하게 계획할 것이다. 지식이 값비싼 화물처럼 '사라질지도' 모른다고 두려워하는 사람은, 그 지식을 '전달'하는 동안 아이들에게 조용히 얌전하게 앉아 모든 짐을 받아들이라고 요구할 것이다. 아이들에게 라틴어 어휘를 '주입'할 수 있다고 말하는 사람은 아이들을 빈 용기로 볼 뿐, 언어를 배우도록 고무할 수 있는(그게 어떤 식이든) 살아 있는 존재로는 여기지 않는다. 자신의 기억을 깊숙한 저장고로 이해하고, 거기에 문제없이 불러낼 수 있는 사건들이 따로따로 정리되어 있다고 믿는 사람은 그 각각의 기억이 진실이라고 확신할 것

아인슈타인은 왜 양말을 신지 않았을까

이다. 그리고 자신의 기억을 누군가와 '교환'한다고 말하는 사람은, 그 기억을 남에게 주고 자신은 그의 것을 받는 우정의 팔찌처럼 취급할 것이다.

나도 안다. 이 모든 게 조금은 과장된 표현이라는 것을. 그러나 우리는 이 같은 은유들을 결코 과소평가해서는 안 된다. 이 은유들은 대부분 특별해 보이지는 않지만 커다란 영향을 발휘한다. 이것들은 우리로 하여금 잘못된 전략을 쓰게 할 뿐 아니라, 기억과 학습이 실제로 어떻게 기능하는지에 대한 시각을 왜곡한다. 잘 정리된 자료실이라는 비유가 암시하는 것과 달리, 우리 뇌는 기억을 네트워크 방식으로 저장하는 특성이 있다. 뇌는 특정 사건과 연관된 모든 감각적 인상, 감정, 생각, 움직임, 얼굴 표정, 경험을 단위로 통합하여 함께 저장한다. 우리가 받아들이는 감각적 인상, 몸의 움직임, 그리고 머물고 있는 공간들은 정보를 저장하고 다시 불러낼 때 중요한 역할을 하기 때문에 나는 이 각각의 주제에 한 장씩을 할애하겠다.

우리의 기억은 자료실의 본질과는 아무 관련 없는 특성을 하나 더 가지고 있다. 기억은 모든 정보를 '몇 겹으로 동시에'[40] 저장한다. 알다시피 우리는 지각을 할 때 모든 감각의 통로를 이용하고 거기에서 받아들이는 자극들을 기억

속에 저장한다. 이렇게 함으로써 부분적으로 정보의 중첩이 발생한다. 이는 오류가 아니라 기억이 가지고 있는 성공 비결 중 하나다. 이 과정이 훌륭하게 기능하는 까닭에 차세대 컴퓨터는 이 기능을 본보기로 삼아 차용하고 있다. 이른바 연상컴퓨터는 '인간의 뇌에 있는 뉴런과 시냅스처럼 작동한다. 정보를 특정 위치가 아닌 뉴런의 망상조직 같은 곳에 저장하는 것이다. 시냅스들은 각각의 요구에 따라 서로 연결되지만 고정된 저장 주소를 갖고 있지 않다'.[41]

인간의 뇌가 경험과 지식을 이런 그물망 같은 곳에 여러 겹으로, 그것도 상당히 번거로운 방식으로 저장하는 데에는 아주 확실한 이유가 있다. 알다시피 우리 인간이 활동하는 이 세계는 많은 특징을 가지고 있지만 단 한 가지 특성만은 갖고 있지 않다. 바로 고정성이다. 이 세계는 끊임없이 그 모습을 바꾼다. 비유적인 의미에서도 그렇고 글자 뜻 그대로도 그렇다. 이에 대해서는 이미 이야기한 바 있다. 인간은 우스꽝스런 얼굴 표정을 짓고, 수염을 기르고, 머리를 자른다. 기억이 정말 그림으로 가득한 자료실처럼 구성되어 있고 구체적인 얼굴들에 대해 각각 표준적인 모습을 보여주는 곳이라면, 아마 우리는 현실에서 아주 작은 외형적 변화만 나타나도 감당하지 못할 것이다. 이미 확인된 인

아인슈타인은 왜 양말을 신지 않았을까

물인데도 얼굴을 반쯤 옆으로 돌렸다는 이유로 갑자기 인식하지 못하는 컴퓨터 프로그램처럼 말이다.

우리는 친구가 유행에 맞지 않는 괴상한 콧수염을 달고 있거나 재미있는 선글라스를 쓰고 있어도 그를 단번에 문제없이 알아볼 수 있다. 그 이유는 이렇다. 우리 뇌는 끝없이 변화하는 동일 인물이나 사물의 모습을 다루는 일에 단련되어 있다. 그 비결은 정보를 그물처럼 여러 겹으로 저장하는 것은 물론이고 부정확하게 저장하는 것이다. 이렇게 세부사항을 무시하면 '최적의 일반화 능력과 새로운 상황에 대한 적응 가능성'이 만들어진다고 마리아네 로이칭거볼레버와 롤프 파이퍼는 말한다.[42] 이는 중고등학생과 대학생과 직장인들에게 전혀 새로운 논리를 제공하는 상황이다. 인간의 기억이 조금쯤 부정확하다는 것은 우리가 주의를 기울이지 않았다거나 엉터리로 대충 지각했다는 의미가 아니다. 어느 정도의 부정확함은 기억이 올바로 작동한다는 증거다! 그렇게 함으로써 기억은 우리가 불안정하게 요동치는 세계에서 전체를 조망하는 능력을 유지할 수 있는, 생존에 필수적인 조건을 만들어낸다.

기억의 특성을 말할 때는 부정확함과 역동성과 파악 불가능만으로는 충분치 않다. 우리의 기억을 이해하고자 할 때는 또 한 가지 사항을 고려해야 한다. 기억이 성공적으로 저장되었다고 하더라도, 그것은 고정된 형태를 유지하지 않고 끊임없이 모습을 바꾼다. 어떤 구체적인 상황을 의식으로 불러낼 때 우리는 마음대로 짜맞추어 저장했던 지나간 현실의 모습만 떠올리는 것이 아니다. 그 이상의 작업을 수행한다. 그 기억들을 현재의 자극과 연결하는 것이다. 즉 기억을 불러내는 순간 밀려드는 감정, 감각적 인상, 신체의 움직임과 연결한다. 그런 다음 이 모든 것을 다시 한데 묶어 기억 속에 저장한다. 그러면 여기에서 탄생하는 것은 현재의 상황이 축적된 기억, 곧 새로운 기억이다. 다르게 말해보자. 어떤 사건을 자주 기억하고 그것을 남들에게 많이 이야기할수록, 그 기억은 자꾸만 현실과 멀어지면서 인생사라는 개인적인 이야기로 변할 가능성이 커진다. 의사이며 심리치료사인 크리스티안 고트발트는 여기에서 대단히 유익한 결론이 도출된다고 보았다.[43] 예를 들어 누가 언제 무슨 말을 했는지, 실제로는 상황이 어떠했는지를 놓고 의견이 분분할 때가 있다. 이 경우 어느 특정 시점부터는 과거의 객관적인 모습에 대해 상대방과 논쟁하는 게 무의미해진다. 더이상 진실을 재구성할 수 없기 때문이다. 그래서 이럴 때 결정적인 역할을 하는 것은 진실이 아닌 다른 무엇이다. 바로 우리가 경험한 과거, 즉 우리에게 각인되어 지금 묘사되고 있는 사건이다. 이것이 반드시 과거를 더 쉽게 해결하도록 만들어주는 것은 아니지만, 우리가 진실 그 자체가 아니라 '나의' 진실을 놓고 싸움을 벌인다는 점을 상기시킨다. 그렇다고 해서 상대방에게 나의 진실을 납득시켜야 한다는 말은 아니다. 그러나 우리가 서로 문제없이 대화를 나누려면 최소한 상대방은 나의 진실을 존중해야 한다.

현재 상황에서 과거의 경험을 기억해낼 때도 똑같은 일이 벌어진다. 우리는 과거의 경험에 새로운 체험과 새로운 모습과 판에 박힌 일상 등을 덧붙인 뒤 이렇게 변화된 것을 다시 저장한다. 이것을 일컬어 학습 효과라고 한다. 다음번에도 비슷한 상황에 놓이게 되면 이 과정이 계속 끝없이 반복된다. 이 같은 과거 정보와 현재 정보의 혼합은 강력한 효과를 낸다. 이를 토대로 우리는 현재만 해결하는 게 아니라, 미래도 구성하고 예측하려고 노력하기 때문이다. 그래서 미래는 우리가 과거와 현재를 느끼는 방식에 의해 크게 영향받는다.[44] 기억의 내용을 저장했다가 불러내고, 다시 저장했다가 새로 불러내는 과정은 우리가 의식할 수도 있고 그렇지 않을 수도 있다는 점을 덧붙여 말해둔다.

그러니까 우리는 무언가를 온전히 의식하는 상태에서 기억에 보관할 수도 있지만, 이 과정을 전혀 눈치채지 못할 수도 있는 것이다. 이제부터 이 이야기를 해보려고 한다.

우리가 보통 기억에 대해 이야기할 때, 이는 뇌에 보관되어 있는 것들 중에서 전화번호, 어휘, 휴가지의 기억 같은 것들을 의미한다. 틀리다고는 할 수 없지만 이는 절반의 진실에 불과하다. 우리는 두 종류의 기억을 보유하고 있다. 명시적 기억explicit memory과 암묵적 기억implicit memory이다. 이 두 가지 기억은 서로 다르게 작동한다. 그러나 우리는 절대로 이 두 종류의 기억을 서로 분리된 저장고처럼 상상해서는 안 된다. 그렇다면 과연 무엇으로 상상해야 할까?

명시적 기억이 어떻게 작동하는지는 쉽게 설명할 수 있다. 명시적 기억에 해당되는 것들은 고전적으로 '기억 저장소'의 선반에 있을 것이라 추측되는 것들, 예를 들면 전화번호, 신발 치수, 마지막 생일파티에서 느꼈던 것, 젊은 시절의 자유분방한 사연, 직장에서 겪은 일화, 사과파이 요리법 등이다. 요컨대 우리가 날마다 기억하는 것들 혹은 기억하려고 노력하는 것들이자, 언제라도 문제없이 불러낼 수 있는 모든 정보, 감각적 인상, 감정, 사건 들이다. 이중에는 의식적으로 머릿속에 새겨두는 것들이 있는가 하면, 크게 신경쓰지 않고 우연히 저장되는 것들도 있다. 이 기억들 중 많은 것들은 색이 바래고, 어떤 것은 완전히 잊어버리며, 또 어떤 것들은 처음 접했던 날처럼 똑똑히 눈앞에 떠오른다.

반면에 암묵적 기억은 단락 하나로 설명할 수 없다. 그 이유는 여러 가지다. 암묵적 기억은 우리 인생의 초창기에 형성되기 때문에 그 내용에 대해서도 말하기가 상당히 어렵다. 암묵적 기억은 명시적 기억보다 비교할 수 없이 강력하게 우리의 행동에 영향을 준다. 그리고 암묵적 기억은 신체와도 밀접히 연결되어 있다. 자, 어디에서부터 시작할까? 아무래도 암묵적 기억이 탄생하는 순간부터 말하는 게 가장 좋겠다.

우리 인간은 알다시피 사회적 존재다. 특히 태어난 후 몇 년간 우리의 생존은 남들에게 의존하고 있어서, 타인이 우리를 돌봐주어야 한다. 이 일은 대개 부모(또는 다른 양육자)가 담당한다. 이 기간 동안 우리는 수없이 많은 기초적인 경험을 한다. 신체 접촉이 안도감과 사회적 용인을 뜻한다는 것을 배울 뿐만 아니라, 스스로를 남들이 안아주었다 다시 내려놓을 수 있는 작은 존재로 지각하는 법도 배운다. 그리고 나를 나 자신으로 이해하는 법도 배운다. 다시 말해 나와 구별되는 사람들이 있으며, 이들은 나에게 상냥하거나(미소를 지으므로) 적대적일 수 있다(화난 표정으로 바라보므로)는 것을 알게 된다. 또 부드러운 물건, 뾰족한 물건, 차갑게 느껴지는 물건이 있다는 것도 배운다. 양육자로부터 멀리 떨어진 곳으로 기어가면 불안감이 생긴다는 것을 알지만, 너무 멀리 가지만 않으면 그것은 흥미진진한 일이다. 빛과 그림자, 빨간색과 파란색도 눈에 들어온다. 속삭이는 소리와 날카로운 소리도 들려온다. 단맛과 쓴맛도 구별한다. 그리고 엄마와 아빠와 나머지 세계에서 나는 좋은 냄새도 지각한다.

요컨대 이 땅에 첫 울음소리를 내는 순간 우리는 감각적 인상, 감정, 움직임, 타인 및 스스로와의 관계, 세계와의 관계로 이루어진 빽빽한 그물망 속으로 들어간다. 이 모든 일을 겪는 과정에서 중요한 것은, 우리가 신체를 통해 경험한다는 사실이다. 제스처, 얼굴 표정, 손과 발과 귀의 움직임을 통해서 말이다. 게다가 우리는 어릴 적에 습득한 능력들을 순서대로 하나씩 펼치지 않고, 다소 시간차는 있어도 동시에 발전시킨다. 이렇게 해서 모든 것이 모든 것과 연결되는 '뇌-신체 시스템'[45]이 탄생한다. 움직임은 감정과 연결되고, 이는 다시 감각적 자극과 연결되고, 이는 또 얼굴 표정과 연결되고, 이는 다시 상대방의 반응과 연결된다. 이런 식으로 우리는 팔다리로 기고, 걷고, 밥 먹는 법만 배우는 게 아니라, 수많은 다른 섬세한 능력들, 예컨대 상대방 얼굴 표정을 이해하고, 스스로 표정을 짓고, 재빨리 기분을 알아차리고, 남들과의 관계를 해독하는 방법까지 터득한다.

신체의 핵심 역할을 설명하기 위해 이 두번째 형식의 기억을 '신체 기억' 또는 '신체 간의 기억'이라고 부르겠다. 그리고 이것의 도움을 받아 저장되는 내용과 능력은 '어린 날의 관계지식' 혹은 '암묵적 관계지식'이라고 부르자. 근본적으로 이 모든 관계들은 동일한 구조를 참고한다. 크리스티안 고트발트는 이 문제를 다음과 같이 설명했다. 신체 간의 기억은 '정서 및 감각운동의 측면에서 신체와 불가분으로 연결된 단위다'.[46] 신체 기억은 앞에서 설명한 그물망의 네트워크 안에 다양하지만 조금 부정확한 형태로 기억을 보관한다. 이걸 학문적으로 표현해보자. 우리가 어릴 적 얻은 경험들은 '뇌 피질과 변연계에 있는 시각과 청각과 운동 근육의 지도에 몇 겹으로 동시에 저장된다'.[47]

신체 간의 기억은 어린 시절 탄생하기에, 여기에 저장되는 것은 전화번호, 휴가지의 체험, 신발 치수가 아니라 운동방식, 감각적 인상, 몸의 느낌 같은 것들이다. 신체 간의 기억 혹은 암묵적 기억이 명시적 기억과 다른 점은 또 있다. 명시적 기억의 내용은 어느 정도 문제없이 남에게 알려줄 수 있다. 그러나 암묵적 기억은 본질적으로 닫혀 있다. 우리는 그 내용을 생생한 모습으로 포착할 수도 없고, 구체적인 문장으로 표현하지도 못한다. 암묵적 기억은 그런 구체적인 형태로 저장되지 않았기 때문이다(우리 뇌는 초기 발달 단계에서 물리적으로 아직 그럴 능력을 갖추지 못했다). 때문에 크리스티안 고트발트는 암묵적 기억을 '무의식의 토대'[48]라고도 불렀다. 즉 우리가 알지 못하는 모든 것의 요체라는 것이다. 그럼에도 이 기억은 우리의 삶에 지속적으로, 그것도 각 사람마다 다른 방식으로 영향을 미친다. 인간의 암묵적 기억은 우리가 어릴 적에 겪거나 겪지 못한 경험, 즉 지극히 개인적인 경험들로 이루어져 있다. 예를 들어 많은 사람들은 자식을 사랑하고 보호하는 어머니에 대한 경험을 가지고 있지만, 어떤 이들은 태어난 첫날부터 그런 대상을 갖지 못한 채 살아가야 한다. 당사자들이 각각 자신이 처한 상황에 어떻게 반응할지에 대해서는 아직 뭐라고 말할 수 없다. 이것 역시 우리로서는 일반적으로 판단하기 힘든 개인적 변수에 따라 달라진다.

아인슈타인은 왜 양말을 신지 않았을까

이런 핵심 역할 덕분에 신체 간의 기억은 '우리의 인생사와 개인적 정체성의 운반체'가 된다는 것이 의사이자 철학자이며 심리치료사인 토마스 푹스의 견해다. 이유는 이렇다. "체화된 습관은 우리를 일정한 지속성과 신뢰성을 가진 인물로 만들며, 모든 외적인 변화에도 동일한 사람으로 남을 수 있게 하는 토대를 조성한다."[49] 그리하여 자신의 개인적 역사와 정체성이 우리가 평생 동안 그 내용을 알지 못하는 기억에 의해 형성되는 역설적인 상황이 일어난다. 그러나 어쩌면 우리 몸이 최소한 인생사의 여러 비밀들을 밝히는 데 도움이 될지도 모르겠다.

　우리가 신체 기억의 구체적인 내용을 모른다고 해도, 그 기억은 나머지 인생 여정에서 중요한 역할을 담당한다. 그것이 얼마나 중요한지를 슈테판 츠바이크는 그의 자서전에서 대단히 시적으로 묘사했다. "인간이 어린 날 그 시대의 공기로부터 자신의 피 속에 받아들인 것은 없어지지 않고 그대로 남는다. (…) 지금 우리가 반쯤 눈이 먼 채 혼란하고 부서진 영혼으로 이리저리 더듬고 다니는 공포의 심연에서도 나는 언제나 고개를 들어 내 어린 시절 저 위에서 빛을 발하던 그 옛날의 별자리를 올려다본다. 그리고 언젠가는 이 퇴락이 앞을 향해 전진하는 영원의 리듬 속에서 그저 한순간의 휴지기로 보일 날이 올 거라는 유전적 믿음으로 위안을 삼는다."[50] 이야기를 풀어보자. 나치가 슈테판 츠바이크와 그의 가족에게 상상할 수 있는 온갖 굴욕을 가했음에도, 작가 츠바이크를 바로 세운 것은 손에 잡히지 않는 어린 날의 경험들, 그가 '시대의 공기로부터 핏속에 받아들인' 경험들이었다. 그는 당시의 공포가 그저 에피소드로 남을 거라는 '유전적 믿음'을 가지고 자신을 위로했다. 그러나 어느 순간에 이르자 어린 시절의 확실함이 주는 힘도 더이상 위력을 발휘하지 못했다. 슈테판 츠바이크는 아내 로테와 함께 망명지 브라질에서 스스로 목숨을 끊었다.

어린 날의 경험과 그것이 훗날 삶에 미치는 영향은 아무리 과대평가해도 지나치지 않다. 그 경험이 정신과 몸의 건강에 영향을 준다는 사실은 어느덧 연구자들에 의해 밝혀졌다.[51] 우리가 어린 시절에 경험한 것들은 기억 속에만 새겨지지 않는다. 그것은 객관적으로 증명 가능한 유전적 흔적까지 남기면서 심지어 다음 세대에까지 전해질 수 있다. 때문에 정신과 의사 로버트 N. 엠데가 볼 때 이 통찰은 '인간 게놈이 발견된 이후 분자의 차원에서 얻어낸 가장 극적인 인식'의 하나다. 젖먹이의 경험은 그의 유전적 성향에 영향을 주고, 그럼으로써 근본적으로 훗날의 사고와 감정

아인슈타인은 왜 양말을 신지 않았을까

과 행동까지 결정한다.[52]

암묵적 기억에 포함시킬 수 있는 것은 몸의 기억 말고도 더 있다. 그중 하나가 '절차적 기억'이다. 우리는 여기에 걷거나 자전거를 탈 때 필요한, 연습으로 익힌 운동 절차들을 저장한다. 이를 위해 우리는 암묵적 기억의 과정을 이용한다. 의식을 개입시키지 않고도 언제든지 그 내용을 불러올 수 있기 때문이다. 앞에서도 보았듯이, 우리가 투입할 수 있는 주의력은 한정되어 있는 까닭에 이는 매우 합리적인 작업이다. 우리는 한쪽 발을 다른 쪽 발보다 먼저 내딛는 데 정신을 집중하는 것보다 더 나은 일을 해야 한다. 우리의 의식을 더 중요한 일에 쏟아야 한다. 예를 들면 '어디로' '누구와 함께' 가야 하는지, 그리고 우산을 챙겨가야 하는지의 문제를 해결하는 일에 의식을 돌려야 한다.

암묵적 기억의 또다른 형식인 '외상 기억traumatic memory'은 고통스러운 경험을 저장한다. 그에 따라 우리 몸은 언제 어떻게 손상을 입었고 거기에 어떻게 반응했는지를 매우 정확하게 기억하는데, 이때도 우리의 의식은 그 과정에 관여하지 않는다. 이 과정이 얼마나 직접적이고 자동적으로 일어나는지는 팔이 부러졌던 적이 있거나 구체적인 통증에 시달려본 사람이라면 알 것이다. 누군가 다친 부위에 가까이 오거나 해당 부위를 만지려고 하면 우리는 저도 모르게 뒤로 물러난다. 또는 의사들이 말하는 '방어 자세'를 자동적으로 취한다. 다시 말하면, 또다른 고통을 막아주는 위치로 자신의 몸을 가져다놓는 것이다. 그 결과 우리 몸의 반응은 '절차적 기억에서처럼 전체가 동조하는 게 아니라 부자연스럽게 각기 따로 놀며' 움직임의 자유도 제한된다고 토마스 푹스는 밝힌다. 외상 기억은 광범위한 결과를 초래한다. 외상 기억은 '신체 기억에 각인되어 나중에는 심신상관의 고통을 야기할 수 있다'.[53]

삶은 고단하고 우리가 가동할 수 있는 주의력은 한정되어 있다. 때문에 신체와 뇌는 이 상황을 쉽게 해결하는 일에 맞춰져 있다. 그것은 성공적인 해결책을 저장했다가 훗날 다시 꺼내 쓰는 것이다. 어떤 과제를 해결해야 하는지 그리고 얼마나 성공적으로 끝냈는지에 따라, 우리는 명시적 기억을 이용하기도 하고 암묵적 기억에 의지하기도 한다. 이는 현실의 문제는 물론이고 행동방식에도 똑같이 적용된다. 어떤 절차를 성공적으로 끝냈다면 우리는 그것을 규칙이나 도식의 형태로 저장한다. 그 규칙과 도식은 '지각과 평가와 사고와 계획과 행동에서 도출한 복잡한 패턴'[54]이지만, 우리로 하여금 현재 상황을 빠른 시간 내에 장악하게

아인슈타인은 왜 양말을 신지 않았을까

한다. 도식은 복잡한 컴퓨터 프로그램과 비슷하다. 프로그래밍을 할 때는 상당히 오랜 시간이 걸리지만, 나중에는 그 프로그램을 간단히 불러내어 사용할 수 있다. 인생을 살면서 우리는 인지과정은 물론이고 감정의 처리에 있어서도 점점 세분화된 갖가지 도식 모음을 개발한다. 게다가 그 도식들은 서로 상대방을 불러내어 참고할 정도로 긴밀히 상호연결되어 있고, 이로써 상황은 더 복잡해진다. 요컨대 도식은 우리가 문제를 간단히 만들기 위해 동원하는 단순화의 결과다.

정보의 저장과 탐문이 상호작용하는 방식에는 아주 많은 유형이 있다. 다음 장에서는 이 과정에서 신체가 담당하는 중요한 역할을 기술하려고 한다. 이때 신체는 구체적으로 우리에게 어떤 도움을 줄까? 예를 들면 무언가를 머릿속에 새기거나 쉽게 기억할 때 우리 몸은 어떤 기능을 할까? 코부터 시작하는 게 가장 좋겠다.

# 일곱 가지
# 감각

한 사건에 냄새와 맛과 느낌을 더 많이 연관시킬수록, 그 사건은 기억에 쉽게 저장되고 나중에도 빨리 되살려낼 수 있다. 지난날 떠났던 휴가는 물론이고 라틴어 어휘도 마찬가지다.

———

노벨상 수상 작가 엘리아스 카네티가 마라케시에 갔을 때의 일이다. 그는 시내를 산책하다가 '네모난 작은 광장'에 이르렀다. 광장 한가운데에는 간이음식점들이 자리잡고 있었다. 카네티는 당시의 일을 훗날 펴낸 여행기에서 다음과 같이 묘사했다.[55] "어느 곳에서는 고기를 구워 팔았고 어느 곳에서는 작은 도넛을 팔았다. 음식을 파는 사람들은 부인과 아이들을 포함해 가족을 데리고 나와 있었다." 베르베르족 의상을 입은 농부들은 살아 있는 닭을 판매했다. 광장

아인슈타인은 왜 양말을 신지 않았을까

가장자리에 "상점들이 늘어서 있었다. 여러 곳에서 수공업자들이 일하고 있었다. 그들이 내는 망치 소리와 뭔가를 두드리는 소리가 떠들썩한 사람들의 말소리에 섞여 울려퍼졌다".

엘리아스 카네티는 이 모든 것을 담담하게 묘사한다. 영혼 없는 여행객으로 다니겠다는 그의 계획에 어울리는 문체다. 그러다 그는 광장 한가운데에서 늙은 거지를 발견한다. 순간 상황이 달라지기 시작했다. "그는 구걸로 얻은 동전을 가지고 이내 프라이팬에서 강한 냄새를 풍기는 작은 도넛 쪽으로 향했다. 요리사 주변에 각양각색의 손님들이 몰려 있었다. 늙은 거지는 자기 차례가 올 때까지 기다려야 했다. 그는 자신의 간절한 소원이 이루어지기 직전인데도 참을성 있게 기다렸다. 마침내 도넛을 받아들자 그는 다시 광장 한가운데로 가서 입을 크게 벌리고 도넛을 먹었다." 바로 그 순간 엘리아스 카네티에게 심경의 변화가 일어났다. 여행지와 차갑게 거리를 두었던 마음이 사라지고 완벽히 그곳 분위기에 젖어들었다. "그때 나는 정말 다른 곳에 왔다는 느낌, 여행 목적지에 도착했다는 느낌이 들었다. 더 이상 이곳을 떠나고 싶지 않았다. 북적대는 삶의 따뜻함이 내 안에서도 느껴졌다. 그곳에 선 순간 나 자신이 광장이 되었다. 아직도 나는 내가 그 광장이라고 믿고 있다."

카네티가 우연히 영화 촬영팀을 따라 마라케시를 여행한 뒤 펴낸 『모로코의 낙타와 성자』에 나오는 이 장면은 여러 가지 방법으로 읽을 수 있다. 그중 하나는 이렇다. 카네티가 작은 광장에 들어선 순간 수많은 감각적 인상들이 그를 덮친다. 간이음식점의 모습, 구운 고기에서 나는 냄새, 수공업자들이 무언가를 망치로 두드리는 소리, 혼잡하게 뒤엉킨 사람들의 목소리, 냄새를 풍기는 도넛에서 나는 (상상의) 맛, 음식 먹는 걸인에게서 느껴지는 편안함. 이 인상들은 그를 당장 과거로 데려갔을 것이다. 어쩌면 구체적인 모습도 언어도 기억나지 않고 그저 전체적인 분위기만 생각나는, 아주 어린 시절로 데리고 갔을 수 있다. 그렇다면 이 작은 광장은 작가 카네티를 왜 그토록 사로잡았을까? 그리고 그곳의 추억은 왜 그의 기억 깊숙한 곳에 단단히 자리잡았을까? (그는 여행을 마치고 10년이 지난 후에 이 책을 펴냈다.) 미리 설명하자면, 이 모든 것들은 카네티를 엄습한 다양한 감각적 지각과 관계있다.

무언가를 자주 경험할수록 기억에 더 깊이 남는다는 것은 잘 알려진 사실이다. 그런데 그것이 많은 감각적 지각이나 느낌이나 몸의 움직임과 연결되어도 마찬가지로 기억

아인슈타인은 왜 양말을 신지 않았을까

에 깊이 각인된다는 사실은 대부분의 사람들이 잘 알지 못한다. 이는 사건은 물론이고 능력과 라틴어 어휘에도 해당된다. 물론 우리가 감각적 자극과 거의 연결하지 않는 사실적 지식도 있기는 하다. 그러나 우리의 지각작용은 보통 여러 감각기관을 통해 이루어진다. 즉 경험한 것을 다양한 감각적 인상의 형태로 저장할 수밖에 없다. 여기엔 그럴 만한 이유가 있다. 새로운 것을 여러 개의 감각 통로를 통해 받아들이면 뇌에서도 여러 개의 영역이 활성화되기 때문이다. 이런 '심도 있는 정보 처리'는 기억작용을 촉진한다.[56]

이런 식으로 우리는 성대한 생일파티를 끝낸 후 춤을 추었던 사람의 모습은 물론이고 그때 들었던 음악의 일부분, 살갗을 스친 여름 공기, 양념 냄새, 후식의 맛, 다음날 겪은 숙취까지 머리에 담아놓는다. 까다로운 라틴어 어휘를 배울 때도 머릿속에서는 흔히 생각하는 것보다 더 많은 일들이 벌어진다. 예를 들어 우리는 '사랑한다'는 뜻의 동사 'amare'만 머릿속에 넣는 것이 아니다. 사랑의 신 아모르의 조각상, 교실의 냄새, 라틴어책 해당 페이지의 모습, 단어를 물어볼 아버지에 대한 두려움도 그 동사와 연결한다. 바꿔 말하면, 우리는 단순히 구체적인 사건이나 개념만 기억하는 게 아니라 감각과 모습과 정서가 복합된 하나의 덩어리를 저장한다. 생일을 맞은 아이의 환한 얼굴이나 단어 'amare'는 그 덩어리를 이루는 요소에 지나지 않는다.

여기에서 놀라운 사실이 있다. 이 과정이 반대로도 작용한다는 것이다. 복합 감각으로 짜인 기억의 그물망이 촘촘할수록 그 기억은 더 쉽게 불러낼 수 있다. 뇌과학자 게랄트 휘터가 적었듯이, 때론 아주 작은 계기만 주어져도 충분한 경우가 있다. "특정한 소리, 특별한 냄새, 평범하지 않은 몸의 자세 또는 사실상 별 의미 없는 문장이 주어지면 갑자기 모든 게 현재 상황으로 변한다. 옛날에 있었던 사건 전체가 다시 생생하게 눈앞에 떠오르고, 옛날과 똑같은 감정이 다시 고개를 들고, 심지어 몸의 자세까지 전과 똑같아진다."[57] 기억의 네트워크 속에 연결점이 많을수록 그중 하나가 활성화될 가능성이 높아진다. 그리고 나머지 모든 기억들이 되살아나는 것이다. 하나의 연결점이 활성화되는 게 고의에 의한 것인지 우연인지, 또는 의식적인지 무의식적인지는 전혀 중요하지 않다. 상황에 맞는 연결점을 건드리기만 하면 우리는 아주 오래전의 사건도 기억한다. 때론 아주 정확하게, 때론 희미하게, 때론 스쳐가는 느낌의 형태로.

현재의 감각적 인상과 동작과 자극이 어떤 종류의 기억

아인슈타인은 왜 양말을 신지 않았을까

을 불러내는지는 개인의 인생사에 따라 다르다. 정신적 외상에 시달리는 사람은, 무해한 자극이 주어져도 끔찍했던 과거로 돌아갈 수 있다. 반면에 주로 긍정적인 것들을 경험한 사람이라면, 일상에서 아주 사소한 일과 마주해도 옛날에 맛본 행복을 다시금 만끽할 가능성이 있다.

감각적 인상이 왜 그렇게 느닷없이 강렬한 기억과 감정을 불러낼 수 있는지는 누구나 알고 있다. 우리는 의식이 개입되지 않아도 감각적 인상을 직접 지각한다. 그러면 감각적 인상은 어떤 모습이나 느낌이나 사건들과 쉽게 연결된다. 묻혀 있던 기억이 금방 활성화되는 것도 이 때문이다.

감각적 인상들만 기억 속의 특정한 모습을 일깨우는 게 아니다. 반대로 특정한 모습들도 감각적 인상을 유발한다. 이 사실은 일군의 신경학자들이 밝혀냈다. 그들은 실험 참가자들에게 그림을 보여주고 특별한 냄새를 맡게 한 뒤 그 두 가지를 토대로 이야기를 지어내라고 했다.[58] 이어진 2차 실험에서는 동일한 피험자들에게 냄새는 제외하고 그림만 보여주었다. 1차 때와 마찬가지로 연구자들은 피험자들의 뇌활동을 동시에 관찰했다. 그랬더니 그림을 보는 것만으로도 냄새의 지각을 담당하는 뇌영역이 활성화되었다.

이 실험은 언뜻 보면 학문적인 특수연구처럼 생각되지만, 자세히 살펴보면 우리가 은밀한 조작의 시도에 빠지지 않게 하는 도구다. 연구에 참여한 신경학자 제이 고트프리트는 광고가 인간의 연상기억력을 이용한다고 지적했다.[59] 광고가 상품을 보여주며 함께 제시하는 세부항목들은, 예컨대 우리가 휴가 때 경험한 감각적 인상들을 다시 일깨운다. 광고와 개인의 기억 간에 존재하는 유사성이라고는 가령 영상 속 인물이 착용한 햇빛 가리는 모자가 유일하다고 해도, 그것은 이미 우리를 움직여 구매 결정을 하게 만드는 충분한 장치가 된다는 것이다.

그러나 감각적 인상들은 직접적인 기억력에만 영향을 주는 것이 아니다. 언어를 배우고 이해할 때도 중요한 역할을 한다. 이 두 가지가 얼마나 성공적으로 진행되느냐 하는 문제는, 언어를 학습할 때 어떤 시각적 자극과 촉각적 자극을 받느냐에 따라 달라진다. 상대방의 말을 들을 때 우리가 단어의 뜻에만 신경쓰지 않고, 무의식적으로 그의 표정과 입술의 움직임까지 주시한다는 것은 이미 오래전부터 잘 알려진 사실이다. 상대방의 표정과 입술의 움직임이 말한 내용과 맞아떨어지면 잘 따라갈 수 있지만, 그렇지 않으면 우리는 혼란에 빠진다. 발달심리학에서 '맥거크 효과McGurk

아인슈타인은 왜 양말을 신지 않았을까

effect'라는 이름으로 알려진 현상이다. 이 이름을 붙인 사람은 심리학자 해리 맥거크다. 1970년대에 그는 피험자들에게 한 남자가 소리를 내는 영상을 보여주며 실험했다. 남자의 입술 모양만 보면 '가, 가'라는 소리를 내는 것 같았지만 실제로 들리는 소리는 '바, 바'였다. 혼란에 빠진 피험자들은 '다, 다'라는 전혀 다른 소리가 들린다고 생각했다.

최근에는 피부 접촉도 상대방을 이해하는 정도에 영향을 준다는 사실이 밝혀졌다. 한 실험에서 연구자들은 피험자들에게 여러 음절의 소리를 들려주면서 목덜미나 손등에 부드러운 미풍이 스치게 했다.[60] 피험자들이 거의 느끼지 못한 이 개입은 음절에 대한 주관적인 이해도를 변화시켰다. 여기에서 연구자들은 '우리의 언어체계가 지금까지 가정한 것보다 훨씬 복합적인 방식으로 기능한다'는 결론을 이끌어냈다. 다시 말해 우리가 주변 사람들을 이해하거나 일반적으로 언어를 배우려고 할 때 감각에 많이 의존한다는 것이다. 그리고 이 경우에도 우리의 감각적 인상이 영향을 미친다는 것이다.

그 영향이 얼마나 큰지는 언어학자이며 인지연구가인 앙겔라 프리데리치의 연구 결과가 보여준다. 프리데리치는 어렸을 때부터 음악수업을 받은 성 토마스 합창단 어린이 단원들의 발달을 연구했다.[61] 그리고 비슷한 지능과 동일한 사회경제적 여건을 가지고 있으나 정기적으로 노래를 부르지 않은 아이들의 발달 상황과 비교했다. 프리데리치는 두 집단 아이들을 데리고 언어 테스트를 실시했다. 그 결과 합창단 아이들은 다른 집단 아이들보다 문장 속의 오류를 훨씬 빨리 잡아냈다. 그 이유가 무엇인지는 분명했다. "뇌의 어느 영역이 이 작용을 일으키는지 살펴보면, 언어를 처리하는 영역과 음악을 처리하는 영역의 많은 부분이 중첩되는 것을 볼 수 있다. 따라서 음악으로 뇌를 훈련하면 언어를 배우고 다룰 때도 유리하다."

우리가 갑자기 구체적인 상황을 기억해내는 것은 감각적 인상 때문만은 아니다. 감정도 이 효과를 유발한다. 유유상종이라는 고전적인 격언대로, 현재의 감정상태는 비슷한 색채를 지닌 기억을 불러일으킨다. 행복한 기분이 들 때는 행복했던 경험이 떠오른다.[62] 그런데 이 메커니즘이 모든 기분에 해당된다는 건 단점이다. 그래서 기분이 나쁘면 불쾌했던 경험이 되살아난다. 강렬한 감정이 우리를 과거의 어느 단계로 데려가는지는 구체적인 상황에 따라 달라지지만, 여하튼 감정은 어느 경우에나 지나간 경험을 불러낼 수 있다. 슬픈 상황에 처하면 슬픈 일만 보이는 이 자동

아인슈타인은 왜 양말을 신지 않았을까

메커니즘을 극복하는 강력한 치료제는 우리 자신의 신체가 제공한다. 그럴 때는 잠깐 웃는 것으로도 충분하다. 그러면 불쾌한 기분과 불쾌한 기억의 직접 연결이 조금쯤 흐트러진다.

진부하게 들릴지 모르지만, 원칙적으로 우리는 긍정적인 기본 감정의 힘을 과소평가해서는 안 된다. 자신의 기분에 주의를 기울이면서, 될 수 있는 대로 그것을 개선하려해도 별 도움이 되지 않는 상황은 거의 없다. 우리의 기억력도 행복한 감정에 분명히 영향받는다. 최근 연구에 따르면 행복 호르몬이라는 말로 더 잘 알려진 도파민은 단편적인 기억, 다시 말해 장기 기억 중 개인적 사건들이 저장되어 있는 기억에 영향을 주는 것으로 드러났다.[63] 행복감과 기억력이 상호의존관계를 맺고 있는 이유는 간단하다. 우리의 뇌가 경험을 각인하려면 도파민이 필요하다. '도파민은 기억 내용의 생존 가능성을 높인다'고 연구자들은 말한다. 이는 모든 감정과 모든 형태의 기억에 해당한다. 특정 사건과 연결된 감정이 강렬할수록 그 사건은 우리의 기억 속에 깊숙이 각인된다.

그러나 모든 강렬한 감정이 우리의 기억작용에 도움되는 것은 아니다. 예를 들어 스트레스는 전혀 쓸모가 없다.

어떤 일이 감당할 수 없을 정도로 힘이 들면 우리 몸에서는 코르티솔이라는 호르몬이 분비된다. 코르티솔이 분비되면 갑자기 아무것도 기억하지 못하거나, 말 그대로 머릿속이 캄캄해지는 정전상태가 되면서 배웠던 내용이 전혀 생각나지 않는다. 그럴 때는 무엇을 해야 할까? 정신분석학자 마야 슈토르히의 조언을 들어보자. "시험을 앞두고 힘들게 공부한 학습 내용을 온전히 꺼내 쓰고 싶으면 스트레스 호르몬이 분비되지 않도록 주의해야 한다."[64] 말은 쉬워도 실행하기는 어렵다. 그러나 때론 자세를 똑바로 하는 것만으로도 충분하다. 또는 몸을 움직이는 것도 좋다. 잠깐 동안의 산책이 신체에 긍정적 효과를 낸다는 사실을 차치하고라도, 이렇게 몸을 움직이면 새로운 감각적 인상을 수집하여 기억 속에 담아두었다가 나중에 다시 불러내기가 수월해진다. 이것이 우리가 몸을 움직여야 하는 충분한 이유다. 구체적으로 어떻게 움직여야 할지를 이제부터 자세히 이야기하겠다.

# 손으로 생각하고
# 발로 배운다

학생들이 지켜야 할 최고의 규범은 수업시간에 가만히 얌전하게 앉아 있는 것이라고? 큰일날 소리다. 몸을 움직이는 사람만이 집중할 수 있고, 새로운 아이디어를 발전시키고 새로운 내용을 배울 수 있다. 제스처가 위력을 발휘한다는 것은 굳이 이야기할 필요도 없다. 제스처는 언어를 배울 때, 아직 마음속에서 확실한 윤곽이 잡히지 않은 생각을 끄집어낼 때 도움을 준다.

중고등학교 학생들이 날마다 가장 많이 듣는 잔소리 목록에는 다음과 같은 것들이 상위에 올라 있다(어느 개인의 사적인 설문조사 결과다). "제발 조용히 앉아 있어!" "몸을 그렇게 꼼지락거리지 마!" "의자 그만 흔들어!" "거기 뒤 조용히 해!" 이런 걸 보면 학교에서는 부동자세와 성공적인 학습 간에 직접적인 연관성이 있다고 생각한다는 결론이 나온다. 다시 말해 공부할 때는 가능하면 수동적인 자세를 취해야, 새로운 학습 내용을 저장했다가 나중에 다시 불러내기가 쉬워진다고 믿는 것이다. 나는 이 문제를 놓고 시끄럽게 찬반이 오가는 진지한 토론이 가능하다고 믿는 사람들의 태도를 이해할 수 없다. 수많은 연구에서 나온 명백한 결과들을 보면 깜짝 놀라 뒤로 넘어질 정도다. 그 결과는 이렇다. 몸을 규칙적으로 움직이는 사람이 기억을 더 잘하고, 쉽게 배우고, 공부할 때의 기분도 훨씬 좋다. 이유는 여러 가지다. 몸을 자주 움직이면 일반적으로 혈액순환이 좋아지고, 이는 뇌에서 일어나는 신진대사에 도움이 된다. 30세부터 시작되는 두뇌 물질의 감소가 중단되고, 새로운 뇌세포가 형성되고 시냅스가 만들어진다. 알츠하이머병이나 파킨슨병에 걸릴 위험도 줄어든다. 이 두 질병은 두뇌 물질의 퇴화와 관련 있기 때문이다. 몸을 움직이기 시작하는 순간, 수많은 놀라운 전달물질들이 우리 몸과 뇌를 흘러다닌다. 그러면 기분이 한결 나아지면서 주의력과 학습욕이 높아지고 기억력이 향상된다. 더불어 침울한 기분에 빠질 위험도 줄어든다. 조깅하고 나면 대개 만족스럽고 행복한 기분으로 집에 돌아오고, 그 기분이 한동안 지속된다는 것은 굳이 말할 필요도 없다. 수영, 파워워킹, 자전거 타기, 높이뛰기, 춤추기, 도약하기를 할 때도 마찬가지다. 언제, 어디에서, 어떻게 하느냐는 중요하지 않다. 핵심은 몸을 움직이는 것이다.

운동과 성공적 학습 간의 상호작용에 관한 연구는 상대적으로 광범위하게 이루어지진 않았지만, 이 문제에서도 원칙적으로는 학자들의 의견이 일치한다. 스포츠학자인 지그리트 도르델과 디터 브라이테커에 의하면 '운동과 인지 간에 연관성'이 있다는 것은 틀림없는 사실이다. 또한 '지각과 운동이 아이들의 학습행동과 학습능력, 그리고 성취도에 미치는 영향'에 대해서도 더이상 논의할 필요가 없다고 한다.[65] 이상이 학계에서 나오는 목소리들이다.

이제는 스코틀랜드 던디대학교의 심리학자들처럼 더 구체적으로 들어가보자. 이들은 최근 발표한 장기 연구 보고서에서 규칙적인 스포츠가 학업 성과에 긍정적인 영향을 미친다는 것을 보여주었다.[66] 무엇보다 학생 4800여 명의 발달을 추적한 연구서라 특히 흥미롭다. 연구자들은 처음에 11세 학생들의 운동 행태와 학업 성적을 비교하고, 이어 13세와 16세 학생들의 성과를 추적했다. 그 결과 처음부터 충분히 운동한 학생들은 활동이 적은 학생들과 비교할 때 영어와 수학과 과학에서 좋은 성적을 거두었다. 남학생은 하루에 17분을 더 스포츠에 투자하고, 여학생은 12분을 더 할애하는 것으로도 충분했다. 또한 학생들의 나이가 많아질수록 발전에 탄력이 붙으면서, 스포츠 활동을 많이 한 학생일수록 학업 성적이 좋았다. 연구는 그 밖에도 세 가지 괄목할 만한 결과를 보여주었다. 첫째, 성적 향상에서 사회적 영향은 별다른 역할을 하지 못했다. 둘째, 학생들이 스포츠를 일찍 시작할수록 그 성과는 학업에서 드러났다. 셋째, 무엇보다 여학생들이 신체활동으로 많은 덕을 보았는데, 특히 수학과 과학에서 좋은 성적을 올렸다. 그에 따라 이 연구를 소개한 대부분의 매체들은 '스포츠 활동이 여학생의 수학 성적을 올려준다'는 제목을 달았다. 이 연구가 보여준 결과들은 여성의 과학활동을 장려하려는 움직임이 일어났다는 점에서도 큰 의의가 있었다.

신체활동과 인지능력 발달 간의 밀접한 연관성은 우리의 어린 시절 경험에서 원인을 찾을 수 있다. 이 시기에 우리는 오로지 몸과 감각을 통해서만 세상을 경험한다. 우리는 주변의 것들을 만지고, 맛보고, 냄새 맡고, 듣고, 본다. 그리고 이 모든 경험을 신체 기억 속에 저장한다. 하루종일 한 장소에만 머물러 있으면 주변 세계를 발견할 수 없다. 세계를 발견하려면 세상을 탐구하고, 새로운 자극에 노출되고, 그것을 처리하는 방법을 배워야 한다. 우리는 모든 면에서 몸을 움직이며 생활한다. 어린아이들은 처음부터

아인슈타인은 왜 양말을 신지 않았을까

두 눈과 몸통과 머리와 두 손과 두 발과 손가락을 움직여 주변 세상을 지각한다. 그렇게 함으로써 나선처럼 끝없이 이어지는 학습과정을 작동시킨다. 아이들은 세상을 탐구하면서 운동능력도 발달시킨다. 또한 갈수록 더 확실하게, 더 섬세하게, 더 주의깊게 몸을 움직일 수 있기 때문에 세상을 더 자세히 들여다보고 탐구하고 싶은 동기가 생긴다.

아기 카를이 한쪽 다리로 깡충깡충 뛴다. 빙글빙글 몸을 돌려 원을 그린다. 가만히 서 있다가 몇 번 공중으로 잽싸게 뛰어오른다. 그리고 바닥에서 몸을 구른다. 한마디로 말해, 카를은 생각하는 중이다. 한 번이라도 아이들의 행동을 몰래 관찰해본다면, 아이들이 생각이라는 것을 할 때 아주 신나서 온몸을 이용한다는 사실을 눈치챌 것이다. 제3자의 입장에서는 때로 이상하게 보일지도 모른다. 하지만 그 광경을 여러 번 관찰하다보면 점점 흥미를 가지고 주시하게 된다. 그리고 온몸을 던져 기억하고 배우는 아이의 행동이 머지않아 관습과 부모와 학교로 인해 막을 내리는 날이 온다는 걸 알고 진심으로 아쉬워할 것이다. 인지과정이 진행되는 동안 몸을 움직인다는 것은 가장 자연스럽고 가장 의미심장한 일이다. 인지와 신체 움직임의 긴밀한 연결을 보여주는 대표적인 사례가 제스처다. 제스처는 모든 문화에서 똑같이 관찰되는 현상이다. 심지어 태어날 때부터 앞이 안 보이는 시각장애인도 말할 때 두 손을 사용한다. 제스처는 신체와 두뇌 사이에 다리를 놓아주는 선천적인 행동이며, 구체적인 몸의 움직임을 추상적인 인지과정과 연결한다. 그래서 어떤 일에 자신이 없으면 제스처가 그런 마음을 상대에게 폭로한다.[67] 그러나 한편으로 손짓을 이용하면 '아직 적절한 표현을 찾아내지 못한'[68] 생각까지도 구체적으로 드러낼 수 있다. 그러니까 손을 써서 생각을 발전시키고 나중에 그것을 언어로 표현하는 것이다.

이런 까닭에 제스처는 무언가를 이해하고 배울 때, 특히 언어를 습득할 때 중요한 역할을 한다. 예를 들어 부모가 아기에게 '공'과 '집'과 '소방관'이라는 단어를 말해주는 것은 시작에 불과하다. 그럴 땐 단어를 들려주면서 두 팔로 의미 있는 동작을 하면 좋다. 그러면 아이의 발달이 촉진되고, 이는 아이의 일생 전체에 영향을 준다고 장기 연구 보고서가 밝힌다.[69] 부모가 제스처를 사용하면 아이들은 부모의 그런 습관을 수용하면서 폭넓은 어휘를 발달시킬 뿐 아니라, 나중에 학교에서도 성공적인 학업을 이어간다. 학자들은 이 과정을 다음과 같이 설명한다. 제스처는 생후 4개월부터 아이의 의사소통 수단으로 이용되면서 언어 이해

아인슈타인은 왜 양말을 신지 않았을까

를 돕는다. 아이가 젖병을 가리킬 때 부모도 함께 가리키면서 '젖병'이라고 말하면, 아이는 그 단어를 기억해두었다가 어느 날 '젖병'이라는 말을 할 수 있다. 심지어 일부 학자들은 언어 습득이 오로지 우리의 제스처 사용능력을 토대로만 이루어진다고 주장한다. 물론 이 문제에서는 아이가 성장하는 사회적 여건도 중요한 변수다. 부모가 말을 많이 하고 아이들과 이야기할 때 풍부한 제스처를 사용하면, 그 행동이 무의식적으로 아이에게 전달되면서 그대로 따라 한다. 그럴 때 칭찬해주면 아이는 더 많은 것을 배우고 계속 부모의 행동을 모방하는 연쇄작용이 일어난다. 이런 외적인 자극이 없으면, 아무리 대단한 언어적 재능을 가지고 있어도 그 재능은 위축될 소지가 있다.

제스처는 언어 습득에만 도움이 되는 게 아니라 일반적인 상황에서도 우리를 총명하게 만든다. 이는 베를린홈볼트대학교의 연구진이 수행한 연구에서 나온 결과다. 연구진은 사람들이 상대방에게 어떤 상황을 이해시키려고 할때 다양한 제스처를 사용한다는 것을 관찰하면서 연구를 시작했다. 연구자들은 제스처를 자주 사용하는 성향과 유동적 지능fluid Intelligence 간에 어떤 연관성이 있지는 않은지 밝혀보고 싶었다. 유동적 지능이란 문제 해결능력과 논리적인 사고능력을 의미한다. 그 결과는 연관성이 있다는 것이었다. '특정한 방식으로 제스처를 사용하라는 지시를 받은 아이들은, 제스처를 사용하지 못하게 한 아이들보다 새로운 과제를 해결하는 능력이 더 우수하다'[70]는 사실이 확인되었다. 실험에서 연구자들은 피험자들에게 까다로운 문제를 냈다. 컴퓨터 모니터의 왼쪽에 그려진 두 개의 장기판 무늬를 동일한 축에서 투영하면 모니터 오른쪽에 그려진 두 개의 무늬가 나오는지를 알아내는 과제였다. 유동적 지능이 뛰어난 피험자들은 이 문제를 더 우수한 방법으로 해결했을 뿐만 아니라, 문제를 풀었던 방식을 설명할 때도 더 많은 제스처를 사용했다. 이것으로 끝이 아니었다. 그들은 축을 중심으로 대상을 회전시키는 제스처를 취하는 중 놀랍게도 한마디도 하지 않았다. 덕분에 연구자들은 앞에 앉아 있는 피험자들의 유동적 지능이 높은지 낮은지를 그들의 제스처만 보고 판단할 수 있었다. 제스처는 일정한 과제를 해결하는 데 필요한 동작을 취하게 한다. 또다른 연구에서 나온 결과가 이 주장을 확실하게 뒷받침한다.[71] 해당 연구는 아이들이 말할 때 손을 사용하는 빈도에서 인지능력을 알아낼 수 있다는 사실을 보여주었다. 제스처를 많이 쓰는 아이들은 조용하고 얌전한 아이들, 즉 전통적으로 어른

아인슈타인은 왜 양말을 신지 않았을까

들이 학생에게 기대하는 행동을 보여준 아이들보다 과제를 훨씬 빨리 해결했다. 이 결과를 토대로 훔볼트대학교 연구자들은 아이들이 '성장하는 과정에서 많은 제스처를 사용함으로써 말 그대로 스스로 손을 쓸 줄 알게 된다'[72]고 확신했다. 당연하다. 아이들은 손짓과 몸짓을 할 줄 안다. 그러므로 제스처 사용을 금지해서는 안 된다.

알다시피 수학은 남자아이들이 더 잘한다는 것이 전통적인 고정관념이다. 그런데 이 선입견에 좌절감이 드는 이유는, 이 말이 맞을 때가 많기 때문이다. 일련의 연구에 의하면 여자아이는 공간적 사고 문제를 크게 어려워한다는 사실이 증명되었다. 그러나 이 사태를 놓고 끙끙 신음하기 전에 알아야 할 것이 있다. 이건 절대로 여자아이에게 재능이 없어서가 아니라 전혀 다른 문제, 그것도 대단히 수수께끼 같은 이유 때문이다. 여학생들은 공간 문제를 풀 때 제스처를 거의 쓰지 않는다.[73] "아마 여학생들은 두 손을 무릎 위에 올려놓으라거나 그 비슷한 이야기를 어른들로부터 들었을 것이다." 철학자이며 저술가인 로런스 셔피로는 한 인터뷰에서 이렇게 추측했다.[74] 반면 여러 차례에 걸쳐 관찰한 결과, 남학생들은 문제를 놓고 씨름하는 과정에서 여학생들보다 언어와 제스처를 훨씬 많이 사용했다. 여기서 특히 주목할 게 있다. 남학생들은 말로 설명할 때 자신의 제스처가 의미하는 것과는 다른 답변을 내놓았다. 여기서 우리는 언어와 제스처가 서로 다른 목적으로 이용된다는 결론을 내릴 수 있다. 즉 제스처는 단순히 언어에 수반되는 보조장치가 아니라, 실제로 독자적인 해결책을 모색하는 도구인 것이다.

동작은 그저 동작이 아니고 제스처는 그저 제스처가 아니다. 동작과 제스처는 언제나 구체적인 맥락 안에서 지각된다. 그러니 때로 혼선이 빚어지는 경우가 생기는 것도 무리가 아니다. 한 연구에서는 학생들에게 오해의 소지가 있는 즉흥적 제스처를 취하여 잘못된 계산을 유도한 교사의 사례가 소개되었다.[75] 교사가 한 학생에게 '7+6+5＝X+5'를 풀어보라고 요구했다. 학생은 X의 값이 '18'이라고 대답했다. 교사는 등호 왼쪽과 오른쪽에 있는 숫자들을 차례로 가리키며 학생이 왜 틀렸는지를 설명했다. 그러자 학생은 교사의 설명을 중단시키고 새로운 답을 제시했다. 이번에는 답이 '23'이라는 것이다. 형식적으로 보면 틀린 답이다. 그러나 숫자 네 개를 더하라는 듯한 교사의 제스처를 판단의 기초로 삼는다면 분명히 맞는 답이었다!

이 기회를 빌려 학교와 일상에서 제스처를 사용하는 몇

가지 방법을 소개하겠다.[76] 우선 우리가 쓰는 제스처가 전달하려는 메시지나 학생들에게 설명하고 싶은 내용과 맞는지를 검토해야 한다. 교사는 학생들이 어떤 문제를 설명하고자 할 경우, 분명하게 제스처를 쓰도록 독려해야 한다. 학생들의 제스처는 말로 표현할 때보다 해법에 더 가까이 다가갔음을 보여주는 경우가 많다. 그 제스처를 보고 교사는 학생의 지식상태와 학습의욕을 알아낼 수 있다.

반면에 잘못 사용한 제스처는 불쌍한 초등학생을 수학의 낭떠러지로 밀어버릴 수 있고, 때론 어른들의 삶도 어렵게 만들 수 있다. 예컨대 우리가 생각하는 내용과 맞지 않는 제스처를 쓸 때가 그렇다. 거기에서 어떤 결과가 나오는지는 앞에서 언급한 로런스 샤피로의 실험이 보여준다.[77] 그는 피험자들에게 두 가지 일을 동시에 하게 했다. 콩을 분류하면서 그들에게 들려준 문장이 의미가 있는지를 판단하는 것이었다. 대부분의 피험자는 문제없이 빠르게 과제를 해결했다. 그러다 문장 속에 자신들이 하는 행동과 비슷하지만, 엄밀히 따지면 그 행동과 맞지 않는 동작이 묘사되어 있을 때는 언제나 머뭇거렸다. 예를 들어 카드를 나누어주는 행동이 묘사되어 있으면 피험자들은 여지없이 그 문장에 느리게 반응했다.

이 과정은 반대로도 작동한다. 귀로 들은 것과 동작이 서로 일치하면 개념을 이해하기가 훨씬 쉬워진다. 때문에 희소식을 들을 때 두 팔의 자세를 거기에 맞게 취하면, 예컨대 단어들을 껴안듯이 두 팔을 구부리면 메시지를 처리하는 속도가 빨라진다. 반면에 좋지 않은 소식을 들을 때는, 두 팔을 쭉 뻗어 방어 자세를 취하면 이해하는 속도가 빨라진다.[78] 이 현상의 기저에는 우리가 매번 언급했던 아주 오래된 단순한 평가 도식이 숨어 있다. 그 도식에는 '좋다'와 '나쁘다'의 두 선택지만 있다. 우리는 어떤 사건을 어떻게 느끼는지 몸으로 표현한다. 기분좋은 일에는 반가워하는 동작이나 개방된 자세를 취한다. 무언가가 기분이 나쁘면 그것을 몸에서 멀리하려는 동작을 취한다. 제스처를 사용해 그 일을 밀쳐내는 것이다. 고개를 움직이는 방식도 특정한 개념을 올바로 지각하는 방식에 영향을 준다. 고개를 끄덕이는 사람은 긍정적인 개념들을 빨리 이해하고(고개 끄덕이기는 동의한다는 뜻이고, 그 개념이 좋다는 의미다) 부정적인 개념은 느리게 깨닫는다. 고개를 젓는 행동을 하면 상황은 달라진다.

무언가를 배우는 일을 조금 쉽게 할 생각이라면 동작과 자세에 유의할 필요가 있다. 누군가 학습 내용에 대해 말

아인슈타인은 왜 양말을 신지 않았을까

그대로 온몸으로 저항한다면, 그건 무언가를 배우기에는 최상의 조건이 아니다. 어떻게 하면 자신의 아이나 가르치는 학생이나 함께 일하는 동료로 하여금, 해당 문제를 몸으로 '껴안고' 내용을 받아들이게 할 수 있는지는 각자의 상상력에 맡기겠다. 일단 그렇게 하고 나면 최소한 첫걸음은 뗀 것이다. 공부를 할 때도 사소하지만 도움이 되는 섬세한 신체 트릭이 있다. 조금 생소하고 이상하게 보일 수 있는 방법이라, 학습자의 의혹과 경계심을 풀어주는 게 최대의 과제다. 일단의 학습연구자들은 실험을 통해 유익한 해결책을 찾아냈다. 그건 두 손을 오므려 잠깐 주먹을 쥐면 학습과정도 쉬워지고, 배웠던 사실을 기억하는 것도 훨씬 빨라진다는 것이다.[79] 어떻게 하면 제대로 할 수 있는지를 지금부터 간단히 설명하겠다.

우선 연구자들이 피험자들을 데리고 어떤 실험을 했는지를 살펴볼 필요가 있다. 연구자들은 36개의 단어가 적힌 목록을 피험자들에게 보여주고 그걸 외우게 했다. 그런 다음 피험자들에게 짤막한 문제를 내어 주의를 다른 데로 돌렸다. 이어 피험자들은 될 수 있는 대로 많은 단어들을 정확하게 말해야 했다. 보통 학생들이 단어시험을 볼 때 하는 방식과 똑같았다. 그런데 단어를 외우기 전 한쪽 피험자 집단은 고무공을 오른손에 들고 두 번씩 45초 동안 움켜쥐었다. 그런 다음 왼손으로도 똑같은 행동을 반복했다. 이 사소해 보이는 훈련은 대단한 효과를 보였다. 이유는 이렇다. 우리 뇌는 기억을 그물망처럼 저장한다. 그렇다고 해서 머릿속에 질서가 전혀 없다는 뜻은 아니다. 뇌에서 어느 영역이 특정한 과제를 담당하는지는 쉽게 확인할 수 있다. 예를 들어 왼쪽 전두엽은 사실의 저장을 관장하는 부분이다. 오른쪽 전두엽은 저장된 사실을 성공적으로 불러내는 일을 한다. 다 알다시피 손과 대뇌의 반구는 서로 연결되어 있는데, 혼란스럽게도 연결 방향은 반대다. 따라서 왼손으로 주먹을 쥐면 우뇌가 활성화되고, 오른손으로 주먹을 쥐면 좌뇌가 작동한다. 단어를 외울 때 주먹을 쥐면 왜 좋은지가 설명되는 대목이다.

여러분의 자녀가 단어를 익히면서 오른손으로 연필을 꽉 쥐고 있다면 (오른손 주먹은 학습 효과를 높여주므로) 공부하기에는 최상의 상태다. 반대로 기억한 단어들을 말하는 경우라면 아이의 오른손에 있는 연필을 살며시 꺼내어 왼손에 쥐어주자. 엉뚱한 손으로 주먹을 쥐고 있으면, 뇌에 또다른 스트레스를 안겨줄 뿐이니까.[80] 다음번 라틴어 단어 시험을 잘 보아야 하는 아이에게 최소한 스트레스는 주지 말아야 한다.

지금까지 이야기한 것이 전부가 아니다. 두뇌와 신체는 우리의 사고작용을 원활하게 (때로는 어렵게) 하려고 더 많은 활동을 한다. 두뇌는 때로 사고활동을 우리 몸에 거의 통째로 맡겨버린다. 그게 어떻게 진행되는가 하면…… 음, 이 문제를 장황하게 설명하기 전에 여러분이 직접 해보시라. 준비되었는가? 자, 그러면 'Donaudampfschifffahrtskapitän'이라는 단어가 몇 개의 글자로 만들어졌는지를 세어서 적어보라. 끝났는가? 대부분 사람들이 하는 방식대로 했다면, 아마 오른손으로 주먹을 쥔 후 글자를 셀 때마다 엄지손가락부터 하나씩 펴나갔을 것이다. 그리고 왼손으로도 똑같은 행동을 했을 것이다. 그렇지 않은가? 이로써 손가락으로 숫자 세기에 관한 연구에 대해서는 거의 전부 이야기한 것이나 다름없다. 그런데 해당 연구는 또다른 사실을 보여주고 있다. 많은 문화에서 사람들이 계산을 쉽게 하려고 손가락을 사용하지만 그 방식은 각기 다르다. 예를 들어 일본에서도 오른손으로 시작하긴 하지만 손을 펴서 새끼손가락부터 하나씩 차례로 구부린다. 뿐만 아니라 해당 연구는 계산을 머리에만 맡기지 않고 신체에 위임하면 수학적 능력이 향상된다는 결과를 보여주었다. 게다가 파푸아뉴기니

사람들처럼 발가락을 사용하여 계산해도 상관없다.[81]

그런데 우리 몸은 그 이상을 할 줄 안다. 심리학자들은 우리가 알지도 못하는 새에 지식을 몸에 옮겨놓는다는 것을 보여주었다.[82] 연구자들은 100명의 피험자들을 컴퓨터 자판 앞에 앉히고 타자를 치게 했다. 그 결과 피험자들은 1분에 평균 약 73개의 단어를 쳤는데, 1초에 6타를 친 셈이다. 그리고 단어의 94퍼센트를 올바로 쳤다. 피험자들은 자판을 외우고 있었던 것이다. 그다음에 이어진 과제는 사실 그다지 큰 도전이 될 만한 것이 아니었는데도, 피험자들은 어려움을 느꼈다. 그들은 종이를 한 장씩 받았다. 자판만 그려져 있고 글자는 적히지 않은 종이였다. 피험자들은 80초 이내에 자판의 글자들을 적어넣어야 했다. 결과는 처참했다. 방금 전까지 날아갈듯 타자를 쳤던 피험자들이 절반을 간신히 넘는 평균 15개의 글자만 올바로 적었다. 심리학자들은 이 수수께끼의 해답을 다음과 같이 설명했다. 새로운 일이 주어지면 우리는 그것을 이해하고 익히기 위해 온정신을 모아 집중한다. 그러다 일을 완수하는 순간 그 일을 다른 곳에 위탁한다. 앞의 사례에서는 손가락 그리고 모든 절차적 능력(자전거 타기, 테니스 치기, 걷기 등)을 담당하는 암묵적 기억에 내맡겼다. 그와 동시에 우리는 '나는 자판을 틀리지 않고 칠 줄 안다'는 지식을 명시적 기억에서 지워버린다. 해당 기능을 이미 성공적으로 익혔기 때문이다. 이 연구의 핵심 인물인 크리스티 스나이더의 말을 들어보자. "이 현상은 우리가 현재 무엇을 하는지 자세히 모르면서도 지극히 복잡한 일을 할 수 있다는 것을 보여준다."[83]

그러나 무의식은 의식으로 올라올 수 있다! 그럴 땐 달갑지 않은 결과가 나타난다. 지식을 손가락에 옮겨놓고 의식이 접근하지 못하는 암묵적 기억에 저장하면, 빠른 시간 안에 실수 없이 작업을 처리할 수 있다. 작업 자체를 기억하려고 소중한 주의력을 낭비할 필요도 없고, 의식적으로 사고하기 위해 자동화된 개념에서 빠져나오지 않아도 된다. 노련한 골프 선수가 오래 고민하지 않고도 무엇을 해야 하는지 아는 것은 바로 이 때문이라고 심리학자 게르트 기거렌처는 이야기한다. 만약 골프 선수에게 '자신의 연속 동작을 면밀히 주시하면서 공을 치라고 하면 그들의 골프 성적은 시원치 않아진다'. 벌써 오래전 몸에 밴 능력을 다시 복잡한 두뇌의 통제에 맡겨버리기 때문에, 프로 선수인데도 실력이 퇴보하는 것이다. 그러나 초보자라면 동작에 의식적으로 주의를 기울이는 게 도움된다고 기거렌처는 말한다. 왜냐하면 초보자는 해당 지식을 먼저 습득하고 그다음 단계에서 신체에 그 지식을 전하기 때문이다. 기거렌처는 또 한 가지 작은 트릭을 알려주면서 그것을 전략적으로 사용할 수 있다고 말한다. "당신의 테니스 상대 선수가 오늘 아주 강력한 포핸드를 구사하는 바람에 당신에게 별로 기회가 생기지 않는다고 가정하자. 코트를 바꾸면서 지나가는 길에 '와, 오늘 포핸드가 아주 근사했어요. 어떻게 하신 거예요?' 하고 묻는다면 아마 상대 선수는 십중팔구 자신의 포핸드에 대해 생각하기 시작할 것이다. 그러면 그의 포핸드는 더이상 근사하지 않을 것이다."[84]

무언가를 배우는 것과 그것을 기억에서 다시 불러내는 것은 각각 별개의 사안이다. 하지만 걱정하지 마시라. 그럴 때도 신체가 우리를 도와주니까. 우리는 그저 몸을 어떻게 자극하여 도움을 받을 수 있는지만 알면 된다. 가령 특정한 방식으로 몸을 움직이는 법을 터득하면 된다. 그러면 거기에 해당하는 기억이 저절로 떠오른다. 이게 구체적으로 어떻게 되는지는 막스플랑크연구소 심리언어학 분과의 다니엘 카사산토와 카틴카 데이크스트라가 간단한 실험을 통해 보여주었다.[85] 그들은 피험자들에게 양손을 사용하여 아래쪽 서랍에 있는 유리알들을 위쪽 서랍으로, 혹은 위쪽 서랍에 있는 것을 아래쪽 서랍으로 옮겨놓게 했다. 그와 동시

아인슈타인은 왜 양말을 신지 않았을까

에 지금까지 살면서 경험했던 다양한 일들에 대한 질문에 답변하게 했다. 실험은 간단하지만 거기에서 나온 결과는 광범위했다. 무엇보다 두 가지 사실을 확인할 수 있었다. 아래에 있는 유리알을 위로 옮긴 피험자들은, 긍정적 기억에 대한 질문에는 빨리 대답하고 부정적 기억에 대해서는 느리게 답변했다. 이유는 이렇다. 우리 인간은 '위'는 긍정적인 것과, '아래'는 부정적인 것과 연결한다. 우리가 사용하는 언어적 은유가 다시 생각나는 대목이다. 유리알을 아래에서 위로 옮긴 피험자들은 옛날에 정말 맛있는 음식을 먹었거나, 어느 시합에서 이겼던 경험을 이야기해보라는 주문을 받으면 금방 관련된 일화까지 들려주었다. 반면에 도난을 당했던 일이나 매우 기분이 좋지 않았던 경험을 기억해보라고 하면, 그 이야기를 들려줄 때까지 아주 오랜 시간이 걸렸다. 어쩌면 여러분은 이 실험 이야기를 듣고 트램펄린의 사례를 떠올릴 것이다. 앞에서 우리는 수직으로 뛰는 행동, 즉 위로 뛰어오르는 도약운동이 기분을 좋게 하고 '활력을 상승'시키며 이는 다시 우리의 인지능력에 긍정적으로 작용한다는 말을 했다. 따라서 긍정적 생각을 작동시키고 싶은 모든 경우에는, 그런 상승운동을 어떤 식으로 자신에게 맞도록 응용할 수 있는지를 고민해보는 게 좋다.

배우들에게 운동과 기억 간의 상호작용 이야기를 들려주어도 그들은 별다른 감흥을 느끼지 않는다. 그 상호관계를 이용하는 것이 그들의 직업이기 때문이다. 그러나 우리 같은 일반인들은 이 경험에서 아주 많은 것을 배울 수 있다. 알다시피 연극배우들은 몇 주에 걸쳐 자신의 역할을 연습한다. 그 기간 동안 대본을 외우고, 자신의 역할과 대본에 어울리는 동작을 연습한다. 그러면 거기에서 주목할 만한 효과가 발생하는데 이는 여러 연구자들이 학문적으로도 증명한 사실이다. 대본의 어느 대목이 동작과 연결되어 있으면 마지막 공연이 끝나고 몇 달이 지난 후에도 그 대화를 기억할 수 있지만, 그렇지 않은 대목들은 기억 속에서 흐릿해지거나 완전히 사라진다.[86] 기억이 지속되는 데는 때론 단순한 제스처만 있어도 충분할 때가 있다. 이는 또다른 연구가 밝혀낸 사실이다. 피험자들이 짧은 영상에 나오는 동작을 몸짓으로 따라 한 경우에는, 그 동작을 더 잘 저장할 뿐만 아니라 3주 후에도 여전히 기억하고 있었다.[87] 무언가를 배워야 하는 사람을 그냥 앉아만 있게 해서는 안 된다는 강력한 방증이다. 그러므로 당장 지금부터 예외 없이 몸을 움직이게 하고, 이리저리 걸으면서 수학 공식을 익히도록 독려해야 한다. 또는 자전거를 타는 방법도 있는데 이것도 효과가 좋다. 심리학자, 스포츠학자, 신경학자들로 구성된 연구진은 어휘를 익힌 후 몸을 움직이는 것과 익히는 도중 움직이는 것 중 어느 쪽이 더 쉽게 배울 수 있느냐는 문제를 연구했다. 그 결과 새로운 단어는 몸을 움직이면서 익히면 더 잘 기억에 담아둘 수 있다는 결론이 나왔다. 실험에 참가한 100명이 넘는 젊은 여성들은 실내용 자전거에 앉아 80개의 폴란드어 단어를 공부했다. 학습 결과는 대단히 성공적이었다. 자전거 바퀴를 굴린 사람이 단어를 더 잘 기억했다. 부드럽게 자전거를 타는 동작은 두번째 학습 실험에서 특히 긍정적인 효과를 냈다. 이유는 간단했다. 피험자들이 그 평범하지 않은 절차에 이미 익숙해진 것이다.[88]

휴! 지금까지 수많은 제스처와 동작을 취하고, 자전거를 타고, 여기저기 돌아다녔으니 이제 서서히 휴식할 시간이다. 잠시 앉아서 쉬는 건 어떨까? 겁먹지 마시라. 올바로 앉는 법을 터득한 사람이라면, 휴식하는 자세를 취하면서도 자신의 기억력과 학습능력에 영향을 행사할 수 있다. 그러니 이 책과 떼어놓고 생각할 수 없는 탁자 옆에 앉아 탁자 상판을 아래에서 위쪽으로 밀어보라. 밀었는가? 그 자세라면 과거에 있었던 긍정적인 일들이 더 쉽게 기억날 가능성이 높다.[89] 위를 향해 압력을 가함으로써, 우리는 이미 언급했던 오래된 접근 프로그램을 가동하는 것이다. 반대로 탁자 상판을 위에서 아래로 누르면 일련의 부정적 효과들이 힘을 발휘하기 시작한다.

만일 가족모임을 계획하고 있는데 과거에 다투었던 일들만 다시 입 밖에 낼까 두렵다면, 의자를 탁자 가까이에 붙이고 탁자 상판을 아래에서 위로 부드럽게 밀어보자. 아마 대부분 긍정적인 기억 속에 빠져들 것이다. 그런 당신의 모습이 조금쯤 이상하게 보이더라도 아무렇지 않은 듯이 견뎌내자. 아니, 오히려 기분좋은 기억으로 간직하자.

# 내 방과 낯선 방이
# 행사하는 힘

우리는 눈치채지 못하지만, 문의 배치는 우리의 기억력에 영향을 주고 창밖의 조망은 집중력에 영향력을 행사한다. 이제는 이런 문제에 관심을 돌려, 우리가 사는 집을 이런 인식에 맞추어 바꾸어볼 때다.

모험을 하기 위해서는 지금 머물고 있는 방을 떠나 다른 방으로 들어가기만 해도 충분하다. 내가 몇 년 전 경험한 일이다. 나는 거실에 있는 긴 안락의자에 앉아 내가 쓸 기사에 대해 곰곰이 생각하고 있었다. 순간 인용하고 싶은 대목이 떠올랐다. 정확한 문구를 찾아보기 위해 자리에서 일어나 가족끼리 이용하며 '책방'이라고 부르는 서재로 갔다. 책이 서재의 머리 높이께에 자리한 선반에 꽂혀 있었기 때문이다. 필요할 경우 해당 문장을 다시 쉽게 찾을 수 있도록 책 귀퉁이를 접어놓았는데, 이제 그 '필요할 경우'가 닥친 것이다.

나는 몸을 일으켜 책을 찾으러 갔다. 방문을 지나 부엌에 들어서자마자(거실과 서재 중간에 부엌이 있었다) 휴대폰이 울렸다. 휴대폰 화면에서 어머니를 뜻하는 글자 'M'이 반짝거렸다. 우리집 건물이 화염에 휩싸이고 있다거나, 좋아하는 축구팀이 경기 종료 3분을 앞두고 0대 1로 지고 있다거나, 기사를 쓰느라 초집중하고 있어서 통화를 하고 싶지 않다고 해도 받아야 하는 전화였다. 나는 통화 버튼을 눌렀다. 어머니는 용건만 간단히 말씀하셨다. "며칠 여행을 떠났다가 잘 도착했다. 왜 그렇게 전화 한 통 없니? 앞으로는 전화 자주 해라. 안녕!"

"네, 저도요. 안녕!" 나는 조금 멍하게 말했다. 통화가 끝났고, 휴대폰 화면에서 글자 M이 서서히 사라졌다. 그리고 머릿속에 있던 계획도 함께 사라졌다. 갑자기 나는 방금 전까지 무얼 하려 했고 어디로 가던 중이었는지를 잊어버렸다. 그저 무언가를 하려고 했다는 사실만 기억났다…… 맙소사, 그게 뭐였더라? 내 나이쯤 되면 건망증이 생길 때 이런저런 생각으로 마음이 심란해지기 시작한다. 그래서 학술문헌을 찾아보았다. 어쩌면 나 혼자만 그런 증상을 겪는

　　　　아인슈타인은 왜 양말을 신지 않았을까

게 아니라는 설명이 나올 수도 있으니까. 잠시 후 원하던 대목을 찾아냈다. 안정제가 되어준 그 대목은 심리학 교수 가브리엘 라드반스키가 쓴 글에 있었다. 그는 내가 지금 겪고 있는 문제를 연구한 사람이었다.[90] 그가 제시한 결과는 내 증상이 얼마든지 있을 수 있는 일이라는 것이었다.

연구논문의 제목은 '문지방을 넘어가면 망각이 일어난다'였다. 아니, 제발 부탁이니 고개를 설레설레 저으며 다른 곳을 보지 마시라! 그건 연구자들에게 돈과 관심을 선물할 뿐, 나머지 사람들에게는 아무짝에도 도움이 안 되는 터무니없는 연구의 하나라고 중얼거리지도 마시라. 첫번째 추측은 맞을지 모른다. 그러나 두번째 추측은 절대로 사실이 아니다. 이 연구 결과는 처음 듣는 순간에만 터무니없다고 느껴질 뿐, 자세히 살펴보면 우리가 논의하는 주제에 중요한 깨달음을 선사한다. 그게 무엇인지 궁금하지 않은가? 궁금하다고? 그럴 줄 알았다.

연구자들이 실시한 실험의 기본적인 규정과 결과를 간단히 이야기하겠다(첫번째 실험은 2006년에, 두번째 실험은 2011년에 진행되었다). 심리학자들은 피험자들에게 잡다한 물건들 중 여섯 개를 골라 상자에 담고, 그 상자를 다른 책상으로 옮기라고 주문했다. 한쪽 피험자 집단은 같은 방에 있는 책상으로 상자를 가져다놓아야 했고, 다른 쪽 집단의 경우 문을 지나야 들어갈 수 있는 옆방에 책상이 있었다. 두 피험자 집단과 각 책상과의 거리는 동일했다. 상자를 옮긴 후 피험자들은 어떤 물건을 골랐는지 열거해야 했다. 그 결과, 책상이 같은 방에 있었던 피험자들은 상자를 옆방으로 옮겨야 했던 피험자들보다 자신이 고른 물건을 훨씬 잘 기억해냈다. 대조실험을 해도 원인과 결과가 똑같이 나왔다. 문지방을 넘어간 사람은 방금 무엇을 했는지 혹은 무엇을 할 계획이었는지 기억하지 못할 가능성이 컸다. 이 말은 부엌에 서서 휴대폰을 뚫어지게 바라보며, 내 상태가 정상일까 하고 생각하는 게 전혀 이상하지 않다는 뜻이다. 나는 정상이었다!

이 의문에 대답하려면 이야기가 조금 길어진다. 그 대답들은 모두 두 가지 이유에서 유용하다. 하나는 여기에서도 우리 몸이 중요한 역할을 한다는 것을 보여주기 때문이고, 다른 하나는 일상에 도움되는 이런저런 정보를 주기 때문이다.

두 번의 실험을 실시한 심리학자들은 우리가 특정한 장소나 공간을 '이벤트'로, 곧 사건으로 여긴다고 생각했다. 그 사건 안에서 움직이는 한, 우리는 그와 연관된 모든 정

아인슈타인은 왜 양말을 신지 않았을까

보를 기억한다. 그러나 문지방을 넘는 순간 사달이 난다. 문지방은 '사건의 경계선'이 되어 현재 진행되는 모든 인지 과정을 중단시킨다. 그 결과 다른 방에 들어가면 방금 전까지 몰두했던 생각과 결정들에 대한 연결을 잃어버린다. 한 방을 나와 다른 방으로 들어가는 것은, 입국은 허락해도 세관에서는 가차없이 매정하게 구는 두 국가 간의 국경을 통과하는 것과 같다. 그래서 사람들은 지니고 있던 트렁크를 가지고 들어갈 수 없다. 앞의 사례에서는 그때까지 가지고 있던 정보를 가지고 들어갈 수 없다.

가브리엘 라드반스키와 동료 연구자들은 이 건망증의 원인을 뇌에 한정시켜 설명했다. 그러나 공간과 지식과 신체 간의 연결을 다르게 생각해볼 수 있는 또하나의 이론이 있다. 소개하면 다음과 같다. 예를 들어 축구장에 다녀온 사람들은 경기가 끝난 후 1대 1로 비겼다고 이야기하지만, 이는 전체 상황의 일부만을 알려주는 것에 불과하다. 실제로 축구장의 오후시간은 감각적 인상, 느낌, 땀에 흠뻑 젖은 티셔츠 등이 잡다하게 뒤섞인 갖가지 일들로 이루어져 있다. 축구장의 상황은 멀리서 들려오는 관람객의 노랫소리와 바람에 실린 구운 소시지 냄새와 함께 시작된다. 같은 팀을 응원하는 팬들끼리 몇 시간씩 다닥다닥 붙어 있다는 강렬한 신체적 느낌도 있다. 수도 없이 소리를 지르느라 목이 아프고, 오래 기다렸던 동점골이 터지면서 옆에 서 있던 관객이 나를 껴안는 바람에 땅바닥에 주저앉게 되기도 한다. 경기가 끝나면 축구장 앞에서 손에 맥주(이건 차라리 안 마시는 편이 좋을 뻔했다)를 든 채 쉰 소리로 경기 내용을 분석하는 것으로 마무리된다. 축구장을 찾는 것은 이렇게 감각적 인상과 다양한 느낌과 인지과정이 빽빽하게 얽혀 있는 그물 같은 일이다. 그건 우리가 살아가면서 비슷하게 강렬한 방식으로 연루되어 있는 여러 사건들에 비유할 수 있다. 마치 '파도가 일렁이는 바다에서의 항해'나 '불빛이 환히 빛나는 대도시 밤길의 산책'과 비슷하다.

이 예시들(특히 축구장 사례)은 의사이며 철학자이자 심리치료사인 토마스 푹스가 그런 '상황'을 연구하면서 생각해낸 것이다. 이 예시들은 그 상황이 '몸과 감각과 분위기로 지각되어 분해할 수 없는 통합적 단위'[91]라는 것을 알려준다. 때문에 그 상황들은 기억 속에 전체 덩어리로 저장된다. 이 모든 것의 중심점은 우리 몸이다. 몸은 앞에서 묘사한 대부분의 인상들을 전해줄 뿐 아니라 그 다양한 강렬함을 깊숙한 곳에 기억하도록 만든다. 그리고 이때 이용되는 기억은 명시적 기억이 아니라(전화번호나 신발 치수가 여기에 해당한다는 걸 떠올려보라) 암묵적 기억, 정확히 말하면 상황적 기억이다(우리가 말로 표현할 수 없는 내용 혹은 감정을 통해 전달되는 것들이 암묵적 기억이다).

살면서 우리는 이런 상황을 많이 겪는다. 휴가지에서 휴식하며 겪을 수도 있고(야자수가 있는 해변, 피부에 묻은 모래, 칵테일), 직장생활을 하며 경험할 수도 있으며(윙윙거리는 프로젝터, 스트레스, 필터 커피), 우연히 그런 상황에 빠지는 경우(교통체증, 몰아치는 비바람, 데모)도 있다. 하나하나 보면 상황은 제각각이지만, 여기에는 한 가지 공통점이 있다. 모두 구체적인 장소나 공간과 관련되어 있다는 것이다. 축구를 관람한 날 오후의 강렬한 기분은 '축구장'이라는 장소와 연관되어 있고, 프레젠테이션을 했던 소란스러운 시간들은 '회의실'과 관련있으며, 편안한 느낌은 '집'이라고 부르는 공간과 연관이 있다. 축구장과 회의실과 집이 구체적으로 어떻게 생겼든지 간에, 시간이 흐르면서 우리는 그 구체적인 장소에 특정한 감정과 인상과 생각 들을 연결한다. 그래서 상황적 기억은 '곧 공간 기억'이라고 토마스 푹스는 말한다.

끊임없이 새로운 것을 배우고 경험하는 것은 삶에 수반되는 현상의 하나다. 이건 피할 수 없는 일이다. 그래서 의지가 있다면 적극적으로 무언가를 경험하려고 노력해야 한다. 우리가 갈수록 더 많은 상황에 직면하고, 그에 따라 더 많은 공간을 경험하는 것도 이 때문이다. 그리고 그와 관련된 기억도 늘어난다. 이 기억 덕분에 우리는 토마스 폭스가 말한 '생활공간'을 늘려간다. 생활공간이란 우리가 우리의 것이라고 이해하는 세계다. 이 생활공간의 특징은 항상 '개인과 그의 신체'를 중심으로 펼쳐져 있다는 점이다. 이는 자연스러우면서도 포괄적인 생각이다. 개인적인(그리고 신체적이고 장소와 관련된) 관점이 아니라면, 대체 어떻게 우리가 세계에 대한 관계를 발전시키겠는가?

이런 시각을 바탕으로 우리는 활동하고 있는 장소에 대해 갈수록 섬세한 관계를 발전시킨다. 그 장소들에 대해 직관적으로 판단을 내리고, 단번에 편안한 느낌을 가진다. 그리고 그런 생활공간에서 형성되는 관계들을 '가까움이나 멂, 좁음이나 넓음, 밀착과 분리, 도달 가능성과 도달 불가능성 등의 범주'[92]로 규정한다. 이런 인식도 자연스럽다. 우리는 태어나는 첫날부터 자신을 지켜주는 어머니와 스스로를 구별하고, 어머니가 가까이 있을 때와 이따금 곁에 없을 때를 구분한다. 그리고 이 범주들을 삶 전체에 적용한다. 그리하여 우리는 축구장에 온 같은 축구클럽의 팬들을 가까운 사람으로 지각하고 뒷줄에 있는 사람들을 얼마든지 접근 가능하다고 인식하지만, 다른 팀 유니폼을 입은 청년들은 우리와 떨어져 있는 먼 사람으로 지각한다. 그리고 이 모든 과정은 신체와 정신과 은유의 세 가지 방식을 통해 진행된다.

토마스 푹스는 우리가 '공간성'을 토대로 사고하는 또다른 상황들을 거론한다. 예를 들어 우리는 상대방이 개인적 공간을 침해하지 않는 선에서 얼마나 가까이 다가와도 되는지, 개인적 영역은 어디에서 시작되고 어디에서 끝나는지(집에서, 일터에서, 기차에서), 그리고 우리가 어떻게 특정한 공간을 아주 특별한 느낌과 연결하는지(어두운 지하실, 빛이 흘러넘치는 최상층)에 대해 정확한 감을 가지고 있다. 그러나 언제 상대방이 노골적으로 접근한다는 느낌을 받는지, 어두운 지하실과 밝은 최상층은 어떤 감정과 연결되는지, 그리고 우리가 과연 무엇을 느끼기나 하는 건지에 대해서는 일반화하기 어렵다. 이런 것들을 판단하는 것은 개인적 경험과 인생사다. 그렇다고 해도 '저 사람이 불쾌할 정도로 가까이 다가왔어!'라고 말하는 순간이 누구에게나 있다는 사실에는 변함이 없다.

이 감정과 판단들 중에서 의지로 조종되는 것은 하나도

없다. 우리는 오랫동안 생각한 후에 어느 사람이 나와 주파수가 통한다거나, 어느 방의 분위기가 불편하다는 인상을 받는 게 아니다. 이런 것들은 몸으로 단번에 자동으로 느낀다. 이 사실은 심리치료사 유진 젠들린과 마리온 헨드릭스 젠들린이 지적했다. 그들은 '우리 몸이 어떤 상황을 편하게 느끼거나 불편하게 느낄 수 있다'는 것을 우리 모두가 알고 있지만, 정작 그 느낌에 아무런 영향력을 행사하지 못한다고 했다. 이에 대한 전통적인 설명은 이렇다. 우리가 해당 상황을 알고 있어서 몸이 반응하는 것이라고. 젠들린은 이 설명이 전혀 틀린 것은 아니지만 문제의 핵심을 건드리지 못했다고 말한다. 우리가 몸으로 직접 반응하는 것은 오히려 우리 몸이 '상황적'이기 때문이라는 것이다. 바꿔 말하면 '우리 몸이 어느 상황을 직접 느낀다'[93]는 뜻이다. 그리고 몸이 이렇게 반응하는 이유는, 그 상황에 맞는 암묵적 기억을 가지고 있기 때문이다. 이 기억이 몸을 도구로 이용하는 것이다.

이런 유형의 기억은 우리 몸이 '사실상 의식보다 먼저, 더 많이 아는 듯한'[94]—언뜻 보면 조금 밀교의 분위기가 나는—현상을 초래한다. 심리학자 할코 바이스와 정신과 의사 미하엘 하러는 자신들이 관찰한 현상을 불안증세가 있는 사람들과 관련지어 설명했는데, 사실 이 현상은 장소와 공간에도 적용할 수 있다. 공포증이 있는 사람은 '두려움을 유발하는 자극'을 아주 찰나의 순간 동안만 보아 '의식으로 지각되지 않았어도 (…) 거기에 몸으로' 반응한다. 빠르게 작동하는 무의식 속의 상황적 기억이 그렇게 만드는 것이다. 우리가 어느 공간에 들어갔을 때 한순간 마음이 편해지거나, 반대로 으스스한 느낌이 들어 다시 나오는 것도 이 때문이다.

공간과 장소가 기억과 학습에 영향을 주는 이유는 우리가 개인적 경험을 그곳과 연결하기 때문만은 아니다. 공간과 장소는 우리 모두에게 해당되는 일정한 작용을 한다. 우리는 최소한 기억과 마찬가지로 그 작용들을 진지하게 생각해야 한다(나아가 공간이 우리를 변화시키듯이 우리도 공간을 바꿀 수 있다. 그러니까 좁은 의미에서 말하는 외적인 조건을 변화시키는 것은 우리 손에 달렸다. 마법의 회전목마를 상기해보라). 예를 들어 우리가 산악지방에 살고 있다면 그곳 생활은 일상에 근본적인 영향을 미친다. 한 장소에서 다른 장소로 이동하는 데 드는 노력 하나만으로도 우리가 사고하고 행동하는 방식에 영향을 줄 수밖에 없다. 그러나 우리는 날마다 공간 속에서 활동하는 까닭에 보통 그곳에 대해 별로 생각해보지 않는다. 현명한 태도다. 우리가 바꿀 수 없는 것에 소중한 주의력을 낭비할 이유는 뭐란 말인가?

하지만 가끔씩 친숙한 장소를 자세히 둘러보는 것은 대단히 의미 있는 일이다. 그렇게 해야 그 장소가 얼마나 생활 편의에 영향을 주는지 깨달을 수 있다. 내일 일터에서 진행할 만한 작은 과제를 내보겠다. 당신이 날마다 출입하는 건물(대학, 주택가)의 입구를 자세히 살펴보기 바란다. 건물의 건축가는 위층으로 올라가는 계단이 중앙에 놓이도록 공간을 설계했는가? 아니면 바로 코앞에 엘리베이터를 설치해 금방 탈 수 있게 했는가? 첫째 경우라면 날마다 민첩하게 계단을 올라가느라 조금쯤 운동하게 될 테고, 둘째 경우라면 그냥 엘리베이터를 잡아탈 것이다. 원인은 특정한 결정을 내리도록 유도하는 공간의 구체적인 구조에 있다. 많은 연구를 통해 알려져 있듯이,[95] 우리 인간은 태곳적부터—그게 무엇이든 간에—가장 가까운 곳에 있는 것을 이용하려는 충동에 따라 행동한다. 그렇기에 공간 설계자가 일련의 결정을 유도하면 대개 그대로 따르기 마련이다.

이제는 공간과 장소를 구성하는 모든 세부장치들을 열거하고, 그것이 우리의 사고와 결정과 행동에 구체적으로

아인슈타인은 왜 양말을 신지 않았을까

어떤 영향을 주는지 알아볼 시간이다. 그런데 그런 것들을 자세히 설명하려면 지면이 부족하다. 따라서 세 가지 정보를 소개하는 것으로 만족하려 한다. 학생들의 일상과 관련된 정보들이지만, 우리가 일하는 직장이나 집에도 무리 없이 적용할 수 있다.

- **창문과 창밖으로 보이는 조망**: 아이들이 숙제하며 정원을 물끄러미 바라보면 집중하라는 잔소리가 날아온다. 말도 안 되는 잘못된 훈계다! 아이들은 바로 그 순간에 집중하고 있기 때문이다. 그것도 창문으로 자연을 바라보며 집중한다. 한 연구는 창밖으로 어떤 풍경이 보이는지가 결정적으로 중요하다는 것을 인상적으로 보여주었다.[96] 아이들은 파란 나무와 풀밭을 바라보면 주의력을 훨씬 잘 통제할 수 있다고 한다. 그러니 벽에 창문을 내자. 아니면 아이가 생각하는 도중에 창밖을 내다볼 수 있는 위치에 책상이나 부엌 식탁을 배치하라.

- **빛**: 너무 많아도 안 좋고 너무 적어도 안 된다. 빛의 색깔도 중요하다. 사람들은 방에 빛을 들일 때 많은 실수를 저지른다. 그래서 빛과 인지능력의 상호관계를 조명하는 수많은 논문들이 나와 있다. 최근에 나온 연구 결과에 의하면, 앞이

완전히 보이지 않는 사람도 파란색 전등이 켜져 있으면 그것을 알아챈다고 한다. 이유는 다음과 같다. 인간의 망막에는 우리의 정신이 맑은지 피곤한지를 판단하는 광수용체가 있다. 눈이 빛을 받으면 광수용체는 수면 촉진 호르몬인 멜라토닌의 생성 억제를 유도한다. 그러다 주변이 어두워져 광수용체가 오케이 사인을 내보내면 멜라토닌이 몸에 넘쳐 흐르면서, 바로 잠을 자야 할 만큼 피곤해진다. 따라서 빛이 너무 적으면 공부해야 하는 아이들이나 무언가를 생각해야 하는 사무실 직원들이 피곤에 지칠 수 있다. 충분한 햇빛은 우리의 작업의욕뿐 아니라 감정에도 지속적인 영향을 미친다. 주변이 어둑어둑해지면 인공조명 기술을 이용해야 한다. 한 연구 결과에 따르면, 파란색 빛은 인지능력을 촉진한다고 한다.[97] 함부르크 연구진이 실시한 실험은 한 지역의 모든 교실에 적용할 조명 계획을 개발할 필요가 있다는 것을 보여주었다. "학생들의 활동성을 높이기 위해 교사들은 교실에 청색과 백색이 혼합된 밝은 조명을 달았다. 그러다 학생들이 너무 소란스러워지면 따뜻하고 안정감 있는 조명으로 바꼈다. 덕분에 독서능력과 집중력과 행동불안이 확연히 개선되었다."[98]

• **좌석**: 학교생활을 좌우하는 본질적 문제의 하나는 '누가 어

디에 앉는가?'이다. 여기에는 그럴 만한 이유가 있다. 자리는 성적을 결정한다. 이는 누군가가 앞에 서서 사람들을 가르치고 추후에 수업 내용을 바탕으로 필기시험을 보는 중고등학교와 대학교를 비롯한 모든 기관에 해당된다. 성공적 학습이라는 관점에서 볼 때 어느 자리가 좋은지 대략적인 힌트를 주는 것이 있다. 전 세계에서 통용되는 지혜다. 바로 공부벌레는 앞에 앉고, 열등생은 뒤에 앉는다는 것이다. 이건 본인들이 원해서이기도 하지만, 교실이나 강의실에서 앉는 자리가 인지능력에 영향을 주기 때문이다.

이 현상을 추적한 많은 연구들이 있다. 그중 초창기에 나온 연구는 의대생들이 수업 내용을 얼마나 잘 기억하는지를 강의가 끝난 직후와 4개월 후에 각각 조사했다.[99] 그 결과 학생들의 기억 정도는 세 가지 요인에 의해 좌우되었다. 첫째, 학생들에게 학습 내용을 시각적으로 전달했는지 아니면 구두로만 강의했는지에 따라 달랐다(학생들은 시각 자료들을 훨씬 잘 기억했다). 둘째, 학생들이 학습 내용을 어느 시점에 전달받았는지에 따라 기억력에서 차이가 났다(강의 시작 후 15분에서 30분 사이에 들은 내용이 최상의 상태로 기억에 남았고, 강의 시작 후 첫 15분 동안의 정보들은 상태가 가장 좋지 않았다). 셋째, 학생들이 수업에서 들은 내용을 얼마나 잘 재현할 수 있는지는 그들이 앉은 자리에 따라 달랐다(앞에 앉은 학생들이 훨씬 기억을 잘했다). 연구진들의 설명을 들어보면 이 현상은 좌석 자체 때문이라기보다, 학습 동기와 흥미가 있는 학생들이 앞줄로 몰리기 때문이라고 한다.

몇 년 후 두 명의 심리학자가 이와 반대되는 주장을 내놓았다. 학업 성과에서 차이가 나는 것은 분명히 좌석 때문이지, 개인의 마음가짐 때문이 아니라는 것이다. 그들은 강의실을 아홉 구역으로 나누고, 자리를 세 가지 방식으로 배치한 실험을 통해 이 결과를 도출했다.[100] 첫번째 실험에서 학생들은 본인의 이름 첫 글자 순서대로 자리잡았고, 두번째 실험에서는 사회보장번호 순서대로 앉았으며, 세번째 실험에서는 자리를 마음대로 골라 앉았다. 결과는 명확했다. 앞과 중간에 앉아 강의를 들은 학생들은 이어진 두 번의 테스트에서 모두 '눈에 띄게 좋은 성적'을 얻었다. 이는 학생들의 자리를 배치했던 방법과는 무관한 결과였다. 우연히 앞에 앉았든 아니면 그곳이 좋아서 앉았든, 자리가 성적에 영향을 주었다. 두 심리학자는 이 현상을 다음과 같이 설명했다. 각각의 좌석 간의 유일한 차이점은 교수와 학생

아인슈타인은 왜 양말을 신지 않았을까

간의 시선 접촉이 가능한지, 그리고 어느 정도나 가능한지였다. 앞줄에 앉은 학생들은 교수의 눈을 자주 바라볼 수 있었고 그로 인해 교수가 개인적으로 말을 걸어준다는 인상을 받았으며, 이는 학습 결과에 긍정적으로 작용했다.

비교적 최근에 나온 연구는 앞의 두 입장을 통합한 결과를 보여준다.[101] 올바른 좌석의 비밀을 추적하기 위해 경제학 교수 두 명은, 서로 다른 두 강의를 들은 대학생 200여 명의 데이터를 분석했다. 한쪽 강의는 거시경제였고 다른 하나는 미시경제였다. 첫번째 분석 결과, 뒷자리를 선호한 학생들은 그렇지 않은 학생들보다 현저하게 나쁜 점수를 받았다. 그러니까 좋아하는 자리와 점수 간에 직접적인 연관성이 있다고 할 수 있다. 그 원인은 뒷자리를 좋아하는 학생들의 경우, 교수의 얼굴이 잘 보이지 않거나 목소리가 들리지 않아서라기보다는 학습 내용을 익힐 동기가 부족한 데 있다고 보아야 한다는 것이다. 이상은 이미 알려져 있는 사실이다.

그런데 이 연구가 흥미로운 것은, 뒤에 앉고 싶어하는 학생들이 만약 외적인 상황 때문에 강제로 앞자리의 우등생 옆에 앉는다면 무슨 일이 일어나는지에 대해 답변한다는 점이다. 그러니까 싫은데도 억지로 앞줄로 떠밀려간다면? 결과는 이 학생들이 자리 이동으로 이득을 보았다는 것이다. 학습 동기가 없는 학생이 중간에 앉으면 처참한 점수를 받을 확률이 23퍼센트에서 12퍼센트로 줄어들었다. 이는 '11퍼센트의 순익'이라고 연구논문 저자들은 설명했다. 두 경제학 교수는 인상적인 백분율을 또하나 준비했다. 좋은 점수를 받을 수 있다는 평균적 확률에 비추어본다면, 뒤에 앉고 싶었으나 가운데에 앉아야 했던 학생들은 모두 40퍼센트의 순익을 달성했다는 것이다!

이 연구 결과에서 나오는 결론은 이렇다. 개인의 학습 동기도 중요하지만, 공부할 때 앉는 자리도 최소한 거기에 못지않게 중요하다.

이 문제와 관련된 논문들을 읽어보면, 앞줄에 앉는 것을 선호하거나 자리 배치를 놓고 고민하는 데는 그럴 만한 까닭이 있다. 바로 사회적인 이유 때문이다. 첫째 줄에 앉은 누군가가 손들어 발언하면 나머지 학생들은 그것을 이상하게 여기지 않지만('역시 앞자리 아이로군'), 뒷줄에 앉은 학생이 그렇게 하면 큰 이야깃거리가 된다('쟤는 공부 좀 하는 척하네'). 게다가 부지런한 학생이 무언가 똑똑한 이야기를 하려고 할 때, 그보다 앞자리에 앉아 있는 아이가 몸을 돌려 인상을 찌푸릴 가능성은 별로 없다. 마찬가지로 중요한 또 한 가지 이유는 사건 장소에 대한 공간적 인접성이다. 그 사건 장소는 전통적인 교사 중심의 수업에서는 언제나 맨 앞이다. 즉 칠판이 있는 곳, 교사나 교수가 서 있는 곳이다. 앞줄에 앉은 학생은 더 잘 볼 수 있고 모든 걸 들을 수 있으며, 교사와 시선 접촉을 할 수 있다. 교사의 입장에서도 마찬가지다. 한마디로 유리한 자리에 앉아 공부하는 학생은 집중적인 교육 소통의 한 부분이다. 그 소통은 한 줄 한 줄 뒤로 갈수록 점점 약해지다가, 등급이 낮은 맨 마지막 줄에 이르면 언젠가는 끊어진다.

두 경제학 교수는 자신들의 연구 결과에도 불구하고 모든 학생이 앞과 중간에 앉을 수는 없다는 사실을 안타까워하며 글을 맺었다. 따라서 싫든 좋든 성적에서 차이가 날 수밖에 없다는 것이 그들이 내린 간접적인 결론이다. 하지만 대체 왜 그래야 한단 말인가? 노련하고 기발한 아이디어를 가진 건축가라면 모두가 앞이나 중간에 앉을 수 있는 학교 교실과 대학 강의실을 설계할 수 있을 것이다. 나는 그 첫 설계안이 나오기를 즐거운 마음으로 고대한다.

지리학자 페터 모이스부르거는 지식과 공간의 상호관계를 상세히 연구했다. 그는 우리가 '위치나 공간적 자리 배치'[102]를 근거로 인간과 사물에 상징적 의미를 부여한다고 적었다. 사람과 사물이 구체적으로 공간의 어디에 자리잡고 있느냐가 관심과 주의력에 상당한 영향을 준다. 예를 들어 슈퍼마켓에 가면 우리의 눈길은 특히 선반 한가운데에 있는 상품에 쏠린다. 그러면 그 상품을 더 오래 지각하게 되고, 그로 인해 그 물건을 우선적으로 구입한다. 학교 수업이나 대학 강의의 상황은 겉으로는 슈퍼마켓 선반과 별 관계없지만, 근본적으로 여기서의 핵심도 인간의 주목과 주의력이다. 교사는 중간에 앉은 학생들에게 주목하는 경향이 강하다(그리고 뒤에 앉은 학생들은 시야에서 놓쳐버린다). 앞줄에 앉아 교사를 쳐다보는 학생은 교사의 말에 집중하고 빠져들 수 있지만, 멀리서 몸을 꼼지락거리는 학생들은 동급생들과 장난치느라 주의력이 분산된다. 지금까지 예로 든 상황에서 관심과 흥미를 유발하고, 그것을 유지시키고, 정보를 전달하고, 깨달음을 일으킬 수 있는지 아닌지는 공간에서의 구체적인 자리 배치가 결정한다.

페터 모이스부르거는 학습에 영향을 주는 또다른 현상을 지적한다. 우리 주변으로부터(이 경우 수업이나 대학 강의에서) 제공되는 정보들은 항상 불완전하다는 것이다. 다행히 우리 뇌는 애매한 부분들을 유의미한 전체로 짜맞추는 능력을 가지고 있다(구름과 관련한 사례를 떠올려보라). 이 자

아인슈타인은 왜 양말을 신지 않았을까

잘한 조각들을 모아 구체적으로 어떤 모습을 만드는지는 여러 요소에 좌우된다. 무엇보다 우리가 도출하는 결론들은 사물의 '공간적 위치'와 '그 위치들의 상호관계'로부터 큰 영향을 받는다. 이를 교실 상황에 대입해 풀어보면, 누가 앞줄에 앉아 뒷줄 학생들의 시선을 차단하는지, 이들은 교사와 얼마나 직접 눈을 마주칠 수 있는지가 중요하다. 요컨대 어느 자리에 앉을 수 있는지(혹은 앉지 않으면 안 되는지, 또는 앉아야만 하는지)가 핵심이라는 뜻이다.

우리가 생활하고 공부하고 일하는 공간들은 인생사와 밀접한 관계가 있지만, 더 나아가 현재 몰두하고 있는 대상, 예컨대 구체적인 계획이나 지금 하고 있는 숙제 또는 까다로운 단어 공부와도 긴밀히 연결되어 있다. 그 공간들이 정확히 어떤 모습이어야 하는지를 불완전하게나마 잠시 설명하겠다. 부모는 아이들 방을 꾸밀 때 자신의 미적 감각(또는 아무리 멋지고 쿨하더라도 대형 인테리어 회사의 조언)을 따르기보다는 그 방에서 생활할 아이의 취향을 존중해야 한다. 학교 교실이나 강의실도 마찬가지다. 성공적인 학습과 우리가 사고하는 방식은, 단지 얼마나 똑똑하고 얼마나 '자발적으로' 집중하는지에만 달려 있지 않다는 것을 알아야 한다. 현명함과 주의력과 기억력은 근본적으로 우리가 날마다 머물고 있는 공간이 낳은 결과다. 학습은 단순히 머리의 문제가 아니라 몸 전체가 수행하는 작업이기 때문이다.

따라서 공부방과 생활공간의 채광상태가 어떤지, 그 안에서 무슨 소리가 들리는지, 벽은 어떤 색깔인지, 벽의 표면은 어떤 질감인지, 그 공간에 들어가면 혀에서 어떤 맛이 느껴지는지(실제로 그런 경우가 가끔 있다)가 무척 중요하다. 너무나 당연하여 우리가 매번 무시하는 사안들이다. 이런 평범한 문제들이 지금까지 별로 관심을 끌지 못했다는 것을 설명할 수 있는 다른 방법은 없다. 그런데 치매 환자를 위한 뮌헨 프로젝트는 모범적인 개선 사례로 꼽힌다. 프로젝트가 진행된 그곳 요양원에는 어둑어둑한 복도도 없고 어두운 모퉁이도 없다. 최소한 날씨가 좋을 때는 어두운 곳이 없다. 조명기구들은 채광상태에 따라 밝기가 변한다. 밖에서 비가 오고 하늘이 잿빛이면 실내 조도가 내려가고 바깥이 환하면 조도가 올라간다. 치매 환자들에게 하루의 변화를 전해주는 것은 시계의 숫자판이 아니라 빛이다. 아침이 되면 푸른빛이 도는 조명이 건물을 환하게 비춘다. 요양원 생활자들의 정신을 깨워주고 활동적으로 만들기 때문이다. 하루가 저물 때는 조명에 붉은색이 증가하고 조도는

아인슈타인은 왜 양말을 신지 않았을까

내려간다. 그러면 환자들은 저녁이 되었음을 감지하고 피곤을 느낀다.'[103]

이 사례는 교실을 더 나은 학습 환경으로 만들 수 있는 가능성이 얼마나 많은지를 생생하게 보여준다. 그러나 안타깝게도 우리는 그 기회를 이용하지 않고 있다. 그런 외적인 잡동사니는 별로 중요하지 않다고 생각해서일 것이다. 하지만 중요하다. 분명히 중요하다. 그건 상호작용이론에서 말하는 그대로다. 우리는 주변 환경(빛, 소음, 색깔)으로부터 크게 영향받는다. 그와 동시에 우리에게는 그 환경을 바꿀 수 있는 기회와 자유가 있다. 올바른 조명이나 적절한 가구 같은 평범한 사안에 신경쓰지 않는 태도는, 인간과 환경의 상호관계를 거부하는 것이 아니다. 환경이 우리에게 어떤 영향을 주는지에 대한 판단을 남들에게 맡기는 것이다. 그 남들이 누구이건 간에.

이런 개입의 효과를 믿게 해주는 더 확실한 증거가 필요한 사람은, 뮌헨 요양원 의사들에게 요청하면 당장 자료를 제공받을 수 있다. 어느덧 그곳에서는 환자에게 투여하는 약물을 '30퍼센트에서 40퍼센트까지 줄였다'고 한다. 간병인들이 병나는 일도 훨씬 드물어졌다는 소식이 들린다. 환자들이 더이상 전처럼 괴롭지 않기 때문이다. 이제 그들은 마음의 균형을 찾고 덜 공격적이 되었다.

몇 가지 조언을 할 때가 되었다. 처음에 했던 얘기부터 시작하는 게 좋겠다. 바로 이 장 서두에서 짧게 묘사했던 장면 말이다. 여러분도 의자에서 일어나 부엌으로 가다가 방금 무엇을 하려고 했는지 잊어버리는 일이 생긴다면, 다시 의자가 있는 곳으로 돌아가라. 그러면 무엇을 하려고 계획했었는지 다시 생각날 수 있다. 내 주변 사람들은 모두 생각났다고 한다. 그러나 연구논문 저자들은 이 방법이 도움되지 않는다고 적었다. 그럴 경우엔 다른 방법을 쓰면 된다. 가령 에스프레소를 만들려고 했던 계획을 머리에 담아두려면 집안에 자기만의 메모장을 비치하거나, "에스프레소 에스프레소 에스프레소"하고 혼자 노래를 부르거나, 커피를 따라 마실 잔을 가지고 다니거나 하는 식으로, 그때그때 기분이나 분위기에 따라 방책을 강구해야 한다.

이보다 훨씬 중요한 것은, 서두에서 문과 관련해 묘사한 현상이 작업공간의 구성방식에 어떤 식으로든 영향을 주지는 않는가 하는 문제이다. 문지방을 넘어서는 순간 방금 전까지 머릿속에 있던 것을 잊어버리게 된다면, 규모가 크지 않은 사무실과 문이 많은 공간은 그곳에서 일하는 사람들의 인지능력을 방해하는 최상의 조건일 테니 말이다. 해당 실험을 실시한 가브리엘 라드반스키도 한 인터뷰에서 건축가들이 이제부터 되도록 문지방 없는 건물과 사무실 혹은 탁 트인 넓은 공간을 설계해야 하지 않을까 하는 질문을 받았다.[104] 그는 이렇게 대답했다. 여러 명이 함께 일하는 곳이라면 '실제로 넓은 사무공간이 개별 공간보다 중요한 일을 머릿속에 담아두기에 더 적절하다'. 그러나 특별한 과제를 하는 경우라면 사정이 달라진다. 앞에서 소개한 연구는 여러 연구 중 하나일 뿐이다. 다른 연구 결과에 의하면 '특별한 과제를 수행하기 위해서는 서로 다른 많은 과제를 대규모 사무실에서 통합하여 처리하기보다 특별한 공간을 만드는 게 훨씬 도움이 된다'고 한다. 그러니까 여기에서도 문은 중요한 기능을 하는 것이다. 그 이유는 '공간을 분리하면 우리의 정신에 들어 있는 이야기들을 안정적으로 조직하고 그것을 더 쉽게 기억할 수 있기' 때문이다. 그러므로 사무실이나 집을 지으려고 계획할 때 자신의 상황에 따라 적절한 선택을 하면 된다. 그리고 지금까지 소개한 연구 결과들을 통해 많은 도움을 받았으리라고 생각한다.

방금 인용한 두 가지 조언을 처음 읽었을 때 나는 화도 나고 안심도 되었다. 화가 난 건 그런 말을 몇 년 일찍 들었더라면 좋았을 뻔했기 때문이고, 안심이 된 것은 옛날에 기숙사생활을 할 때 왜 마음이 편하지 않았는지 이제야 깨달았기 때문이다. 기숙사에는 방이 하나뿐이어서 한곳에서 자고 공부할 수밖에 없었다. 그로 인해 이것도 저것도 제대로 되지 않았다. 침대에 누우면 책상이 눈에 들어오면서 공부해야 한다는 생각이 들었고, 책상에 앉으면 침대가 보이면서 잠을 자고 싶었다. 그후 몇 년이 지나서야 각기 다른 일에 이용되는 영역은, 공간적으로도 분리되어야 한다는 것을 알게 되었다. 요즘 나는 침대에서 일어나면 차를 타고 15분 거리에 있는 사무실로 나간다. 저녁이 되어 피곤해지면 일을 끝내고 다시 차를 타고 돌아와 침대에 눕는다. 어쩔 수 없는 비상상황을 대비해 사무실 옆 작은 공간에 간이침대를 마련해놓긴 했다. 그리고 나를 유혹하는 솔깃한 소리에 이따금 굴복한다.

우리 인간들은 보통 사는 집과 특별히 친밀한 관계를 맺고 있다. 이유는 단순하다. 우리가 그 안에서 많은 시간을 보내기 때문이다. 토마스 푹스도 적었듯이, '신체적 경험이 특히 내부 공간'과 관련있는 것도 그런 이유에서다. "이런 일이 자주 일어날수록 그 공간은 잠재적으로 과거를 알려주고 친밀한 분위기를 내뿜는다. 거주와 습관은 똑같이 신

아인슈타인은 왜 양말을 신지 않았을까

체 기억 속에 새겨져 있다."[105] 이것이 어떤 결과로 나타나는지는 구체적인 상황에 따라 달라진다. 우리가 사는 집에서 범죄가 발생한다면, 그 집을 힘들여 구했거나 비싼 돈을 주고 샀더라도 이사하는 것 말고는 달리 방도가 없다. 우리가 사는 집은 그냥 어디에나 있는 흔한 공간이 아니다. 그곳은 우리가 생활하는 매 순간 직접 몸으로 부딪치면서 과거의 일을 상기하고, 이를 토대로 현재의 일을 결정하게 만든다. 이는 정든 집과의 이별을 뜻하는 이사가 그저 사소한 장소 변경이 아니라, 우리의 정서적 균형에 깊숙이 개입하는 실존적 변화이며 그렇기 때문에 진지하게 생각해야 한다는 것을 의미한다.

이 장을 끝내기 전에 앞에서 언급한 '상황'이라는 것을 다시 한번 이야기하겠다. '몸과 감각과 분위기로 지각'되면서 특정 장소(예컨대 축구장)와 밀접히 연관되어 있는 '분해할 수 없는 통합적 단위'[106] 말이다. 우리는 특정한 상황을 자주 겪을수록 그 상황과 연관된 경험을 많이 쌓는다. 그러면 나중에는 '훈련된 눈으로 어느 상황의 본질이나 특징'을 간파하게 되고 시간이 흐르면서 그 상황을 가장 훌륭히 지배할 수 있는 '제7의 감각, 육감, 직관' 같은 것을 발달시킨다고 토마스 푹스는 말한다. "골잡이에게는 페널티 구역에서 골을 넣을 만한 상황을 냄새 맡는 예리한 직관이 있다. 뱃사람은 아주 미세한 기미만 보여도 멀리서 폭풍우가 몰려오는 것을 직감한다. 노련한 형사는 하나의 사건에서 범인의 필체를 알아본다."[107]

우리가 무언가를 배우고 남에게 어떤 것을 설명해주는 순간들도 그런 상황에 속한다. 정신과 의사이며 심리치료사인 프리츠 B. 지몬의 말에 의하면 그런 상황은 전통적인 교사 중심의 수업과는 완전히 다른 방식으로 펼쳐진다. 그는 메시지가 '사람들 사이의 관계와 사람의 모습과 도덕적, 윤리적 가치를 통해', 그것도 '밀반입 기술'[108]의 도움으로 전달된다고 주장했다. 지몬은 이를 몸과 장소의 중요한 역할을 상기시키는 멋진 사례를 통해 설명한다. 상대방에게 케이크의 본질이 어디에 있는지를 알려주려는 사람은 그가 '케이크를 만들기 위해 무엇을 해야 하는지, 즉 어떤 재료들을 어떻게 섞고 그 재료를 어떻게 다루어야 하는지만 말해서는 안 된다. 그는 어떻게든 상대방이 실제로 케이크를 구워서 먹게 만들어야 한다. 그래야 케이크에서 특별히 케이크다운 것이 무엇인지 깨닫는 경험을 초보 학습자에게 전수할 수 있다. 그건 바로 냄새, 맛, 재료, 케이크의 탄생과정이다'.[109]

아인슈타인은 왜 양말을 신지 않았을까

참으로 꼭 들어맞는 훌륭한 비유다. 프리츠 지몬이 따로 언급하지는 않았으나, 우리 몸과 구체적인 공간은 이런 식의 지식 전수에서 중요한 역할을 한다. 몸은 선생과 제자가 함께 재료를 젓고, 반죽하고, 섞는 일을 가능하게 한다. 또한 몸은 요리한 사람에게 케이크의 맛과 냄새를 전해주고, 그렇게 함으로써 추상적인 요리법에 온전한 감각의 무게를 실어준다(그렇다고 해서 요리법이 무용지물이 되는 것은 아니다. 그 반대다). 한마디로 말하면, 우리 몸은 프리츠 지몬이 말한 '밀반입 기술'을 응용하게 한다. 사건이 일어나는 구체적인 장소가 어떻게 다양한 방식으로, 명예로운 지식의 밀반입 장소로 통합되는지를 우리는 방금 경험했다.

끝으로 간단한 정보를 한 가지 덧붙이겠다. 내가 이해하는 게 맞다면, 기억과 학습의 두 개념은 오직 긍정적인 의미로만 쓰이고 있다. 많이 기억하고 많이 배울수록 더 좋다는 것이 지배적인 견해다. 그러나 이 문제는 다르게도 볼 수 있다. 아니, 다르게 보아야 한다. 모든 걸 기억하는 사람은 곧바로 개인적인 재앙에 빠진다. 11세부터 과거의 모든 일을 빠짐없이 기억하고 있는 여성의 사례가 이를 인상적으로 보여준다.[110] 정신적인 문제들도 근본적으로 보면 우리가 배우지 않았으면 좋았을 행동방식들이다. 그러니까 프리츠 지몬이 말했듯이, '배우지 않는 것'도 기술로 보아야 한다는 뜻이다. 배우지 않는 기술을 지금 소개하면 너무 멀리 나가게 되므로, 프리츠 지몬도 이야기한 바 있는 짧지만 중요한 정보를 소개하는 것으로 그치겠다. 제때에 무시의 미덕을 발휘하는 연습을 하라. 그것이 당신의 삶을 구할 수 있다. 이상으로 맺음말을 끝내겠다.

## 4부

좋은 아이디어가
당신을 찾아내도록
: 아이디어의
개발과 판단
그리고 행동

- 두 눈을 감으면 왜 창의력이 높아질까
- 깨끗한 손은 도덕적 판단에 어떤 영향을 줄까
- 나무의자에 앉으면 왜 깐깐한 협상을 하게 될까
- 글씨를 쓰는 손은 세상을 어떻게 선과 악으로 나눌까
- 아이들에게 손 씻기를 금해야 하는 이유는?

# 아이디어에게
# 기회를 줘볼까

적절한 준비만 되어 있다면 새로운 생각은 저절로 떠오른다. 때론 몸을 편안하게 하고, 조명을 조금 어둡게 하고, 천장이 높은 방이나 카페에 앉아 있는 것으로도 충분하다. 창의성을 찾아내는 길은 구불구불 휘어져 있을 수 있지만 분명히 찾아낼 수 있다. 이제는 그 길을 따라 여러분을 안내하려고 한다.

철학자 콘라트 파울 리스만은 생각의 실타래가 풀리지 않으면 자전거에 올라탄다. 그것도 아무 자전거나 타지 않고 자신의 경주용 자전거에 올라탄다. 그리고 달린다. 평지를 지나고, 언덕을 넘고, 높은 산에도 올랐다가 다시 계곡으로 내닫는다. 이런 식으로 그는 1년에 약 8000킬로미터를 달린다. 그가 자전거에 올라타 달리는 모습을 관찰하는 사람은 그의 진정한 의도가 무엇인지 알 길이 없다. 그래, 맞다. 그는 자전거를 탄다. 하지만 동시에 그는 정신을 집중하고,

고민하고, 새로운 착상에 빠져든다. 자전거 타기는 말하자면 그의 마음속에서 '아이디어와 기억을 방출시켜, 그것을 말로 표현'하게 도와주는 것이다. 그렇기 때문에 리스만은 글을 쓰다 막히면 무엇을 해야 할지 안다. "서너 시간 자전거 안장에 앉아 달리면 문제가 해결된다. 개념이 떠오르고, 논리가 저절로 생성된다." 그가 자전거를 자신의 '명상 기계 혹은 성찰의 기계'라고 부르고 심지어 찬양까지 하는 것도 충분히 이해가 간다.[1]

창의력의 비밀을 추적하기 위해서는, 근본적으로 한 가지를 알고 두 가지를 실천하면 된다. 우선 철학자 리스만이 페달을 밟을 때 그의 머릿속에서 무슨 일이 벌어지는지를 알아야 한다. 굳이 곁에 가까이 가지 않더라도, 우리는 그가 모든 창의적인 사람들이 하는 일을 하고 있다고 말할 수 있다. 그 일이란 알고 있는 것들을 새로 짜맞추는 것이다. 이것이 뇌과학자이며 창의적 인간의 두뇌활동을 연구하는 전문가 낸시 C. 앤드리슨이 주장하는 핵심 명제다. 그녀의 이론에 의하면 창의적인 사람들은 서로 다른 개념들 사이에 관계를 설정하는 데 특히 뛰어나다. 그들은 자잘한 세부사항들을 아주 독창적인 방법으로 연결할 줄 아는 연상의 대가들이다.[2]

아인슈타인은 왜 양말을 신지 않았을까

이제 무엇을 실천해야 하는지 이야기하자. 실망할 사람들이 많겠지만, 창의력은 근면성과 크게 연관이 있다. 새롭고 놀라운 것을 만들려는 사람은 우선 자기가 몸담은 분야의 정보들과 발전 상황을 철저히 연구해야 한다. 콘라트 파울 리스만도 독창적인 철학을 발전시키기 전에 수년 동안 고전을 읽었으며, 스티브 잡스는 컴퓨터 조립에 쓰이는 아주 작은 나사들을 연구한 후 대중 앞에서 특유의 '한 가지 더one more thing' 라는 말을 할 수 있었다. 창의적인 뇌라면 우선 기본적인 구성요소들이 있어야 한다. 아무런 지식이 없다면 만들어지는 것도 없을 테니까. 그런 건 신만이 할 수 있다. 하지만 신이 만든 것이라도 천지창조의 세부적인 내용에 대해서는 논란이 있다.

자신이 다루는 주제를 속속들이 알고 있다면, 그다음 두 번째 단계에서는 익숙한 구성요소들을 연결하여 예상치 못한 놀라운 것을 만들어내야 한다. 말은 쉬워 보이지만 까다로운 일이다. 그럼에도 할 수 있다. 낸시 C. 앤드리슨은 창의성이 발휘되는 과정을 최후의 상세한 단계까지 해독할 수는 없다는 입장을 보이고 있지만, 그 본질적인 조건이 무엇인지는 알고 있다. 연구를 하면서 그녀는 창의성이 강제로 만들어지는 게 아니라는 사실을 깨달았다. 창의성을 발휘하려면 적절한 조건을 조성한 뒤, 나머지 많은 부분은 무의식적인 과정이 처리하도록 맡겨두어야 한다는 것이다. 그 한 예로 앤드리슨은 미국 극작가 닐 사이먼을 들었다. 사이먼은 앤드리슨에게 자신이 의식적으로 글을 쓴 적이 없다고 얘기했다. 오히려 글을 쓰는 도중 현실을 초월한 상태로 들어간다는 것이다. 그의 이런 지각상태는 앤드리슨의 연구가 옳다는 것을 증명한다.[3] 앤드리슨은 사람들이 창의성을 발휘하는 경우는 자신을 무의식적인 과정에 맡길 때라는 것을 보여주었다.

다만 문제는 창의적인 사람들이 우리 같은 사람은 도달하기 어려운 그 메커니즘을 어떻게 작동시키느냐 하는 점이다.[4] 낸시 앤드리슨은 그 대답을 정신분석에서 찾았다. 정신분석에는 무의식으로 들어가는 길인 자유연상이라는 것이 있다. 자유연상의 기본 방법은 몸의 긴장을 풀고 그 순간 머릿속에 떠오르는 것—비논리적인 것이든, 점잖지 못한 것이든, 자극적인 것이든, 아니면 이 모든 특성을 다 가진 것이든—에 주목하는 것이다.

뇌과학자 앤드리슨은 이 정신분석 방법을 '무작위의 단편적인 조용한 사고'로 발전시켰다. 이 사고체제로 들어가려면 다른 것은 필요 없이, 편안히 앉거나 누워서 눈을 감고 생각이 가는 대로 내버려두면 된다고 앤드리슨은 말한다. 그러면 벌써 연상작용이 일어나고 창의성이 작동하기 시작한다. 이 자세는 보기에만 그런 게 아니라 실제로도 편안하다. 때문에 앤드리슨은 이 방법을 'Random Episodic Silent Thinking'의 각 첫 글자를 따서 'REST'라고 불렀다. 그녀 자신이 말했듯이 '풍자의 의도'[5]로 만든 약어다. 피험자가 이 방법으로 훈련하는 순간 앤드리슨은 그의 뇌활동을 관찰했다. 그랬더니 인간의 뇌에서 가장 복잡한 부위인 '연상피질'이 격렬하게 움직였다. 연상피질은 감각기관을 거쳐 우리에게 전달되는 대상을 해석하고 정보를 처리하는 뇌영역이다. 편안하게 생각에 골몰한 사람의 뇌에서 바로 창의성을 관장하는 부위가 활성화된 것이다. 게다가 뇌가 자연스럽게 즉석에서 재편되는 현상까지 나타났다. 그러나 긴장상태에서 새로운 것을 생각해야 했던 피험자의 상황은 전혀 달랐다. 창의성을 담당하는 뇌부위의 움직임이 눈에 띄게 둔했다.

이는 목적 지향적인 사고는 창의성을 발휘하지 못하지만, 편안히 앉아 생각이 흐르는 대로 맡겨두면 창의성 발현이 가능하다는 것을 의미한다. 알베르트 아인슈타인이 획기적인 중력이론을 발전시켰을 때 했던 일도 바로 이것이었다. 상기해보자. 그 순간 그는 베른특허청 사무실 의자에 앉아 있었을 뿐 다른 일은 아무것도 하지 않았다. 그러다 갑자기 자신의 몸무게를 느끼지 못한 채 자유낙하하는 사람의 모습이 눈앞에 떠올랐다. "섬광이 번득였다. 이 간단한 생각이 계속 나를 사로잡았다. 그때 느낀 감격이 결국엔 나를 중력이론으로 데리고 갔다."[6]

자유롭게 연상을 하기 위해 꼭 편한 자세를 취해야 하는 건 아니다. 자전거에 올라 그렇게 하는 사람들도 있다. 자전거를 타면 마음속에 있던 아이디어와 표현들이 방출된다고 말한 리스만에 관한 이야기가 이 점을 시사한다. 그는 자신의 이동방식의 특성에 대해 곰곰이 생각하다가 그의 창의적 사고활동이 '자전거에 앉아 규칙적으로 페달을 돌리는 동작'에 의해 촉발되었을 수 있다고 말했다. 여하튼 중요한 것은 그가 몇 시간 동안 자전거를 타면서 받았던 감각적 인상들이다. "600미터 높이의 알프스 고갯길에서 2000미터가 넘는 곳으로 자전거를 타고 올라가면 두 시간 안에 네 개의 기후대를 통과한다. (…) 자전거를 타는 사람으로서 그런 건 피부에 직접 와닿는다. 그건 우리가 사는 세상에서 점점 접하기 힘든 강렬한 감각적 체험이다."[7] 그것은 자유롭게 연상할 수 있는 공간과 시간을 제공하기 때

아인슈타인은 왜 양말을 신지 않았을까

문에, 새롭고 창의적인 사고의 연결을 촉진하는 체험이라고도 할 수 있다.

어떤 사람은 변화무쌍한 장시간의 자전거 여행을 하면서 REST 상태로 들어가는 가능성을 찾아낸다. 또 어떤 사람은 여기저기를 걸으며 그 기회를 발견한다. 물론 아무렇게나 걷는 게 아니라 창의성을 고무하는 방법을 찾아야 한다. 우리가 걷는 방식은 사고하는 방식에 직접 영향을 주기 때문이다. 이는 심리학자 앤절라 카이 렁을 주축으로 한 연구자들이 밝혀냈다. 이들은 창의성을 주제로 하는 상투적 문구들이 구체적인 신체활동과 창의적 사고 간의 직접적인 연관성을 드러낸다는 사실을 관찰하면서 연구를 시작했다.[8] 말하자면 이런 식이다. '무언가 새로운 것을 발견하려면 열심히 생각을 다그쳐라!' 혹시 이런 평범한 문구에 심오한 진리가 숨어 있다면? 이렇게 생각한 연구자들은 실험을 했다. 그랬더니 문구에서 말한 대로 결과가 나타났다.

앤절라 카이 렁과 연구자들은 예컨대 '젊은 과학자들, 산업디자이너, 할리우드 시나리오 작가들에게 자극을 주기' 위해 매번 인용되는 고전적인 상투어 세 개를 골랐다. "틀을 벗어나 사고하라think outside the box." "한편에서, 그리고 다른 한편에서on one hand, then on the other hand." "이것저것 종

합하여 판단하라put two and two together." 그리고 이 은유들을
글자 그대로 해석했다. 첫번째 실험에서 연구자들은 실제
로 상자를 만들었다. 이에 관해서는 뒤에서 설명하겠다. 우
선 우리의 관심이 쏠리는 것은 '틀에서 벗어나면' 창의적으
로 사고한다는 은유가 범위를 뛰어넘어도, 다시 말해 걷기
에도 해당되는지를 실험한 부분이다.

연구자들이 첫번째 집단에게 주문한 사항은 단순했다.
정해진 직사각형의 길쭉한 길을 따라 묵묵히 걸어가라는
것이었다. 다름아닌 명확하게 정해놓은 원칙 안에서, 말하
자면 '상자 안에서' 움직이는 창의적이지 못한 사람들이 할
법한 행동이다. 반면에 두번째 집단은 공간에서 얼마든지
자유롭게 직관에 따라 움직이게 했다. 마지막으로 세번째
집단은 그냥 책상에 앉아 있게 했다. 해당 실험이 끝난 후
모든 피험자들이 창의력 테스트를 볼 책상이었다. 실험 결
과, 뻔하디뻔한 상투어가 진실임이 확인되었다. 외곬으로
길을 걸어간 사람들은 테스트에서 창의성이 확연히 떨어
지는 답을 내놓았다. 실제로 그냥 기계처럼 똑바로 걸어
가는 행동은 새로운 아이디어를 창안하기에는 부족하다.
이들의 답변은 책상에 가만히 앉아 있던 피험자들의 그것
과 마찬가지로 밋밋하고 활력이 없었다. 공간에서 자유롭

게 움직인 피험자들이 내놓은 창의성이 두드러진 답변은, 우리가 걷는 대로 생각한다는 것을 보여주는 확실한 증거였다.

우리 뇌에서 움직임과 사고가 얼마나 밀접하게 연결되어 있는지는 또다른 상황이 보여준다. 연상작용을 돕는 방식으로 움직이는 컴퓨터 캐릭터와 자신을 동일시하는 상황이다. 이것 역시 앤절라 카이 렁과 동료 연구자들이 실험을 통해 보여주었다. 이들은 피험자들을 컴퓨터 앞에 앉히고, 온라인 시뮬레이션 게임인 '세컨드라이프' 속의 인물을 조종하게 했다. 피험자들의 아바타가 얼마나 자유롭게 행동하느냐에 따라 그들의 테스트 결과가 결정되었다.

윌러 씨는 한 신사를 데리고 산책한다. 그의 이름이 무엇인지는 글에 나오지 않는다. 그가 무엇을 생각하는지도 알 길이 없다. 알 수 있는 것이라고는 윌러 씨가 함께 산책하며 그 남자에게 이야기를 들려준다는 사실뿐이다. 그들은 두 사람의 친구이자 '정신이 돌아버린' 카러와 그가 저지른 일의 원인에 관해 이야기한다.[9] 이것이 「걷기」라는 산문의 짤막한 내용이다. 저자는 오스트리아 작가 토마스 베른하르트다. 산문에서 베른하르트는 그의 고전적인 강박증(오스트리아에 대한 애증) 외에 산책과 사고의 상관관계를 대단히 통찰력 있게 묘사한다. "걷는 사람을 자세히 관찰하면 그가 어떤 식으로 생각하는지도 알 수 있다. 생각하는 사람을 자세히 관찰하면, 그가 어떻게 걷는지도 알 수 있다. 걷는 사람을 아주 자세히 오래도록 관찰하면 그의 사고와 사고의 구조를 (…) 알게 된다." 토마스 베른하르트는 주인공 욀러의 입을 빌려 그 이유를 설명한다. "걷기와 사고는 서로 끊임없는 신뢰관계에 있다고 욀러는 말한다. 걷기의 과학과 사고의 과학은 근본적으로 보면 하나다."[10]

정말 여기서 과학이라는 말을 쓸 수 있는지, 아니면 이것이 베른하르트 특유의 과장법인지에 대해서는 내가 판단할 수도 없고 그럴 마음도 없다. 그러나 작가는 위의 문장을 통해 많은 예술가와 과학자와 사상가들의 삶에서 밀접한 관계를 맺었고, 지금도 맺고 있는 두 가지 행위를 서로 연결하고 있다. 창의성의 역사를 면밀히 추적한 저널리스트 스티븐 존슨은, 창의적인 사람들이 산책을 하다가 불현듯 탁월한 생각을 떠올리게 된 수많은 일화들을 소개했다.[11]

그중 특히 인상적인 사례로 존슨은 19세기 중반에 태어난 수학자이자 물리학자이며 철학자인 앙리 푸앵카레를 들면서, 그의 자전적인 글이 '어쩌면 산책의 비중이 가장

아인슈타인은 왜 양말을 신지 않았을까

큰 과학적 창의성에 대한 묘사'일 거라고 말했다. 푸앵카레는 한번은 노르망디에서 지질탐사 여행을 하다가, 어느 때는 바다에서 절벽을 따라 걸었고 또 어느 때는 그냥 길거리를 따라 거닐었다. 성과 없이 오랫동안 고민하는 단계가 지난 후 이렇게 걷고 나면 매번 새로운 수학적 발견이 뒤따랐다. "책상에 앉는 순간, 그의 혁신적인 힘은 고갈되는 것 같았다. 그러나 밖으로 나가 걸으면 아이디어들이 저절로 떠올랐다."[12]

몸을 움직이면 분명히 창의성에 긍정적인 작용을 한다. 우리가 '스스로 움직일 때'뿐 아니라 '타의에 의해 움직여질 때'도 그렇다. 적어도 조앤 K. 롤링의 말을 들어보면 그런 추측이 든다. 어떻게『해리 포터』를 쓸 생각을 했느냐는 질문을 받을 때면 그녀는 항상 똑같은 이야기를 들려준다. 1990년 롤링은 당시 남자친구와 함께 런던에서 맨체스터로 이사할 생각으로 꼬박 일주일 동안 집을 보러 다녔다. 그녀는 일요일 밤늦게 런던으로 돌아왔다. 사람들로 넘쳐나는 기차에서 그녀는 혼자였고 (추측건대) 피곤했을 것이다. 그러나 덜그럭거리는 차량의 리듬에 기분전환이 되면서 마음이 편해졌다.[13] 우리의 생각이 이곳저곳을 돌아다니면서 새로 연결되기 시작하는 고전적인 순간의 하나다. "무심하게 있던 상태에서 갑자기 '마법학교'라는 아이디어가 떠올랐다. (…) 그와 동시에 그 자그마한 검은 머리 소년이 내 머릿속으로 걸어들어왔다. 나는 그 아이가 자신이 누군지 모를 거라고 생각했다."[14]

몇 년 후 롤링에게 정확히 똑같은 일이 한번 더 일어났다. 이번에도 그녀는 여행중이었고 다시 한번 영감이 번득였다. 이번에는 『해리 포터』 시리즈 이후 그녀의 첫 소설에 쓰인 착상이었다. 롤링은 가디언에서 이야기하기를, '쓸 만한 아이디어'가 떠오르려면 자신은 언제나 탈것에 있어야 한다고 했다. "이번에는 비행기 안에서 일어났다."[15] 롤링의 이야기는 이중으로 흥미롭다. 몸이 아이디어에 강하게 반응한다는 것, 그리고 그 아이디어의 탄생에 관여하고 있다는 것을 확실하게 보여주기 때문이다. 런던행 기차에서 '마법학교'라는 단어가 떠올랐을 때 그녀는 자신이 '해리 포터'라는 아주 비범한 캐릭터를 창조했다는 것을 직감했다. "이 아이디어가 얼마나 근사한지를 나는 몸으로 느꼈다. 심장이 벌떡이며 요동쳤다."[16]

창의성이 롤링이 묘사한 그런 감격과 떨어질 수 없는 관계라고 믿는 사람은 잘못 짚었다. 물론 오랫동안 기다렸던 영감이 불현듯 떠오르면 행복감이 흘러넘치는 게 사실이

아인슈타인은 왜 양말을 신지 않았을까

다. 그렇다고 해서 행복이 멋진 착상의 전제조건이라는 의미는 아니다. 이제 소개할 실험을 보면 오히려 그 반대의 결론을 내릴 수 있다. 적어도 슬퍼서 천재적인 착상이 떠오르지 않았다는 변명은 할 수 없다는 결론이 나온다.[17] 심리학자이자 경영학 교수가 피험자들에게 대중 앞에서 자신의 장래희망에 대해 짧은 연설을 하라고 주문했다. 연설 전 실험 내용을 알고 있는 청중들은 각 피험자들의 연설에 긍정적으로 반응할지, 부정적으로 반응할지, 아니면 아무 반응을 보이지 않을지를 제비뽑기로 결정했다. 그러니까 피험자들이 앞에 나와서 무슨 이야기를 들려주느냐는 청중의 추후 피드백에 전혀 중요하지 않았다.

피험자들이 연설을 마치고 긍정적이거나 부정적인 피드백을 받은 후, 또는 아무 반응을 얻지 못한 후 연구자들은 이들의 손에 미술 재료를 쥐어주었다. 그리고 그걸로 콜라주를 만들어 미술가들의 평가를 받게 했다. 평가는 '창의적이다'와 '상상력이 빈약하다' 중 하나였다. 결과는 명확했다. 연설에 대해 부정적인 피드백을 받고, 그 때문에 슬펐다고 말한 피험자들은 대단히 흥미로운 콜라주를 완성했다. 반면에 청중의 피드백에 만족했거나 아무 반응도 얻지 못한 피험자들은 창의성이 없는 콜라주를 만들었다.

당신이 새로운 아이디어에 대해 설명하고 싶은데 적당한 말이 떠오르지 않는다고 상상해보라. 그럼 어떻게 하겠는가? 십중팔구 두 손을 이용해 아이디어의 개요를 허공에 그리면서, 상대방이 말 그대로 그 아이디어를 '잡을 수 있도록' 할 것이다. 그러니까 이 책에서 계속 이야기했던 은유, 추상적인 것을 구체적인 것으로 바꾸어놓는 은유처럼 제스처를 사용하는 것이다. 언어로 충분하지 않을 때 우리가 얼마나 손을 이용한 표현에 의지하는지를, 나는 저널리스트로서 항상 경험하고 있다. 예를 들어 나중에 신문에 게재할 인터뷰를 할 때가 그렇다. 이야기를 나누는 동안 나는 대화에 푹 빠져들지만, 나중에 녹취록을 작성할 때는 매번 절반 정도의 문장이 빠져 있는 것을 확인한다. 그 빈자리에서는 우리의 손이 말을 했던 것이다.

제스처는 우리의 생각을 상대방에게 전달할 때도 도움되지만, 때론 그 생각을 처음으로 구체화하는 역할을 한다. 창의적인 사람의 입장에서는 이것이 아직 막연한 생각을 손짓을 이용해 구체화하고 차츰 언어로 표현하다가, 마지막엔 그 생각이 온전한 모습으로 멋있게 떠오를 수 있다는 커다란 장점으로 작용한다. 그 어떤 신체적 도구가 이런 장점을 발휘한단 말인가? 그러므로 부모는 아이들에게 항상

아인슈타인은 왜 양말을 신지 않았을까

'몸을 움직이는' 법을 가르쳐야 한다고 조언하고 싶다. 우리의 두 손은 창의적이 되기 위해 포기할 수 없는 도구다. 그런 두 손을 가만히 붙들어 매고 있어야 하겠는가?

올바른 요령을 터득하고 나면 우리 몸에서 더 많은 것을 기대해도 좋다. 예를 들어 몸은 우리로 하여금 까다로운 문제의 창의적 해결책과 맞닥뜨리게 한다. 이는 실험을 통해 밝혀진 사실이다. 연구자들은 방 천장에 밧줄 두 개를 고정하고 피험자들에게 매듭을 짓게 했다. 문제는 밧줄이 서로 멀리 떨어진 곳에 매달려 있어서 동시에 손이 닿지 않는다는 것이었다. 어떻게 해야 할까? 피험자들에게 조금 힌트를 주기 위해 연구자들은 스패너, 손수건, 작은 아령 두 개, 접시 한 개를 주고 자유롭게 쓰게 했다. 대학생들로 구성된 52명의 피험자들은 제시된 문제를 놓고 고민하기 시작했다. 그러는 사이에 신호가 울렸다. 휴식시간이었다. 이 시간에 피험자들은 두 가지 체조 중 하나를 해야 했다. 한쪽 집단은 두 팔을 옆으로 뻗은 다음 그 상태로 가만히 있는 것이었고, 다른 쪽 집단은 두 팔을 일단 내려뜨렸다가 앞뒤로 흔드는 것이었다. 그런 다음 피험자들은 다시 주어진 문제를 골똘히 생각했다!

결과는 어땠을까? 학생들이 휴식시간에 두 팔을 어떻게

움직였느냐에 따라, 밧줄 두 개를 연결하는 골치 아픈 문제를 푸는 데서도 차이가 났다. 두 팔을 옆으로 뻗었던 피험자들은 62퍼센트가 문제를 해결했고, 두 팔을 앞뒤로 저었던 피험자들은 85퍼센트가 문제를 풀었다. 이렇게 확연한 차이가 나는 이유는 다음과 같다. 두 팔을 흔드는 동작은 당사자에게 곧바로 창의적 해결책을 암시했다. 예컨대 스패너를 한쪽 밧줄 끝에 매고 그 밧줄을 흔들어 던진 뒤 받아서 다른 밧줄과 연결하는 것이다. 창의력을 끌어낸 건 바로 그 상황에 맞는 운동이었다.

이는 앞에서 언급한 앤절라 카이 링의 연구에서도 확인된 결과였다. 앤절라 링은 어떤 문제를 처음엔 '한편에서' 살펴보고 그다음 '다른 편에서' 살펴보면, 다시 말해 모든 면에서 관찰하면 우리가 정말 창의적이 되는지를 시험했다. 사실이었다. 피험자들이 어느 문제를 토론하면서 처음엔 말 그대로 한 손으로 제스처를 하고 그다음에는 다른 손으로 제스처를 하면, 창의적인 해결책을 찾아낼 수 있었다. 이들은 이런 방법으로 상상이 풍부한 인지능력을 불러내지 못하게 막는 마음의 장애물을 극복했다.[18]

우리는 창의적인 사람을 일컬어 '드높은' 이상과 '넓은' 시야를 가지고 있다고 말한다. 반면 생각이 좁은 사람들은

아인슈타인은 왜 양말을 신지 않았을까

소인배이며 정형화된 사고에 빠져 있고 시야는 '우물 안 개구리' 같다며 험담한다. 이렇게 우리는 공간적 개념으로 특정한 사고방식을 묘사한다. 예를 들어 가능한 한 아무것에도 구애되지 말고 사고하라는 요구, 즉 '상자 밖으로 나오라'는 요구도 그런 공간적 은유의 하나다.

상자 바깥에 있으면 정말 안쪽에 있을 때와 다르게 사고하는지 확인하기 위해 연구자들은 실제로 상자를 만들었다. PVC와 판지로 만든 그 상자는 가로와 세로의 길이가 각각 1.5미터였고, 한 명이 들어가 편안히 앉을 수 있을 정도로 크기가 넉넉했다. 피험자 중 한 집단은 상자 안에 앉아서, 다른 집단은 상자 바깥에 앉아서 차례로 열 개의 연상문제를 풀어야 했다. 실험 결과는 저 관용구가 옳다는 것을 증명했다. 새로운 아이디어는 '상자 바깥'에 있을 때만 떠올랐다. '상자 밖에서' 생각한 사람은 상자 안에서 얌전히 앉아 있던 사람보다 훨씬 창의적인 해결방법을 제시했다. 이 실험은 은유를 사용해 전달되는 지식의 올바름을 직접 확인해줌으로써 대단하게 보일 수 있다. 그러나 우리에게 자유로운 사고를 가능하게 하는 공간의 이상적인 모습은 어떤 것이냐는 물음에는 거의 도움되지 않는다.

다행히 또다른 실험이 천장의 높이라는 관점에서 이 문

제를 추적했다. 실험 결과 천장이 높고 밝은 공간에 있으면
더 자유롭고 창의적으로 사고한다는 결론이 나왔다. 반면
에 천장이 낮은 공간에 있으면 작은 부분에 집중하고 퍼즐
을 맞추듯 일한다. 이 사실을 밝혀낸 실험에서 연구자들은
피험자들에게 여러 개의 스포츠 종목들을 스스로 고안한
범주에 따라 분류하라고 주문했다. 한쪽 집단은 천장이 높
은 공간에서, 다른 집단은 낮은 공간에서 과제를 풀었다.
전자는 개성적이고 추상적인 분류 원칙을 생각해낸 반면,
후자는 세부사항에 몰두하면서 예컨대 팀의 규모에 따라
스포츠 종목을 분류했다.[19]

연구자들은 높은 천장이 '자유의 개념을 작동시키는 반
면 낮은 천장은 한계라는 개념을 불러일으킨다'는 점을 이
유로 제시했다. 자신들의 주장을 뒷받침하기 위해 연구자
들은 오랜 전통을 가진 교회 건축을 예로 들었다. 천장이
높은 성당은 신앙인들에게 크고 넓은 것을 떠올리게 하여
결국 신을 생각하게 만들지만, 예배당은 그 땅딸막한 건축
양식으로 인해 우리 내면으로 들어가는 길을 열어놓는다.
따라서 그런 곳에서는 명상과 개인적인 자기성찰을 하기
가 더 쉽다.

이런 배경에서 수많은 현대식 건물의 구조를 관찰하다

아인슈타인은 왜 양말을 신지 않았을까

보면 양가적인 면이 드러날 수밖에 없다. 특히 인터넷 분야에 진출한 신생 기업들은, 종종 과거 공장이나 그 비슷한 용도로 쓰였던 곳을 대형 사무실로 개조해 직원들을 모아놓는다. 그리고 직원 한 사람 한 사람에게 최소한도의 개인 영역을 확보해주기 위해, 그 큰 공간에 앞서 말한 '상자'와 비슷한 작은 방을 만든다(또는 직원들이 스스로 작은 칸막이를 설치한다). 그러니까 직원들은 이율배반적인 상황에 처해 있다. 한편으로는 창의성을 높여주는 천장이 높고 탁 트인 공간에 하루종일 앉아 있지만, 그와 동시에 사고의 폭을 좁히는 작은 상자 안에서도 많은 시간을 보낸다. 이런 이중적인 공간 상황이 사람들에게 어떤 영향을 주는지에 관해서는 별도로 연구할 가치가 있다고 생각된다.

당신이 믿을 만한 건축가에게 전화를 걸어 밝고 영감을 주는 공간(그 안에 상자는 없는)을 설계해달라고 말할 생각이라면, 원칙적으로는 환영할 일이다. 하지만 그 공간이 어떤 용도에 쓰일 것인가를 생각해보라. 창의성 발휘를 위해? 아니면 꼼꼼한 작업을 위해? 덧붙여 말하면, 공간의 긍정적 영향력을 높이는 간단한 방법이 있다. 천장이 높은 방은 푸른색으로, 낮은 방은 붉은색으로 칠하는 것이다. 각각의 색이 우리에게 어떤 작용을 하는지를 실험한 결과에 의하면, 푸른색 환경에서 문제를 푼 피험자들은 훨씬 창의적인 대답을 내놓았다. 반면 붉은색 환경에서 활동한 사람들은 주어진 문제를 자세히 살펴보았으며, 나중에도 훨씬 잘 기억했다.[20] 이는 다른 많은 것들처럼 우리의 의식 속에 들어오지 않는 탓에, 우리가 유리하게 이용할 줄 모르는 효과들이다.

우리는 모든 걸 올바로 하는데도 그걸 잘 모를 때가 있다. 정확히 말하면, 우리 몸은 똑똑하지만 두뇌가 그걸 깨닫지 못한다. 예를 들어 나는 저녁이나 밤에 카우치에 앉아 작업하는 걸 좋아한다. 옆에 세워져 있는 아크등의 밝기를 낮추고, 빛이 모이는 부분은 책이나 무릎에 놓인 노트북 쪽으로 향하게 한다. 공간의 나머지 부분은 어둡게 한다. 멀리서 세상의 분주한 소음들이 사라지는 소리가 들린다. 내게는 하루 중 최고의 시간이다. 지금까지 나는 이런 환경을 순전히 내 개인적인 선호라고 생각했다. 그러다 얼마 전, 내가 이런저런 착상을 하는 데 유리한 이 환경을 무의식적으로 조성했다는 것을 알게 되었다. 이는 실험을 통해서도 밝혀진 사실이다. 처음에는 이국적으로 보일 수 있는 그 실험들은 직업상 새로운 것을 개발해야 하는 사람들이 높이 평가하는 인식들을 제공했다. 실험 결과를 한 줄로 요약하

아인슈타인은 왜 양말을 신지 않았을까

면, 작은 작업등이 켜진 어두운 방이 사람을 창의적으로 만든다는 것이다.

이제 이 결과를 조금 길게 풀어서 설명해보자. 직원들의 창의성이 중요한 경쟁력 요소인데도 기업들은 사무공간을 어떻게 조성하고, 특히 어떤 조명을 사용해야 하는지에 대해 거의 관심을 쏟지 않는다고 연구논문 저자들은 서문에서 말한다. 물론 지금까지 조명이 인간의 인지능력에 가하는 작용에 대해서는 알려진 것이 사실상 많지 않다. 그래서 해당 연구는 이 상호작용을 여섯 개의 서로 다른 유형으로 나누어 알아보았다. 결과는 언제나 동일하게 나왔다. 어두운 방안 하나의 광원 아래에서 일하는 사람은, 밝은 빛이 비추는 방에서 새로운 아이디어를 짜내는 사람들보다 훨씬 창의적인 아이디어를 생산했다. 빛의 세기뿐 아니라 조명을 비추는 방식도 중요했다. 비록 빛의 세기가 약하더라도, 조명이 공간을 고르게 비추면 창의성을 높이는 효과가 금방 달아났다. 창의성을 발휘하려면 (적은 양의) 빛을 우리가 생각하고 글을 쓰고 고민하는 장소에 곧바로 비추어야 한다.[21]

연구자들이 제시한 이 효과의 이유를 들어보면 쉽게 납득이 간다. 우리는 어스름한 빛에서는 별로 망설임을 느끼지 않는다. 오히려 자유롭고 자율적이 되면서 모험적이고 탐구적인 작업방식을 구사한다. 반쯤 어두운 공간은 안정감을 선사하고 상상력을 마음껏 펼칠 수 있도록 고무한다. 게다가 세상이 수많은 자잘한 일들을 안고 어둠 속으로 가라앉으면, 집중을 방해하는 요소들도 훨씬 잘 지워버릴 수 있다.

그러나 모든 일에는 어두운 면과 밝은 면이 있다. 어둠도 그렇다. 이제부터 일을 한다고 무조건 천장등을 끄고 작업등을 켜야 할 이유는 없다. 혁신적인 생각을 찾아내고 대담한 개념을 고안할 때, 또는 사랑하는 사람의 기념할 만한 생일을 위해 특별한 아이디어를 내고 싶을 때만 그렇게 하면 된다. 어둠 속에서 우리가 어떤 것을 생각해냈는지 확인할 경우에는, 당연히 밝은 공간에서 해야 한다. 연구에 의하면 밝은 공간은 분석능력을 높여준다. 따라서 나는 이런 조언을 들려주고 싶다. "창의성은 어둠 속에서 시작될 수 있지만, 그곳에서 끝나게 해서는 안 된다."[22]

카페에 앉아 있기를 좋아하는 사람은 이제 소개할 실험 결과에 분명히 수긍할 것이다. 빈, 트리에스테, 프라하, 베를린, 부다페스트, 그 어디든 상관없다. 그저 제대로 된 카페면 된다. 아니면 적어도 카페와 똑같은 기능을 하는 일종의 술집이면 (외관이야 어떻든) 충분하다. 그런 카페에는 사람들로 가득찬 큰 공간이 있다. 혼자 있는 사람, 둘이 온 사람, 셋이서 앉아 있는 사람도 있다. 많은 이들이 조용히 대화에 빠져 있다. 공부를 하는 사람, 신문을 읽는 사람, 허공을 응시하는 사람, 브리지 게임을 하거나 장기를 두는 사람, 명상에 잠겨 커피를 젓는 사람, 거기에서 나는 전형적인 달그락거리는 소리가 있다. 음악 소리는 들리지 않는다. 그리고 종업원 목소리, 길거리 소음, 쌓여 있는 신문지, 무선 랜도 있다. 카페의 본질은 수많은 자잘한 상황들에서 분명하게 드러나지만, 역설적이게도 커피와 음식은 전혀 중요하지 않다. 오히려 카페의 특징을 이루는 것은 직접민주주의의 형태로 섞여 있는 사람들, 종횡으로 이어지는 사회적 연결, 대화, 바라보기, 의도적인 무시, 그리고 마지막으로 배경에서 들리는 소음이다. 빈의 카페문화를 집중적으로 연구한 건축가 그레고르 아이힝거는 빈의 카페를 소리로만 분간할 수 있는 사람들이 있다고 보고한다.[23]

카페를 찾는 많은 사람들은 일하거나 공부하러 그곳에 간다. 그들이 지금까지 그냥 자신의 직관을 좇아 카페에 간 것이라면, 라비 메타와 루이 주의 실험은 우리가 한 번도 생각해보지 못했던 설명을 제공한다. 두 연구자는 주변 소음이 항상 집중을 방해하는지 아니면 창의성에 긍정적으로 작용하는지를 궁금해했다. 그 답을 얻기 위해 두 연구자는 피험자들에게 카페테리아에서 사람들이 중얼거리는 소리, 길거리 소음, 멀리서 들리는 공사장 소음 등, 서로 다른 크기의 주변 소음을 들려주는 실험을 다섯 번 실시했다. 소리를 듣는 동안 피험자들은 전통적으로 창의적 인지능력을 측정하는 연상테스트의 하나를 치렀다. 실험 결과는 매번 똑같았다. 최상의 아이디어는 적당한 주변 소음에 노출될 때 얻어졌다(기술적으로 말하면, 70데시벨 정도의 소음이 가장 유리했다. 이는 우리가 약 10미터 떨어진 거리에서 듣는 승용차 모터 소리 혹은 1미터 거리에서 들리는 사람들의 대화 소리에 해당된다). 그러나 주변이 이보다 더 시끄럽거나 더 조용하거나 혹은 완전히 정적상태가 되면 피험자들의 성적은 좋지 않았다.[24]

두 연구자는 이 결과의 원인에 대한 명확한 설명을 내놓지 않았다. 해당 연구가 아직 거기까지 진척되지 않았다고 한다. 소음이 원칙적으로 우리의 사고를 방해하는 것은 확실하다. 이 문제의 비밀은, 흔히 그렇듯이 소음의 정도에 있다. 그 정도가 지나치면 분명히 방해요소로 작용한다. 그러나 적당한 소음에 의한 가벼운 방해는 사고의 흐름에서

아인슈타인은 왜 양말을 신지 않았을까

'불연속성'을 일으키면서, 개별적이고 추상적으로 사고하는 능력을 강화한다. 그리고 이는 천장이 높은 공간에서 피험자들이 스스로 정한 범주에 따라 스포츠 종목을 분류했던 사례에서 보았듯이, 창의적 과정을 작동시키는 데 대단히 유리하다.

내가 보기에 여러분이 새로운 사무실을 물색하거나 기존 작업실의 구조를 변경할 생각이라면, 아무것도 거리낄 게 없다고 생각한다. 아이디어를 찾아내고 그 아이디어에 대해 쉽게 판단할 수 있는 공간의 기준은 지금까지 수없이 많이 열거했으며, 이 책에서 여러 번 언급한 내 책상 위에 놓여 있는 것이나 다름없다(어느새 책상 위 물건들의 위치가 바뀌었지만 그래도 여전히…… 이 얘기는 그만두자). 여러분이 지금까지 묘사된 세부사항들을 어떻게 설득력 있게 전체적인 그림으로(혹은 두 개의 전체 그림으로) 짜맞출지는 여러분의 창의성에 맡기겠다. 그러므로 천장등은 끄고 두뇌의 불을 켜라!

# 손 씻기를
# 금지해야 하는 이유

우리가 남들에 대해 어떤 판단을 내리는지는 근본적으로 촉각이 좌우한다. 우리는 신체적 느낌을 추상적 원칙과 연관시키기 때문이다. 그래서 무거움은 중요성과, 깨끗함은 도덕성과, 몸의 자세는 정치적 성향과 연결한다. 이 때문에 여러분은 생각지도 못한 뜻밖의 조언을 들을지도 모른다. 가령 아이들에게 손 씻기를 금지하라는 조언이다.

———

세상은 복잡하고 혼란스러울 수 있다. 그러나 당황스러울 만큼 모든 게 간단히 돌아갈 때도 있다. 예를 들어 거부하듯이 손을 들어올리기만 해도, 우리는 다이어트를 위협하는 맛있는 초콜릿 과자를 더는 먹지 않아도 된다. 흥미롭게도 이 트릭을 고안한 사람은 애송이 아마추어 심리학자가 아니라 유명 연구자들이다. 사회심리학자 옌스 푀르스터는 몇 년 전부터 몸동작과 자세가 우리의 판단과 행동에 미치는 영향을 연구하고 있다.[25] 그는 우리의 팔동작이 접시에 한가득 담긴 초콜릿 과자를 다 먹어치울지 아니면 그저 조금 맛만 볼지에 영향을 준다는, 간단하고도 파급력이 큰 사실을 밝혀내었다.[26]

어느덧 유명 연구가 된 이 실험에서 연구자들은 실험의 목적을 감추기 위해, 피험자들에게 TV 정치 프로그램에 대한 의견을 묻는다는 정보만 주었다. 연구자들은 피험자들을 TV 앞에 앉힌 후, 과자 20개가 담긴 접시를 슬쩍 탁자 위에 놓고 이에 대해서는 한마디도 언급하지 않았다. 이어 근육반응을 검사한다는 명목으로 피험자들에게 전극을 부착한 후 이들을 두 집단으로 나누어, 한쪽 집단은 탁자 상판의 아래에서 위쪽으로 힘을 주게 하고 다른 집단은 위에서 아래로 누르게 했다. 준비가 끝난 후 연구자들은 정치 다큐 프로그램의 비디오를 틀고 피험자들이 초콜릿 과자를 어떻게 하는지 지켜보았다. 속임수가 들어간 실험은 25분 후에 끝났다. 연구자들은 다큐 프로그램에 관해 몇 가지 질문을 던졌다. 그러나 실제로는 접시를 훔쳐보며 남은 과자의 개수를 셌다. 그 결과 탁자 상판을 아래에서 위로 밀었던 피험자들은, 위에서 아래로 누른 피험자들보다 훨씬 많은 과자를 먹었다.

이렇게 된 이유를 설명해야겠다. 그러기 위해서는 인간

의 진화에 잠깐 주목해야 한다. 인간이 생존하는 데 가장 중요한 것은 예나 지금이나 상황판단력이다. 그것도 오래 고민하지 않고 판단해야 한다. '이 현란한 초록색의 작은 동물은 우리에게 호의적일까? 아니면 적대적일까? 혹시 색깔이 언급된 내 질문은 '초록색'을 '위험'과 연결하기 때문에 이미 특정한 선입견을 드러내고 있지 않을까? 잠시 생각해봐야겠어……' 이런 태도는 의심할 나위 없이 정치적으로 올바르다. 그러나 치명적이다. 정치적으로 올바르지 못한 동물이 벌써 우리를 물어뜯었을 테니까. 따라서 살아남으려면 두 가지를 해야 한다. 분명한 판단을 내려야 하고, 그 판단을 초고속으로 해야 한다.

덕분에 우리는 태곳적의 판단 프로그램을 발전시켜 동물과 사람은 물론이고 사냥 구역, 스마트폰, 직업, 길거리 싸움 등을 좋음/나쁨, 예/아니오, 찬성/반대 같은 아주 간단한 도식에 따라 판단한다. 이에 대해 신경과학자이며 심리학자인 안토니오 다마지오는 우리가 간단히 직감이라고 부를 수 있는 '신체 표지'를 이용해, 동물에 대한 신속한 판단 결과를 전해주는 경험의 기억을 보유하고 있다고 적었다. 그 판단은 오랜 생각 끝에 나오는 것이 아니라 삽시간에 일어난다. 정신분석학자 마야 슈토르히에 의하면, 우리는 20만분의 1초 안에 상황을 판단한다. 예를 들자면 작은 초록색 동물을 보는 행위와 도망치는 행위가 거의 하나의 행동이라는 뜻이다.[27]

태곳적의 판단 프로그램과 밀접히 연결되어 있는 것은 특정한 몸동작과 자세다. 그래서 어느 환경이 호의적이라고 느껴지면 우리는 두 팔을 벌리거나 가까이 다가가거나 손을 펴는 등, 갖가지 환영의 신호를 동원해 그 느낌에 반응한다. 부정적인 경우에도 똑같이 폭넓게 이용 가능한 신호들이 준비되어 있다. 가령 몸을 다른 데로 돌리거나 거리를 두거나 거부하는 손짓을 하는 것이다.

이 과정은 반대 방향으로도 작동한다. 이름하여 '신체 피드백 가설'이다. 거부하는 몸짓을 하면, 자신이 적대적인 환경에 처해 있다는 막연한 느낌이 순식간에 덮친다. 반대로 환영하는 동작을 하면 스스로 호의적인 환경을 조성해버린다. 다시 초콜릿 과자가 담긴 접시 문제로 돌아가자. 탁자 상판을 아래에서 위로 밀어올린 피험자들은 (저도 모르게) '환영'의 제스처를 취한 까닭에 (친절한) 과자를 아주 많이 먹었다. 그러나 탁자를 위에서 아래로 누른 사람은 거부하는 동작을 했기 때문에 (적대적인) 과자 접시에 거의 손을 대지 않았다. 여기서 중요한 것은 이 모든 과정이 피험자들의 무의식 속에서 자동으로 진행되었다는 것이다. 다시 말해 과자 접시를 바라보고, 맛있어 보이는 접시에 손을 뻗고, 과자 접시를 다 비우고, 나중에 어찌 그렇게 거리낌없이 먹을 수 있을까 하고 자문하는 이 모든 게 연달아 일어나는 것이다. 우리는 이 과정을 의식할 때 비로소 거기에 개입할 수 있다.

이제 여러분은 이렇게 말할지 모른다. "좋아요. 초콜릿 과자 이야기, 도움이 됐어요. 고마워요! 나도 관심을 가지고 손짓으로 하는 실험을 한번 해볼게요. 그런데 그럴 만한 가치가 있을까요? 이 복잡한 이론을 증명하기 위해 연구비를 들여서?" 물론이다. 충분히 가치가 있다! 이 메커니즘은 달콤한 과자에 대한 우리의 태도에만 영향을 주는 게 아니라, 도덕적 혹은 정치적 문제에 대한 우리의 판단까지 조종하기 때문이다. 예를 들어 사소한 팔동작 하나만으로도 특정 정당에 대한 입장을 적어도 잠깐 동안은 바꿀 수 있다. 이를 인상적으로 보여준 사람은 옌스 푀르스터와 심리학자 리오바 베르트이다. 이들은 실험 참가자들에게 5분간 자유민주당에 관한 TV 다큐 프로그램(2001년)을 보여주면서, 팔을 거부하는 자세로 쭉 뻗거나 중립적으로 무릎에 얹거나 환영하는 자세로 굽히게 했다. 그 결과 팔을 굽힌 사람들은 다른 피험자들보다 자유민주당을 훨씬 호의적으로 생각했을 뿐 아니라 능력도 뛰어나다고 여겼으며, 다음 선거에서 다른 당을 크게 앞지를 것으로 예상했다.[28] 결국 자유민주당이든 초콜릿 과자든, 우리가 어떤 평가를 내릴 때는 손발을 어떻게 사용하는지가 대단히 중요하다. 가장 좋은 것은 여러분의 의견에 혹시 '손과 발이 달렸는지', 또는 다음번에 자신이 투표용지를 왼손으로 받는지 오른손으로 받는지를 유심히 보는 것이다. 곧 설명하겠지만 이런 행동들도 예상치 못하게 지대한 영향을 줄 수 있다.

우리가 거의 생각해보지 않는 일 중 하나가 글을 쓸 때 어느 손을 사용하는가이다. 여기에 관심이 없다고 해도 근본적으로는 아무 문제가 없다. 그러나 자신을 더 잘 이해하고 싶다면, 왼손 혹은 오른손을 사용하는 습관을 눈여겨보아야 한다. 그 이유는 좋고 나쁨에 대한 우리의 판단이, 바로 왼손 사용 혹은 오른손 사용에 좌우되기 때문이다. 심리언어학자 다니엘 카사산토는 우리가 얼마나 고집스럽게 글을 쓰는 손을 의사결정의 기준으로 삼는지, 여러 실험을 통해 인상적으로 보여주었다. 그중 한 실험에서 카사산토는 오른손잡이와 왼손잡이 피험자들에게 만화영화 캐릭터를 보여주었다. 그리고 캐릭터가 좋아하는 동물과 좋아하지 않는 동물을 하나씩 그리게 했다. 이를 위해 연구자들은 만화영화 캐릭터의 왼쪽과 오른쪽에 각각 한 개의 상자를 갖다놓았다.[29]

결과는 분명했다. 오른손잡이들은 캐릭터가 좋아하는 동물을 오른쪽 상자에 훨씬 많이 그렸고, 왼손잡이들은 왼쪽 상자에 더 많이 그렸다. 둘 다 반대쪽 상자에는 캐릭터가 싫어하는 동물을 그려넣었다. 이 결과는 만화영화 캐릭터를 넘어서는 의미를 가지고 있다. 피험자들이 똑같은 가치를 가진 두 개의 상품 중 하나를 고를 때에도, 대부분 자신이 글을 쓰는 손과 같은 쪽에 있는 물건을 고르기 때문이다.

오른손잡이 혹은 왼손잡이는 근본적으로 '자신이 좋은 평가를 내리는 지능, 매력, 정직, 행복 같은 개념들을 (…) 자신이 많이 쓰는 손과 동일한 방향과 연관짓는' 경향이 강하다고 다니엘 카사산토는 설명한다. 이는 바꿔 말하면 우리가 주변 환경에 대해 어떤 판단을 내릴지, 그리고 그 환경에 어떻게 대처해야 할지를 우리 몸도 함께 결정한다는 뜻이다. 왜 그런지에 대해서는 많은 추측이 나와 있다. 카사산토에 의하면, 우리는 자주 사용하는 손을 훨씬 능숙하게 다루기 때문에 그 손의 방향이 더 좋은 방향이라고 느

아인슈타인은 왜 양말을 신지 않았을까

끼며 자주 쓰지 않는 손은 상황이 정반대라는 것이다. 당연히 이 모든 일은 무의식적으로 일어난다.

그러나 인간을 비롯한 살아 있는 생명체와 관련해서는 당연히 어느 때고 모든 게 달라질 수 있다. 앞의 경우에도 그렇다. 오른손잡이에게 억지로 왼손을 사용하게 하면, 이들은 몇 분 안에 좋음/나쁨의 도식을 정반대로 만들어낸다. 그리하여 오른쪽은 나쁘고 왼쪽은 좋은 것이 되어버린다. 다니엘 카사산토는 오른손잡이 피험자들에게 도미노 블록을 세우게 하는 실험을 했다. 피험자들은 두꺼운 스키 장갑을 처음에는 왼손에, 다음에는 오른손에 끼고 블록을 세웠다. 첫번째 경우엔 장갑이 오른손잡이 피험자들의 습관을 더 강화했다. 그러나 그 불편하고 성가신 장갑을 오른손에 착용했을 때는 왼손을 사용할 수밖에 없었다. 그 결과 놀랍게도 피험자들은 단 몇 분 만에 새로운 관계 도식을 만들더니, 갑자기 왼쪽이 긍정적이라고 느꼈다.[30] 다니엘 카사산토는 여기에서 포괄적인 결론을 이끌어냈다. "인간은 근본적으로 자신의 판단은 합리적이며 자신이 갖고 있는 개념은 고정적이라고 믿고 있다. 그러나 몇 분 동안 장갑을 착용하기만 해도 무엇이 좋고 무엇이 나쁜지에 대해 그간 견지했던 익숙한 가치체계가 뒤바뀌어버린다면, 우리의 정신은 흔히 사람들이 생각하는 것보다 더 유연할지 모른다." 시인 에른스트 얀들이 그의 유명 시 「방향lichtung」에서 했던 것처럼 이 결론을 더욱 시적으로 표현할 수도 있다. "많은 이들이 말한다/ 왼른쪽과 온쪽은/ 횐동할 수/ 없다고/ 이 무슨 왜류인가!"[31] 혼동할 수 없다고 믿는 것이야 말로 정말 심각한 오류일 게다. 두 방향은 얼마든지 혼동할 수 있을뿐더러 서로 교체해도 아무 문제가 없다.

우리가 고개를 끄덕일 때는 상대방뿐 아니라 자신에게도 동의한다는 신호를 보내는 것이다. 언뜻 터무니없이 들릴 수도 있다. 스스로에게 고개를 끄덕거려서 무슨 득을 보겠는가? 그러나 심리학자 파블로 브리뇰과 리처드 E. 페티의 연구 결과를 읽어보는 사람이라면 반갑게, 그리고 무엇보다 자신에게 고개를 끄덕이기 시작할 것이다. 실험 내용은 이렇다. 두 심리학자는 제품 테스트를 한다는 명목으로 대학생 피험자들을 초대했다. 그들은 헤드폰의 음질과 착용감을 시험한다며 한쪽 집단은 (동의한다는 뜻으로) 고개를 들었다 내리게 하고, 다른 쪽 집단은 (거부한다는 뜻으로) 고개를 젓게 했다. 그와 동시에 대학생들이 제작한 가상의 프로그램을 틀어주었다. 처음에 음악이 나오고 곧이어 누군가가 의사 표명을 하는 방송이었는데, 대학생들이 항상 학생증을 휴대하고 다녀야 한다는 주장이었다. 그런데 연구자들은 이 주장을 두 가지 다른 버전으로 만들어 피험자들에게 들려주었다. 한 번은 논리적이고 똑똑하게, 또 한번은 자신 없고 서툰 말투로 들려주었다.[32]

잠깐 여기에서 퀴즈를 내보자. 실험 결과는 어땠을까? 여러분 생각은 어떤가? 고개를 끄덕인 학생들이 고개를 저은 학생들보다 내용에 더 많이 동의했을 거라고 생각한다면, 당신은 직관적으로 올바른 결론을 내렸겠지만 안타깝게도 틀렸다! "고개를 끄덕이는 것은 우리가 들은 것에 전부 동의한다는 뜻이 아니다. 우리는 이 실험에서 놀라운 사실을 발견했다. 즉 우리가 뭔가를 부정하는 생각을 갖고 있으면서 동시에 고개를 끄덕인다면, 그것은 우리의 거부의사에 힘을 실어주는 행위라는 것이다."[33] 이 문제는 생각보다 조금 복잡하지만 그만큼 흥미진진하다. 이 현상을 이해하기 위해 일단 고갯짓이 우리의 견해와 행동에 영향을 준다는 것을 분명히 말해두겠다. 우리가 고개를 끄덕이는 것은 자신의 생각이 옳다는 것을 확인하고 (그 생각의 내용이 구체적으로 무엇이든 간에) 그것을 더욱 신뢰하는 것이다. 반면에 고개를 저으면, 우리는 생각에 대한 믿음을 흔들어버린다. 리처드 페티는 이 메커니즘을 '자기확인 가설'이라고 불렀다. 단순하게 들리지만 현실에서는 가끔 혼란스러운 결과를 일으킨다.

- 상대방의 주장이 설득력 있다고 생각되면 우리는 그 말에 논리적으로 동의한다. 그와 동시에 고개까지 끄덕인다면 그건 자신의 판단을 강화하는 것이다. 예를 들면 이런 식이다. '그래, 저건 아주 빈틈없는 주장이야. 너는 그걸 제대로 알아 보았어!' 다시 말해, 고개 끄덕이기는 상대방의 논리에 '힘을 실어주는' 것이다.

- 상대방의 주장이 설득력 있다고 생각되지만 고개를 저을 경우, 우리는 자신의 판단력에 대한 믿음을 의심한다. 예를 들면 이렇다. '너는 저 사람의 논리가 훌륭하다고 생각하지만, 정말 네 생각이 맞을까?' 다시 말해, 고개 젓기는 상대방의 훌륭한 논리가 가진 설득력을 '약화시키는' 것이다. 여기까지는 모두 이치에 맞아 보인다. 문제는 지금부터다.

- 어떤 주장이 납득되지 않으면 우리는 그 주장에 의심을 품는다. 이때 고개를 끄덕인다면, 상대방이 터무니없는 이야기를 한다는 주관적 확신을 강화하는 것이다. 따라서 이 경우 고개를 끄덕이는 것은 안 그래도 형편없는 상대방의 주장을 추가로 '약화시키는' 것이다.

- 같은 상황에서 고개를 젓는 것은, 거부하는 자신의 태도에 당장 의문을 품는 것이다. 즉 이런 뜻이다. '너는 네가 더 잘 안다고 믿고 있는데, 어떻게 그렇게 자신할 수 있지?' 다시 말해, 여기에서 고개를 젓는 것은 상대방의 열등한 논리에 '힘을 실어주는' 행위다.

여러분이 곧 누구와 마주앉아 대화할 일이 있다고 하자. 그때 그가 계속 고개를 끄덕인다고 해서, 그것이 꼭 당신의 말에 동의한다는 의미는 아니다. 물론 그럴 수도 있다. 하지만 그가 당신이 하는 말을 허튼소리로 치부하고, 이런 자신의 생각을 더 강화하는 것일 수도 있다. 반대로 대화 상대방이 고개를 젓는다고 해서, 그것이 자동으로 당신의 견해에 동감하지 않음을 의미하지는 않는다. 당신이 정말 새로운 사실들을 제공했다는 것을 방금 깨닫고, 당신의 논리가 약하다고 생각한 자신의 믿음을 털어내려는 것일 수 있다.

이런 인식이 우리 삶을 무조건 단순하게 만들어주는 것은 아니다. 개인적 견해와 결정이 고개 끄덕이기처럼 악의 없어 보이는 행위에 좌우된다면, 그건 오히려 '어떤 의미에서는 위험'하다고 할 수 있다고 리처드 페티는 말한다. 따라서 항상 주의깊게 관찰하면서 우리 자신의 입장을 되묻는 것이 중요하다. 왜 우리는 어떤 상황에서는 자신 있게 행동하고, 어떤 상황에서는 그렇지 않은가?[34] 리처드 페티가 관심 있게 연구한 것이 또하나 있다. 바로 우리가 이성적으로 생각하고 결정을 내린다는 흔들리지 않는 믿음이다. "우리의 자신감은 우리가 웃고 고개를 끄덕이거나 기분이 좋은 것과 관계가 있다는 것을, 우리는 절대로 믿으려 하지 않는다. 하지만 내가 보기엔 이게 사실인 것 같다."

사실인 것 같은 게 아니라 사실이다. 적어도 최근에 나온 한 연구는 이 결론을 암시한다. 연구에서는 두 가지 의문을 제기했다. 어떤 대상에 신체적으로 가까이 접근하면 우리는 그 대상에 더 호감을 가질까? 그리고 뇌를 정밀촬영하면 그 호감을 확인할 수 있을까? 해당 연구는 이 두 질문에 그렇다고 대답했다. 몸을 조금 앞으로 기울이는 순간, 우리는 사람이나 사물을 긍정적으로 평가할 뿐 아니라 실제로 그 사람과 사물에 관심을 갖기 시작한다. 이 사실은 피험자들의 두뇌에서 정확하게 관찰되었다. 피험자들이 어느 사람이나 물건이 있는 방향으로 몸을 기울이면, 그들의 뇌에서는 정말 흥미가 있어서 관심을 기울일 때 활동하는 뉴런 패턴이 활성화되었다. 다시 말하면, 스스로 흥미가 생

아인슈타인은 왜 양말을 신지 않았을까

겨서 단어를 공부하려고 어지럽혀진 탁자로 가는지 아니면 순전히 외적으로만, 즉 몸만 가까이 가는지는 전혀 중요하지 않다는 뜻이다. 중고등학생과 대학생들이 공부할 때 도움되는 조언을 하자면, 몸을 학습교재가 있는 쪽으로 돌리는 게 현명하다는 것이다. 이렇게 하면 공부하는 걸 피할 수는 없겠지만 한결 수월하게 할 수 있다.[35]

우리 인간은 외톨이가 아니라 서로 배우고 영향을 주고받는 사회적 존재다. 그러므로 지금 이야기하는 사소해 보이는 많은 것들이 사회에 영향을 주지 않을 수 없다. 신체가 우리의 개인적 판단과 행위에 영향을 미친다면, 우리 몸이 사회적 행위에도 영향을 준다는 결론이 나온다.[36] 극단적으로 표현하면 우리가 의자에 어떤 자세로 앉아 있고 두 팔로 어떤 행동을 하고 언제 고개를 젓는지는 사적인 일이지만, 그와 동시에 사회적으로도 의미가 있는 중요한 행동이다. '사적인 것은 정치적인 것'이라는 오래된 구호에 드러나 있듯이 말이다. 몇 가지 인상적인 사례를 들어 우리 몸이 얼마나 직업상의 행동과 사회적 행위에 개입하는지를 보여주려고 한다.

대기업 인사 담당자들에게 어떤 기준으로 지원자를 평가하느냐고 물으면, 결정적으로 중요한 기준은 전문적인 업무능력과 인성이라는 대답을 듣게 된다. 수긍이 가는 대답이다. 그래도 이 말을 믿으면 안 된다. 직업인으로서 우리의 미래는 피상적인 세부사항에 의해 결정되는 경우가 많다. 예를 들면 인사 결정권자가 손에 뭔가 무거운 것을 들고 있다든지, 면접 때 딱딱한 의자에 앉아 있다든지 하는 것들에 의해 좌우된다. 이 주장은 사이비 과학계에서 발표한 뉴스처럼 들리지만, 실은 MIT와 하버드대와 예일대의 세 심리학 교수가 수행한 유명 연구에서 나온 결과다.[37] 조슈아 M. 애커먼, 크리스토퍼 C. 노세라, 존 A. 바그는 우리가 상대방을 판단하는 방식과 그들에게 보이는 태도가 우연한 촉각에 영향받는다는 것을 보여주었다. 그러니까 그 순간 우리가 손에 무거운 것을 들고 있는지 혹은 편안하게 앉아 있는지에 좌우된다는 것이다. 이 주장에 대해서는 당연히 설명이 필요하다.

연구의 출발점은 우리 인간이 복잡한 문제를 해결할 때 간단한 일상의 경험을 이용한다는, 잘 알려진 사실이었다. 예를 들어 우리는 무겁다는 느낌을, 어떤 것이 신뢰할 만하다거나 중요하다는 믿음과 연관짓는다. 때문에 우리는 상대방이 '비중 있는 주장'을 제시했다고 평가하고, 신뢰할 수 없는 사람에 대해서 '가벼운 사람'이라고 표현하며, '무

아인슈타인은 왜 양말을 신지 않았을까

거운 비난'이 제기되었다고 말하기도 한다. 사회적 판단이 정말 무겁다는 느낌으로부터 영향받는지 조사하기 위해 세 명의 심리학자들은, 지나가는 사람들에게 적당한 직원을 뽑는 데 도와달라며 이력서가 끼워진 바인더를 손에 쥐어주었다. 바인더는 가벼운 것(약 340그램)과 무거운 것(약 2킬로그램), 두 가지였다.

그 결과 피험자들은 무거운 바인더에 이력서가 끼워진 지원자들의 능력이 훨씬 뛰어나다고 평가했다. 그리고 이 지원자들이 구직에 더 진지하게 관심을 보인다고 주장했다. 그러니까 지나가던 행인들의 머리에서는 '무겁다＝중요하다, 진지하다＝더 훌륭하다' 같은 고전적인 평가 도식이 튀어나온 것이다. 반면에 다른 지원자들은 말 그대로 그 자리에 앉기에는 너무 '가볍다'는 느낌을 주었다. 두 개의 바인더에 똑같은 이력서가 꽂혀 있었는데도 말이다.

특정한 감각적 인상과 평가가 정확히 서로 어떻게 관련 있는지 보여주는 상황이 또 있다. 바인더의 무게가 지원자의 사회성에 대한 평가에는 아무런 영향을 주지 못했다는 사실이다. 이유는 이렇다. 우리는 인간관계를 맺는 사교성을 무게의 범주로 설명하거나 이해하지 않는다. 오히려 이 문제에서는 온도 개념을 사용하여 '누가 마음이 따뜻하다'

거나 '냉혈한'이라고 말한다. 이 맥락에서 '무겁다'와 '가볍다' 같은 표현들은 아무 도움이 되지 않는다.

반면에 무게와 도덕의 연관성은 훨씬 강력한 것으로 밝혀졌다. 어깨에 큰 짐을 짊어졌다고 느끼는 사람은 자신이 '무거운 죄를 안고 있다'고 생각한다. 이는 일부 피험자들이 무거운 배낭을 지고 참여했던 최근 실험에서 나온 결과다. 말 그대로 '홀가분한' 차림의 사람들을 포함한 모든 피험자들은, 죄책감을 불러일으키는 사건을 떠올리라는 주문을 받았다. 그 결과 배낭을 멘 피험자들은 훨씬 강렬한 죄책감을 느꼈다. 그리고 계속된 실험에서 이들은 죄책감을 느낄 만한 행위를 회피했다. 즉 속임수를 덜 썼고, 재미있는 문제보다는 지루한 과제를 택했으며, 건강에 좋은 과자를 선호했다.[38]

조슈아 애커먼과 크리스토퍼 노세라와 존 바그가 바인더를 이용해 수행한 유명 실험으로 돌아가자. 해당 실험에서 세 연구자는 간단한 촉감 체험이 타인에 대한 우리의 판단에 얼마나 큰 영향을 주는지를, 다른 방법을 통해 설득력 있게 보여주었다. 그들은 피험자들에게 두 사람 사이에서 벌어지는 다의적 장면을 묘사한 텍스트를 읽게 했다. 그런 다음 해당 글에 묘사된 두 주인공이 서로 친한지 적대

아인슈타인은 왜 양말을 신지 않았을까

적인지, 경쟁관계인지 협력관계인지, 둘이 대화를 하는지 언쟁을 벌이는지를 판단하게 했다. 여기서 피험자들은 과제에 착수하기 전 먼저 퍼즐을 맞춰야 했다. 한쪽이 받은 퍼즐은 표면에 거친 사포가 붙어 있었고 다른 쪽은 매끈한 퍼즐을 받았다. 그 결과 거친 퍼즐을 받은 피험자들은 매끈한 퍼즐을 받은 사람들보다, 텍스트에 묘사된 장면을 더 대립적이고 적대적인 것으로 해석했다.

거칠고 매끈한 퍼즐은 우리가 일상에서 그리 자주 접하는 물건은 아니다. 더 자주 볼 수 있는 것은 딱딱하거나 푹신한 의자다. 이 의자들도 강력한 효력을 낸다. 그중 한 의자에 앉기만 해도 세상을 벌써 다른 눈으로 볼 가능성이 있다. 이 결론 역시 애커먼과 노세라와 바그가 수행한 또다른 실험에서 도출되었다. 이들은 피험자들을 딱딱한 나무 의자와 부드러운 쿠션이 들어간 소파 중 하나에 앉게 했다. 그런 다음 한 직원의 태도를 평가한 뒤, 그에게 신차 구매를 위한 두 가지 제안을 하도록 했다. 두 경우 모두 착석감이 피험자들의 판단과 태도에 직접 영향을 미쳤다. 딱딱한 의자에 앉았던 피험자는 부드러운 소파에 앉았던 사람보다 직원을 더 단호하고 감정에 덜 휘둘리는 사람으로 인지했으며, 신차 가격의 협상에서도 더 엄격하고 일관성 있는 태도를 유지했다. 다시 말해 피험자들은 어느 한쪽이 '부드러워져서 양보'할 때까지 계속되는 '딱딱한 협상'이라는 은유의 의미대로, 또는 누구를 가리켜 신뢰할 수 있고 굽히지 않는 사람이라며 칭찬할 때 쓰는 '여간내기가 아니'라는 표현대로 행동한 것이다.[39]

우리의 성장 발달을 특징짓는 유아기 단계를 뒤돌아보면 촉각이 왜 우리의 판단에 큰 영향을 주는지 금방 알 수 있다. 촉각은 처음부터 우리가 주변 세계, 특히 엄마와 소통할 수 있는 기회를 제공한다. 우리는 주변 세계를 느끼고 스스로를 파악한다. 또한 주변 환경에 매달리거나 그것을 움직여 영향을 줄 수 있는 기회도 가지고 있다. 이 모든 어릴 적 경험들은 사회적 관계에 대한 인식 속으로 흘러들어온다. 때문에 앞의 세 심리학자는 접촉 경험이 우리가 세계와 교류하는 방식을 평생 동안 결정한다고 연구문헌에서 지적했다. 이런 배경에서 본다면 푹신한 의자가 부드럽게 협상하게 만들고, 거친 표면은 냉정한 태도를 갖게 하는 현상도 자연스러워 보인다.

역설적이게도 촉각은 '행동 연구에서 가장 과소평가된 감각일 것'이라고 크리스토퍼 노세라는 말한다.[40] 우연한 접촉이 우리의 판단에 영향을 주는데도 보통 그것을 눈치

아인슈타인은 왜 양말을 신지 않았을까

채지 못한다면, 촉각 조작에 능숙한 사람들은 그렇게 조작해도 상대방이 금방 알아채지 못하리라고 확신할 것이다. 실제로 이런 가능성은 얼마든지 있다. 온화한 분위기를 만들고 싶은 사람은, 대화 상대방이 앉을 의자를 부드러운 것으로 슬쩍 바꿔놓을 것이다. 반대로 상대방과 '강경하게' '굽히지 않는' 협상을 하려는 사람은, 자신은 불편한 나무 의자에 앉고 상대방은 푹신한 소파에 앉힐 것이다. 공적 공간들 중에는 좌석 문제 하나가 큰 역할을 하는 곳이 많다. 예를 들면 딱딱한 의자에 앉아 있는 판사와 몸을 뒤로 기대고 편하게 앉은 판사는, 피고인에게 서로 다른 판결을 내릴 거라고 생각할 수 있다. 강의실에서 딱딱한 의자에 참을성 있게 앉아 있는 학생과 편한 자세로 앉아 있는 학생은 수강 태도가 다를 것이다. 정치가와 재계 거물들의 엉덩이가 어떤 촉각적 자극에 노출되었느냐가, 장시간의 대정부 협상과정을 적잖이 결정짓기도 한다.

노세라가 말한 '촉각적 전략'[41]의 또다른 적용 분야는 광범위한 소비 세계다. 제품 포장은 상품의 성공 여부에 중요한 역할을 한다. 물건을 살 구매자가 손에 들었을 때 좋은 느낌을 줄지 아닐지를 결정하는 것이 겉포장이기 때문이다. 독자에게 진지한 대접을 받고 싶은 작가는 당연히 재미

있고 읽기 쉬운 텍스트를 써야 하겠지만, 더 나아가 출판사를 설득하여 텍스트에 어울리는 디자인을 만들게 해야 한다. 다시 말해 만졌을 때 느낌이 좋고, 특히 무게가 적당한 책을 찍어내도록 해야 한다. 인쇄되어 나온 책이 너무 가벼우면 '소소한 읽을거리'로 인식된다. 이는 수준 높은 문학서와 실용서에는 치명적인 약점으로 작용하지만, 반대로 휴가지에서 읽을 가벼운 소설에는 제격이다. 이런 시각에서 보면 많은 작가들이 전자책에 품고 있는 혐오감도 충분히 이해할 수 있다. 작가들이 특히 비판하는 것은 전자책의 물리적 비실체성이다. 이들이 앞에서 소개한 연구를 참고했을 가능성은 별로 없다고 생각되지만, 전자책에 대한 혐오는 우리가 여러 번 이야기한 '신체 표지'의 힘을 보여주는 적절한 사례다.

촉각이론은 독서뿐 아니라 모든 인지적 과정에서 중요한 역할을 한다. 엄밀히 관찰하면 우리의 개인적 만남은 모두 '촉각적 전략'에 의해 결정된다. 상대방과 인사할 때 악수를 나누든, 양볼에 가볍게 입을 맞추든, 팔꿈치를 살짝 쓰다듬든, 우리는 매번 상대방을 내 편으로 만들려고 노력한다. 앞에서 설명했듯이, 몸에서 느껴지는 따뜻함은 유아기에 느꼈던 안도감이라는 경험을 재가동하기 때문이다.

아인슈타인은 왜 양말을 신지 않았을까

우리는 함께 있으면 차갑고 거칠게 느껴지는 사람보다 내면에 있는 이 암묵적 기억을 소생시킬 줄 아는 사람을 훨씬 친근하게 대한다. 이런 관점에서 일상을 바라보면 우리의 촉각이 끊임없이 복장(속옷, 신발, 셔츠), 도구(연필, 망치), 일상용품(진공청소기, 컴퓨터, 승차권 자동 발매기), 상품, 장난감 같은 아주 다양한 근원으로부터 정보를 받아들이고 있음을 알게 된다. 이 모든 것들은 우리의 판단을 조절하거나 영향을 미치거나 행동을 조종하는 데 부수적으로 일조한다. 극단적으로 말해 우리는 스마트폰 표면에서 느껴지는 대로 때론 딱딱하게 때론 매끈하게 사고하고, 엉덩이 밑에서 느껴지는 대로 부드러운 판단을 내린다.

두뇌와 신체의 밀접한 상호관계에 관한 이론은 비록 근래에 등장했지만, 그중 중요한 명제의 하나는 이미 신약성서에도 나와 있다. 로마 총독이었던 빌라도는 내키지 않았으나 예수의 십자가 처형을 막아보고자 했다. "그러나 빌라도는 더이상 어찌할 수가 없을 뿐만 아니라 오히려 폭동이 일어나려는 것을 보고, 물을 받아 군중 앞에서 손을 씻으며 말하였다. '나는 이 사람의 피에 책임이 없소. 이것은 여러분의 일이오!'" 그러니까 빌라도는 지금까지 우리가 여러 번 말했던 바로 그 일을 한 것이다. 다시 말해 복잡한 인지 문제인 자신의 죄에 관한 문제를 간단히 몸으로 해결하는 과정, 즉 손 씻기와 연관지었다. 그렇게 하면 자신의 과오도 씻어낼 수 있다는 무의식적인 생각에서 나온 결과다. 그것이 로마 총독이었던 그의 과오를 없애주지는 못했지만, 오늘날까지도 우리가 그 연관성을 인정하지 않고 본능적으로 비슷하게 행동한다는 사실에는 변함이 없다.

이 복합적인 문제를 다룬 연구들이 줄줄이 나와 있다. 그중 하나가 심리학자 첸보 종과 케이티 릴젠퀴스트의 연구인데, 특히 관리이론을 중점적으로 다루고 있다. 두 연구자는 실험을 통해 두 가지 사실을 보여주었다.[42] 첫째는 우리의 도덕적 정결함이 위협받는다는 생각이 들면 몸을 씻으려는 절박한 욕구가 생긴다는 것이고, 둘째는 이 트릭을 사용하면 실제로 효과가 있다는 것이다. 첫번째 실험에서는 피험자들에게 과거 품위 있게 행동했던 사건이나 별로 칭찬받을 만한 역할을 하지 못했던 사건 중 하나를 떠올리라고 했다. 그리고 그 행동과 연관된 감정을 묘사하게 했다. 다음 단계에서 피험자들은 대부분 첫 글자와 마지막 글자만 제시된 영어 단어, 가령 'w___h'나 's___p'의 빈 곳을 채워넣어야 했다. 실험 결과 불쾌한 행동을 떠올렸던 모든 피험자들은 주로 몸의 청결과 관련된 단어, 즉 'wash'나

'soap'를 완성했다. 여기에서는 'wish'나 'soup'도 얼마든지 가능한 상황이었다.

마음이 편해지기 위해 육체적으로 과오를 씻어내려는 욕구가 자동으로 생긴다는 것은, 또다른 유형의 실험에서도 밝혀졌다. 이번에 피험자들은 본인의 과거에서 좋았던 일과 나빴던 일을 떠올렸다. 그런 다음 연구자들은 이들에게 두 개의 작은 선물을 제시했다. 부정적인 일을 회상한 피험자들은 연필보다 살균 세정티슈를 택한 경우가 압도적으로 많았다. 또다른 실험에서 직장 동료에게 못된 행동을 하는 내용을 담은 일인칭 시점의 글을 필사한 피험자들이, 여러 제품 중 주로 세제를 선택하는 결과가 나오자 두 연구자는 실험을 끝냈다. 그리고 다음과 같이 연구 결과를 요약했다. 우리는 죄책감을 느끼면 몸을 깨끗이 씻으려고 한다. 날마다 반복하는 손 씻기 같은 청결행위는 단순하고 대수롭지 않은 일처럼 보일지 모르나, 사실은 그렇지 않다. 그런 행위는 '글자 그대로 죄를 씻어냄으로써 위태로워진 우리의 도덕성을 구할 수 있는 강력한 수단'[43]을 제공한다.

여기에서 몇 가지 흥미로운 의문을 던져볼 수 있다. 예를 들면 반복적인 청결 의례가 우리의 행동에 어떤 작용을 하는가이다. 엄격한 청결 규정은 우리가 예의바르게 행동하는 데 도움이 될까? 아니면 손 씻기로 죄를 털어내는 간단한 방법이 우리를 더 못된 사람으로 만들까? 연구자들은 후자가 맞을 거라고 추측한다. 즉 자신의 죄를 쉽게 씻어내게 되면, 비도덕적 행동을 더 부추긴다는 것이다. 가톨릭교회의 고해성사라는 제도를 그다지 긍정적으로 보지 못하게 만드는 대목이다. 이런 관점에서 본다면, 아이들에게 계속 손 씻기를 권하는 것도 별로 생산적이지 못하다. 부모들은 오히려 손 씻기를 엄격히 금지해야 할 것 같다. 또한 모든 기업의 직원 화장실에는 '세면대 사용을 엄금한다'는 큼지막한 현수막을 걸어야 할 것이다. 손을 씻는다고 죄가 없어지는 게 아니라 계속 행동에 책임을 져야 한다는 것을 느끼는 사람만이, 그렇지 않아도 더러운 자신의 손을 '더욱 더럽혀야 하지 않을까' 신중하게 생각해볼 것이기 때문이다.

첸보 종과 릴젠퀴스트는 '어떻게 하면 사람들을 더 도덕적으로 행동하게 할 수 있느냐'라는 물음에 계속 매달렸던 것으로 보인다. 몇 년 후 두 사람은 경제학자 애덤 D. 갤린스키와 더불어 또다른 연구를 수행했다.[44] 이들의 연구 결과를 간단히 소개하면, 사람은 산뜻한 향기가 가득한 공간에 있으면 더 예의바르게 행동한다는 것이다. 그런 공간에 있었던 피험자들은 사람들이 보여준 신뢰감에 보답했을 뿐만 아니라 자발적으로 남을 돕는 일에 더 열심이었다. 여기서 두 가지를 말해두어야겠다. 첫째, 향기를 아주 극소량만 투여했기 때문에 피험자들은 향기가 나는지를 알아채지 못했다. 그럼에도 미세한 향기는 그들에게 긍정적으로 작용했다. 둘째, 산뜻한 실내 공기를 만들기 위해 보름달이 떴을 때 착유한 감귤유나 생체역학 농법으로 얻은 진액을 사용할 필요는 없다. 1993년부터 미국 가정의 표준 유리세 정제로 쓰이는 '윈덱스'만 한번 뿌려주면 된다. 이 연구 결과를 이용하고 싶을 경우 내가 통상적인 유럽 제품을 추천하더라도 학문적으로 문제가 없을 거라 생각한다. 단 한 가지 조건이 있다. 반드시 상쾌한 향기가 나야 한다.

'깨끗한 손＝청결＝도덕적'이라는 도식이 얼마나 깊숙이 우리 기억 속에 각인되어 있는지는 우리가 이 개념들을 가까운 주변 환경뿐 아니라, 적어도 은유적으로는 모든 국가에 적용한다는 사실에서 알 수 있다. 1990년대 이탈리아의 안토니오 디 피에트로 검사는 동료 검사들과 함께 촘촘하게 얽힌 정경유착의 부패고리를 밝혀내기 시작했다. 결국 그는 이탈리아의 전통적인 정당체제까지 무너뜨렸다. 이들은 대대적인 자정운동을 가리키는 이름으로 '마니 풀리테<sub>Mani Pulite</sub>'라는 단호한 구호를 택했다. 번역하면 '깨끗한 손'이라는 뜻이다. 즉 이탈리아는 부패한 기득권층이 나라를 더럽힌 죄악을 깨끗이 씻어내야 한다는 것이었다. 비현실적인 소망이면서 상징적인 이름이다.

결정을 내려야 하지만 그러고 싶지 않은 상황은 누구든지 겪어본 적이 있을 것이다. 두 개의 선택지가 너무 비슷하여 거의 차이를 발견하지 못할 경우가 그렇다. 그러나 대개는 고심 끝에 한 가지를 고르기 마련이다. 하지만 그 순간 잘못된 선택을 했다는 꺼림칙한 느낌이 밀려든다. 이런 보편적 현상을 가리키는 멋진 말이 있다. 바로 '결정 후 부조화 효과<sub>postdecisional dissonance effect</sub>'다. 대략 번역하면 '간신히 결정을 내린 후에 생기는 좋지 않은 느낌'[45]이라는 뜻이다. 하지만 좋은 소식이 있다. 이 경우에도 손을 씻으면 효과가 있다. 사회심리학자 노버트 슈워츠와 스파이크 W. S. 리는 피험자들에게 개인적으로 좋아하는 순서대로 CD 목록을 열 개 정도 적게 했다. 목록 작성이 끝난 후에는 그중 하나를 선물용으로 고르게 했다. 단 선호도가 중간 정도인 두 개의 CD 중에서 골라야 했다. 두 심리학자는 불만스럽게 끝날 수밖에 없는 곤란한 결정 상황을 인위적으로 조성한 것이다. 그러나 결정을 내린 후 손을 씻었던 피험자들은 그 상황을 불만으로 느끼지 않았다. 그들은 실제로 자신이 내린 결정을 후회하지 않았으며 마음의 갈등도 없었다. 반면에 그저 물비누통을 검사만 했던 피험자들은 나중에 자신의 평범한 결정을 언짢게 생각했다.

중요한 사항을 잠시 언급해야겠다. 지금 우리는 주로 손에 대해 이야기하면서, 손을 씻으면 깨끗해지고 그로 인해 죄책감이 없어진다고 설명했다. 마치 이 현상이 손과 관련해서만 발생한다는 인상이 들 수도 있는데, 사실은 그렇지 않다. 이는 또다른 연구에서 나온 결과다.[46] 이 실험에서 피험자들은 직업상 경쟁자에게 특정 문서를 찾아내지 못했다고 거짓으로 주장하는 비열한 행동을 했다. 일부 피험자들은 경쟁자에게 해당 거짓말을 이메일로 보냈고, 나머지 피험자들은 전화의 자동응답기를 사용했다. 이어 연구자들은 피험자들에게 다시 한번 여러 개의 상품 중 가장 마음에 드는 것을 택하게 했다. 피험자들이 고른 물건은 어떤 신체부위를 이용해 거짓말을 했느냐에 따라 달랐다. 거짓 이메일을 쓴 사람들은 주로 손소독제를 골랐다. 반면에 자동응답기를 이용한 피험자들은 구강세정제를 선호했다. 따라서 현재 죄책감을 느끼는 행동과 관련 있는 신체부위가 청결 행위의 중심으로 들어온다고 생각할 수 있으며, 그 신체부위는 어느 곳이라도 될 수 있다. 이상으로 중간 설명을 마치겠다.

또다른 실험에서 연구자들은 청결감이 주변 사람들에 대해 온건한 판단을 내리게 할 수도 있다는 것을 보여주었다.[47] 손을 씻은 사람은 상대방의 실수에 훨씬 관대한 태도를 보였다. 피험자들은 주어진 단어군을 이용해 완전한 문장을 만들라는 요청을 받았다. 그중 많은 단어군들이 청결이라는 주제와 관계가 있었다. 문장을 완성하는 과제가 끝난 후 피험자들은 다른 사람의 비도덕적 행동에 대해 판단해야 했다. 그 결과 방금 청결 개념을 가지고 문장을 만든 피험자들은 타인의 행동에 대해 훨씬 온건한 판단을 내렸다. 두번째 실험에서 연구자들은 문제에 단도직입적으로 접근하여 피험자들이 손을 씻으러 나갔다 오게 했다. 결과는 동일하게 나왔다.

이 연구 결과가 흥미로운 것은 실험에서 근본적인 결론이 도출되기 때문이다. 우리 인간은 타인의 행동을 순전히 직관적으로 판단한다. 판단을 내리기에 앞서 오랜 시간 윤리적 고민이 선행하는 경우는 많지 않다. 오히려 우리의 생각은 즉흥적이고 무의식적으로 생성된다. 그러면서 우리는 구체적인 상황이나 각각의 인물과는 관계없는 사소한 것

아인슈타인은 왜 양말을 신지 않았을까

들에 영향받는다. 즉, 그 상황에서 도출되므로 타당한 이유
는 있지만 해당 문제에서는 중요하지 않은 요소들이 타인
의 과오를 보는 방식에 영향을 미치는 것이다. 도대체 우리
의 깨끗한 손이 타인의 행동과 무슨 관계가 있단 말인가?
내 말이 바로 그 말이다. 놀랍기도 하고 안심이 되기도 한
다. 누가 어떤 일을 문제삼으며 우리를 비난하는 것은, 단
지 그가 너무 오랫동안 딱딱한 의자에 앉아 있었거나 샤워
하고 싶은 마음이 없었기 때문일 수 있다. 처음에는 터무니
없이 들릴 수 있는 설명이지만, 지금까지 소개한 연구들은
모두 동일한 결과를 가리키고 있다. 그러므로 엄밀히 따지
면 남들을 판단하는 직업을 가진 모든 사람들, 가령 교사,
경찰, 교수, 칼럼니스트, 피겨스케이팅 심판, 실용서 평론가
들의 세수 혹은 샤워 습관을 확인하는 게 사회적으로 대단
히 중요할지도 모른다.

   지금까지 소개한 연구들을 살펴본 사람이라면 그것들을
연결하는 무언가가 있다는 사실을 알아챌 것이다. 대부분
의 사람들은 특정한 은유들을 거론한다. 이렇게 하는 데에
는 그럴 만한 이유가 있다. 앞에서도 보았듯이, 우리는 말
할 때뿐 아니라 세계를 설명할 때도 비유법을 사용한다. 그
러면 우리는 그 비유법에 맞게 행동한다. 은유가 힘을 발휘

하는 이유는 그것이 우리 머릿속에서 특정한 관념들(도식, 습관적 사고 등)을 작동시키기 때문이다. 예를 들어 청결 문제와 관련한 몇 개의 문장을 만들기만 해도, 도미노 효과가 나타난다는 것을 앞에서 보았다. 그래서 우리는 깨끗함과 도덕이 밀접하게 연관되어 있다는 사고를 가동하면서 손을 씻으면 죄에서 벗어날 수 있다고 생각하고, 자신이 죄가 없다고 느끼면 타인의 과실도 대수롭지 않게 여긴다.

여기에서 단순하지만 지대한 영향을 미칠 조언 두 개를 이끌어낼 수 있다. 첫째로는 우리가 일상에서 어떤 은유들을 사용하는지, 그리고 그것이 어떤 구체적인 비유를 전달하는지 자세히 살펴보아야 한다. 그러면 그 비유들이 도처에 존재하고 있으며 흔히 우리 몸과 관련되어 있다는 것을 금세 알 수 있다. 예를 들어 우리는 '손을 더럽히고 싶지 않다'거나, '상자 안에 갇혀 생각하지' 말고 '생각의 날개를 펼쳐야' 한다거나, 누구는 '마음이 넓고' 누구는 '속이 좁다'거나, 무엇을 '왼손으로 한다mit links machen'(수월하게 한다는 뜻—옮긴이)거나, 어떤 일이 '정상적이지 않다nicht mit rechten Dingen zugehen'(오른쪽을 뜻하는 단어 recht가 '올바르다'는 뜻으로 사용됨—옮긴이)거나, 싸움으로 인해 '양심의 가책을 심하게' 받았다거나, 이야기를 하고 났더니 한결 '마음이 가

녑다'거나, 누구는 지적으로 '무게감'이 있지만 도덕적으로는 '가볍다'거나, 누구를 '내려다보고' 누구를 '올려다본다'거나, 무슨 일 때문에 '쓰라리다'거나 '달콤한 유혹'을 뿌리치지 못한다고 말한다.

이 각각의 표현들은 우리 마음속에서 일련의 연상을 작동시키고, 생각을 유도하고, 판단에 영향을 미치고, 특정한 방식으로 행동하게 한다. 어느 구체적인 은유가 우리에게 도움이 되는지 아닌지, 그것이 문제의 핵심을 왜곡하는지 정곡을 찌르는지, 우리에게 중요한 행동지침을 암시하는지 아니면 우리를 오도하는지, 이 모든 것들에 대해서는 개별 사안에 따라서만 판단할 수 있다. 그러므로 다음번에 반려자와 대화를 나눌 때 그에게 '혼자 모든 짐을 짊어질 필요가 없다'고 말하는 것이 우리가 갖고 있는 인식의 핵심을 표현하는 것인지, 아니면 그저 말을 '빙빙 돌리는 것'에 불과한지, 혹은 그의 '시야를 가리는 것'인지 주목할 필요가 있다. 은유에 대해 생각해보려는 사람은 가장 중요한 두 가지 특성을 기억하고 있어야 한다.

우선 은유는 복잡한 상황을 단순화하지만 그와 동시에 다른 관점과 행동 가능성을 차단한다. 누구의 '등을 굳건히 해준다dem rücken zu stärken'(격려한다는 뜻—옮긴이)는 비유법은 특정 상황에서는 유익할 수 있으나, 때론 그를 돕기 위해 '그 사람 앞에 나서야' 할 필요가 생길 수도 있다. 아무리 비유적이라고 해도 은유는 우리의 사고와 행위를 구체적으로 조직화한다. 누구의 '등을 굳건히 해준다'고 말할 때 우리는 상대가 자립적이 되어 문제를 스스로 해결할 수 있도록 그에게 용기를 줄 것이다. 반면에 '누구 앞에 나선다'는 것은 상대를 보호하고 그의 적수의 '코를 납작하게 만들어주는' 것이다. 때론 이런저런 은유를 사용해도 도움이 되지 않을 경우가 있다. 그럴 땐 복잡한 논의를 거쳐서 잘못된 방식으로 단순화하는 비유법을 쓰지 않고도 표현할 수 있도록 노력해야 한다.

이제 두번째 조언으로 가보자. 우리는 자주 사용되는 은유에 줏대 없이 내던져진 존재가 아니다. 우리는 스스로 은유를 만들어 쓸 수 있다. 이런 은유들은 일반적으로 통용되는 은유 못지않게 효과가 클 뿐 아니라, 그와 똑같은 방식으로 우리의 경험에 의미를 부여한다는 장점이 있다. 이뿐만이 아니다. 언어학자 조지 레이코프와 철학자 마크 존슨에 의하면, 스스로 만든 은유는 '우리가 우리의 경험을 새로운 관점으로 보게 하는 데 일조한다. 따라서 이 은유들은 우리의 과거, 우리의 일상적 행위, 우리의 지식체계와 신뢰

아인슈타인은 왜 양말을 신지 않았을까

체계에 새로운 의미를 부여한다'.[48] 이 얼마나 멋진 관점인가. 이를 위해 우리에게 필요한 것은 약간의 상상력과 일정 정도의 언어감각이다.

레이코프와 존슨은 스스로 만든 은유의 사례도 제시했다. "사랑은 함께 만들어가는 예술품이다." 이어 두 학자는 이 은유가 우리에게 불러일으킬 수 있는 파생어들을 포함해 25개에 이르는 은유 목록을 열거한다. 그 하나하나는 관계의 본질을 새로운 관점에서 드러내는 적절한 은유들이다. 은유 목록은 '사랑은 일이다'로 시작하여 '사랑은 고유의 세계를 창조한다' '사랑은 일시적이거나 영원할 수 있다' '사랑에는 토대가 필요하다' '사랑은 협상 자세를 요구한다'로 이어진다. 이 목록은 짧은 은유가 얼마나 많은 연상작용을 일으킬 수 있는지 우리 눈앞에 있는 그대로 보여줄 뿐만 아니라 은유가 얼마나 생생하게 작용하는지, 그리고 짧은 표현 대신 기다란 정의를 사용하면 얼마나 복잡하게 들릴지도 분명하게 알려준다.

내가 특히 중요하게 생각하는 명제가 있다. 직접 만든 은유가 유용한 이유는 '우리의 행동을 용인하고, 추론을 정당화하고 우리의 목표 설정에 도움이 될 수 있기' 때문이다. 구체적으로 말해보자. 사랑을 '함께 만들어가는 예술

품'이라고 묘사하는 사람은, 반려자와 함께(사랑은 '함께' 만
드는 예술품이므로) 세심하고 창의적인 방법으로(만들어야
할 대상은 정원 울타리가 아니라 '예술품'이므로) 무언가를 해
보라고(예술품은 '만들어져야' 하므로) 자기 자신에게 요구하
는 것이다.

  우리 스스로 만든 은유가 새로운 행위 대안을 제시할 수
있다고 생각된다면, 각각의 개념을 가지고 시도해보지 않
을 이유가 없다. 혹시 있을지 모를 오해를 막기 위해 한마
디하겠다. 은유를 직접 창조한다는 것은 기존의 문제가 사
라지기를 바라는 마음으로, 거기에 새로운 이름을 만들어
붙이는 것이 아니다. 끈질기게 계속되는 문제를 새로운 개
념으로 표현하려는 시도는 다른 목적을 추구해야 한다. 그
것은 해당 문제를 참신한 시각으로 바라보고, 그렇게 함으
로써 참신한 해결 가능성도 마련할 수 있다는 생각을 하는
것이다. 이 전략 중 내가 가장 좋아하는 사례는 의사이며
심리치료사인 군터 슈미트가 사용한 표현이다. 그는 우리가
매번 똑같은 실수를 저지르는 현상을 표현할 말을 찾아냈
다. 그는 실수의 반복을 가리키는 말로 '재발Rückfall'이라는
경멸적인 개념을 거부했다. 그 대신 '장내 일주Ehrenrunde'라
는 말을 쓰고 해당 행위도 여기에 맞게 평가해야 한다고

했다.[49] 이로써 군터 슈미트는 훨씬 친근하게 들리는 개념을 제안했을 뿐만 아니라('재발'은 질병을 연상시킨다), 이 개념으로 전혀 다른 연상작용까지 불러일으켰다. 장내 일주를 하는 사람은 천천히 경기장을 한번 더 돌면서 관객들로부터 즐겁게 축하인사를 받는다.

게슈탈트 심리치료사들도 똑같은 방식으로 대처한다. 이들은 '억압'이나 '방어기제' 같은 부정적인 개념을 피하고 그 대신 '조력 기능'[50]이라는 말을 사용한다. 그 이면에 자리잡고 있는 생각은 이렇다. 특정한 습관이 현재 삶을 힘들게 만들고, 우리도 그 습관을 '잘못된 것'으로 느낄 수 있다. 그러나 우리가 그 습관을 버리지 못한 이유는 과거에 그것이 의미 있었기 때문이고 우리에게 도움이 되었기 때문이다. 따라서 이제는 쓸모없어진 그 습관이 옛날과 같은 도움을 줄 수 있도록 바꾸는 것이 중요하다.

익숙한 문제에 새로운 관점을 선사할 어떤 은유와 개념들을 찾아내야 할지는 여러분의 상상력에 맡기겠다. 다만 작은 제안을 하나 하겠다. 익숙한 표현에 '지금은 아직'이라는 두 개의 짤막한 단어를 덧붙이는 것도 해결책이 될 수 있다. 심리학자 만프레트 프리오르는 항상 할일이 너무 많다며 불평하는 사람들을 묘사하는 과정에서 이 방법을 구체적으로 보여주었다.[51] 그런 사람들은 흔히 '당신의 직업이 유독 요구하는 수준이 높아서 그럴 것'이라는 말을 듣는다. 위로는 되겠지만 효과는 없는 말이다. 그런 말이 당사자의 인식을 바꿔놓지 못하기 때문이다. 프리오르에 의하면, 이보다 훨씬 유익한 것은 '항상'이라는 결정적인 말 뒤에 '지금은 아직'이라는 희망적인 단어를 덧붙이는 것이다. 그리하여 자신이 '힘든 일을 조금 쉽게 할 수 있는 방법을 (…) 아직 찾아내지 못했을' 뿐이라고 말하는 것이다.

이 해결책은 언뜻 평범해 보이지만 커다란 효과를 발휘한다. 이렇게 하면 자신이 영원히 일에 갇혀 사는 사람이라는 좌절은 사라지고, 지금은 비록 힘들지만 언젠가는 거기에서 자력으로 벗어날 거라는 생각이 들기 때문이다. '지금은 아직' 그 정도까지 이르지 못한 사람이라도, 언젠가는 그렇게 될 날이 올 것이기 때문이다! 여러분이 '아직' 이 장을 끝까지 다 읽지는 '않았지만' 언젠가는 그렇게 될 게 분명한 것과 마찬가지다. 어쩌면 여러분이 생각하는 것보다 더 빨리 올 수도 있다.

아인슈타인은 왜 양말을 신지 않았을까

5부

# 그래서
# 아인슈타인은
# 양말을
# 신지 않았다
# : 결론과 팁

- 특정한 옷을 입으면 왜 더 신중하게 사고할까
- 히틀러가 입었던 스웨터를 입겠느냐는 물음에 사람들은 뭐라고 대답할까
- 그래서 아인슈타인은 왜 양말을 신지 않았을까

# 흰 가운과
# 검은 양말의 위력

옷을 어떻게 입어야 하는지에 관한 문제를 패션 컨설턴트에게 맡겨서는 안 된다. 그들은 정말 중요한 게 무엇인지 모른다. 특정한 옷이 우리의 사고와 행동에 긍정적인 영향을 준다는 걸 그들은 알지 못한다. 우리가 입은 옷이 우리에게 어떤 영향을 주는지 알고 나면 처음에는 터무니없는 소리처럼 들릴 것이다. 다소 터무니없는 게 사실이지만, 그렇다고 우리가 거기에 굴복하지 않는 건 아니다.

---

방금 다림질한 흰색 셔츠가 우리의 세계관을 바꿀 수 있을까? 털이 보송보송한 스웨터는? 구멍난 바지는? 이 책에서 소개한 수많은 사례들을 돌아보면 이런 질문이 나올 법하다. 딱딱한 나무의자에 앉으면 명석한 논리를 펼치고 손을 씻으면 죄책감에서 벗어난다면, 우리가 입는 옷이 우리에게 영향을 주지 말라는 법도 없지 않은가? 맞다. 그런데 문제는 세상 모든 사람들이 자신의 옷이 '남들'에게 어떤 인상을 주는가에만 관심이 있다는 것이다. 예를 들어 검은색

운동복이 다른 선수들에게 공격적인 느낌을 주는지를 연구한 실험이 있고(실제로 그런 느낌을 준다[1]), '출세에 독이 되는 사무실 복장'[2]의 목록이 돌아다니고, '빨간색은 남자들을 섹시하게 만들고 흰색은 샌님들에게나 어울린다'[3]는 등의 수많은 스타일링 조언들이 첩첩이 쌓이고 있다.

반면에 특정한 복장이 '우리'의 사고방식에 미치는 영향을 분석한 진지한 연구를 찾아보면 거의 없다. 우리가 입는 옷이 하루종일 우리에게 각양각색의 촉각적 자극을 전해주는데도 말이다. 옷이 주는 느낌은 여러 가지다. 부드럽고, 깔깔하고, 거칠고, 끼고, 헐렁하고, 가볍다. 입으면 불편하게 압박하는 옷이 있고 가볍게 몸을 감싸는 옷도 있다. 무겁고 둔탁한 옷이 있는가 하면 향내가 나거나, 곱거나, 거칠거나, 답답하거나, 구멍이 많은 옷이 있다. 작가 슈테판 츠바이크는 이런 특성들이 우리에게 얼마나 직접적인 영향을 주는지 보여준다. 그는 자서전에서 동년배 여자들이 글자 그대로 '끈으로 꽉 조이는 듯한' 관습에 예속된 상황을 이야기한다. "처음 보는 순간 눈에 띈 것은, 완전무장한 기사처럼 성대하게 차려입은 여성이 더이상 편하고 자유롭게 마음대로 움직이지 못하는 모습이었다. 그런 옷을 입고 있으니 모든 동작과 제스처와 거동 전체가 인위적이

아인슈타인은 왜 양말을 신지 않았을까

고 부자연스럽고 자연에 반할 수밖에 없었다."[4] 이런 중무장한 복장이 당사자의 내면에 일으킬 감정을 상상해보는 것은 그다지 어렵지 않다. 갑갑하고 경직되고 어색한 느낌일 테고, 이는 그 사람이 생각하는 방식에도 영향을 주지 않을 수 없다.

이 역사적인 운명과 마주하는 것이 내 친구가 들려준 어느 여성들에 관한 일화다. 그 여성들은 볼 사람이 없고 앞으로도 마찬가지지만 고급하고 에로틱한 속옷을 입는다고 한다. 피부에 느껴지는 우아한 레이스와 실크만으로도, 자신이 강하고 성적 매력이 있다는 느낌이 충분히 전해진다는 것이다. 자신감 넘치는 태도는 당연히 주변 사람들에게 영향을 주지 않을 수 없을 테고, 그러면 이는 반대로 본인에게도 영향을 미칠 게 분명하다. 그렇지만 우리가 옷장 앞에 서서 골똘히 생각에 잠길 때는, 다시 우리 자신이 중심이 되어야 한다는 사실에는 변함이 없다. 화가 마르쿠스 뤼페르츠도 똑같은 주장을 폈다. 그는 옷을 품격 있게 입는 것이 왜 필요한지를 설명한다.[5] 남자(그리고 여자)가 입은 옷을 보면, 그가 본인에게 얼마나 세심하게 신경쓰는지를 알 수 있다는 것이다. 뤼페르츠에 의하면 '훌륭한 옷차림은 자기훈련의 문제이자 자신에게 주는 보상'이다. 그는 이 문제를 간단하지만 포괄적인 사실을 예로 들어 설명한다. "옷을 잘 차려입으면 기분이 좋아진다. 사정이 이런데 나를 일부러 추하게 만들 이유가 무엇인가? 이렇게 본다면 나는 피상적인 인간이다." 역설적이게도 의복의 위력을 감지하는 그의 섬세한 감각을, 사람들은 허영으로 해석한다. 사실은 그 반대다.

우리가 받아들이는 감각적 인상 중 특히 비중이 큰 것은 따뜻함이다. 앞에서 보았듯이 따뜻함은 유아기 단계에서 우리에게 안정감을 전해주고, 이후의 삶에서는 타인에게 인정받는다는 느낌을 (차가움이 버려졌다는 감정과 외로운 느낌을 주듯이) 선사한다. 옷을 입는 가장 중요한 목적이 있다면, 몸을 따뜻하게 하고 악천후로부터 몸을 보호하는 것이다. 그러므로 몸을 젖지 않게 하고 체온을 적정 수준으로 유지해주는 옷을 입으면, 안심되고 보호받는다는 느낌이 생긴다. 바꿔 말하면 옷은 앞에서 언급한 따뜻한 수프와 비슷하게 지극히 실존적인 역할을 한다. 옷은 우리가 주변 환경을 얼마나 편안히 느끼는지, 혹은 얼마나 낯설게 느끼는지를 결정하는 하나의 요소다. 이 유용한 의복이 정확히 어떤 모양이어야 하는지, 어떤 재질로 만들어져야 하는지, 어떤 브랜드에 의해 디자인되어야 하는지, 이 모든 것들은 각자가 결정할 일이다. 예를 들어 나는 겨울이 되면 부드러운 목도리로 목을 감싼다. 바깥을 걸어다닐 때 목에 와닿는 차가운 바람보다 더 불편한 것은 없기 때문이다. 반면에 내가 아는 어떤 사람은 정반대의 상황을 못 견디는 까닭에, 기온이 심하게 내려갈 때도 옷깃을 풀어헤치고 거리를 활보한다. 그러니 얼음이 어는 추운 겨울에도 우리는 서로 다른 옷을 찾아 입는다.

우리가 입는 옷은 따뜻한 느낌을 주고, 그로 인해 사회적으로 인정받는다는 느낌만 불러일으키지 않는다(물론 이것만으로도 대단한 기능이다). 옷이 가지고 있는 상징적 의미도 분명히 영향을 미친다. 이 문제는 두 경제학자 애덤 D. 갤린스키와 헤이조 애덤이 연구한 후 대단히 설득력 있는 주장을 제시했다. 덕분에 이들의 연구는 자주 인용되고 있다.[6] 지금 나도 소개하고 있지 않은가.

두 연구자의 업적은 무엇보다 자신들의 연구에 알맞은 인상적인 개념을 찾아냈다는 데에 있다. 바로 '의복에 따른 인지clothed cognition'[7]다. 풀어서 설명하면, '내가 입은 옷이 나의 사고에 영향을 준다'는 뜻이다. 이게 어떻게 진행되는지를 알아내기 위해 연구자들은 피험자들에게 종이 한 장을 주고, 특정 단어를 구성하는 글자들의 색깔을 적게 했다. 간단해 보인다. 그러나 단어의 뜻과 글자들의 색깔이 일치할 경우에만 그렇다. 예를 들어 '빨강'이라는 단어가 적혀 있고 글자도 정말 빨간색으로 인쇄되어 있을 때에 한해서다. 하지만 '파랑'이라고 적혀 있는데 이 두 글자의 색깔이 초록색이면, 우리 뇌는 비틀거리기 시작한다. 이 문제를 해결하려고 두 개의 서로 다른 과정이 상호간섭하기 때문이다. 고도로 자동화된 읽기과정('파랑')과 특히 주의력을 요하는 색깔 인지과정('저건 초록색이야')이다. 이 문제는 간단히 해결할 수 있다. 당연하다. 그러나 이때 우리는 자주 실수를 저지른다. 빨간색 글자로 적힌 '회색'이라는 단어의 색깔을 명명하는 게 얼마나 어려운지 직접 시험해보고 싶다면, 아무 검색 엔진이나 들어가서 '스트루프 효과Stroop effect'라는 개념을 입력해보라. 그러면 여러분은 벌써 두 가지를 시험해볼 수 있다. 주의력과 자기훈련이다. 부디 그 능력의 결과를 내게 보내주기 바란다.

어떤가? 주의력이 없으면 불가능하지 않은가? 다시 실험으로 돌아가자. 테스트를 시작하기 전 피험자들의 절반은 보통 의사와 실험실 연구자들이 입는다는 흰 가운을 입었다. 그러자 대단히 흥미로운 결과가 나왔다. 의사 가운을 입은 사람들은 아주 신중하게 테스트에 임했으며 그 덕분에 실수도 훨씬 적었다. 평상복을 입은 피험자들은 이들을 따라갈 수 없었다. 이어진 실험에서는 단순한 가운 착용이 우리의 인지능력에 어떻게 작용하고, 왜 그런 작용을 하는지를 추가로 밝혀냈다. 피험자들은 아주 사소한 부분에서 차이가 나는 두 장의 사진을 비교했다. 첫째 집단은 이번에도 의사 가운을 입었고, 둘째 집단은 의사 가운과 똑같이 생긴 옷을 입었지만 주로 화가들이 착용했던 옷이라는 설명을 들었다. 셋째 집단은 복장에 변화가 없는 평상복을 입었지만 '의사 가운'이라는 주제에 대해 열심히 생각하라는 주문을 받았다. 그 결과 의사 가운을 입은 피험자들은 주의력 테스트에서도 매우 우수한 성과를 거두었으나 다른 두 집단은 이렇다 할 성적을 내지 못했다.

이 실험이 흥미진진한 이유는 서로 친숙한 형식인 '체화된 인지Embodied Cognition'와 '의복에 따른 인지' 간에 많은 공통점이 있지만, 그와 동시에 근본적인 차이점이 있다는 걸 보여주기 때문이다. 그 차이점은 이 실험 결과로부터 개인적인 이득을 얻고 싶은 사람에게 매우 중요하다. 그러나 모든 일에는 순서가 있는 법이니 차례대로 설명하겠다. 두 경제학자에 의하면, 옷과 관련된 이 문제는 근본적으로 고전적인 신체감각처럼 기능한다.[8] 신체감각도 우리 머릿속에 추상적인 개념들을 촉발시키고 특정한 판단이나 행동을 유도한다. 구직자의 이력서가 꽂혀 있는 바인더의 사례에서 보았듯이, 피험자가 무거운 바인더를 손에 들고 있으면 그는 해당 지원자를 '가벼운' 이력서의 주인보다 훨씬 뛰어난 적임자로 평가했다.

의사 가운과 관련한 실험이 제 기능을 하려면 당연히 두 가지 조건이 충족되어야 한다. 첫째로 우리는 특정한 상징적 의미를 옷과 연관지어야 한다. 이 경우 연상의 고리는 다음과 같다. '의사와 실험실 연구자들은 직업상 특히 조심성이 많고 세심하다 → 의사와 실험실 연구자들은 흰 가운을 입는다 → 흰 의사 가운을 입고 있는 사람은 어느 정도 세심함과 꼼꼼함을 갖추고 있다'. 그런데 '의복에 따른 인지'가 작동하려면 두번째 조건이 있어야 한다. 바인더의 사례에서 쉽게 알 수 있듯이, 바인더의 무게는 직접 우리에게 영향을 미친다. 손에 무거운 물건을 드는 것과 '무겁다＝중요하다'의 도식을 작동시키는 것은 함께 일어나는 과정이다. 그러나 상징적 의미가 담긴 의사 가운에서는 그렇지가 않다. 의사 가운은 그 자리에서 직접 우리에게 영향을 주지 않는다. 이론적으로만 의사 가운에 주의를 기울인 피험자들 중 어느 누구도 꼼꼼하게 작업하지 않았다는 사실이 이를 보여준다. 갤린스키와 애덤은 여기에서 '의복에 따른 인지의 기본 원칙'을 도출했다. 이 인지가 작동하려면 해당 의복이 상징적 의미를 가지고 있어야(그리고 우리가 그 의미를 신뢰해야) 함은 물론이고, 우리도 실제로 그 의복을 착용해야 한다. 그러면 바인더의 사례와 같은 일이 발생한다. 즉 실험실 가운을 입으면 주어진 과제를 자동으로 훨씬 꼼꼼하게 해결하는 것이다.

심리학자 캐런 파인은 이 결과를 이용하여 자신의 실험에서 동일한 결론을 이끌어냈다. 그녀는 학생들이 슈퍼맨 그림이 그려진 티셔츠를 입으면 무슨 일이 일어나는지 알고 싶었다. 과연 예상한 일이 벌어졌다.[9] 슈퍼맨 티셔츠를 입은 학생들은 자신이 남들보다 더 호감이 가고 우월하다고 느꼈다. 이뿐 아니라 상징적인 초능력이 그들의 능력에 날개를 달아주면서, 평상복을 입고 참여한 피험자들보다 지식 테스트에서 월등히 우수한 성적을 올렸다고 파인은 밝혔다.

그러나 이 모든 연구 결과들은 다음과 같은 핵심 질문에는 대답하지 못한다. 상징적 의미가 담긴 의복이 그런 작용을 일으키도록 만드는 것은 '정확히' 무엇일까? 프란츠 베켄바워가 그 대답에 가까이 갈 수 있는 결정적인 단서를 제공한다. 전설적인 축구선수이자 FC 바이에른 뮌헨의 명예회장인 베켄바워는 2013년 6월 1일 8시 3분에 다음과 같은 말을 트위터에 남겼다. "나는 빨간 양말이 또 한번 승리를 가져다주기를 바란다."[10] 그가 의미한 것은 두 가지였다. 그날 저녁 FC 바이에른 뮌헨이 VfB 슈투트가르트 축구팀과 치를 독일 포칼컵 결승전, 그리고 그가 착용한 채 사진기자들에게 자랑스럽게 내보인 빨간 양말이다. 원하는 사람은 그 모습을 인터넷에서 찾아볼 수 있다. 그 빨간 행운의 양말은 제 기능을 톡톡히 해냈다! 바이에른 뮌헨은 3대 2로 이긴 것은 물론이고 그 유명한 트레블까지 달성했다.[11]

베켄바워는 그의 트위터에서 경솔한 행동을 한 게 아니라 보편적인 관념을 언급했다. 유명 사회심리학자인 노버트 슈워츠의 연구가 이를 보여준다. 그는 인간이 자신의 운명을 대하는 방식을 연구했다.[12] 그리고 우리가 행복이나 불행 같은 추상적 개념을 아주 간단한 방법으로 설명한다는 것을 알아내었다. 다시 말해 운명을 물질적인 것, 더 정확히 말하면 일종의 정수$_{\text{Essence}}$로 이해한다는 것이다. 아무리 휘발성이 강하다고 해도, 정수는 양말 같은 곳에 자리잡기에 충분할 정도로 물질성을 가지고 있다. 예를 들면 우리가 축구경기에 출전하여 승리를 거둘 때가 그렇다. 그 순간부터 그 양말 한 켤레는 평범한 양말이 아니라 '행운의 양말'이다. 그리고 그때부터 양말에서는 아주 특별한 힘이 작용한다. 행운의 세례를 흠뻑 받았기 때문이다. 운동선수들이 이런 식의 믿음을 특히 쉽게 가지는 탓에 관련 서적까지 있을 정도다. 『행운의 양말과 플레이오프 수염』[13]이라는 제목의 그 책은 '아이스하키 선수들의 개인적인 의식'을 다루고 있다.

행운이 일종의 정수라고 믿는 사람은 그 믿음에 맞게 행동한다. 그런 사람은 예를 들어 스포츠 경기에서 승리했을 때 입었던 옷을 세탁하지 않으려 한다. 그렇게 하면 다음번에 다시 날개를 달아줄 행운이 옷에서 떨어져나간다는 무언의 믿음 때문이다.

이렇게 보면 의사 가운이 우리의 사고방식을 변화시키는 상황도 얼마든지 납득이 간다. 우리는 의사 가운이 근본적으로 조심성과 세심함의 정수로 가득찼다고 상상한다. 그래서 그런 옷을 입으면 그 특성들이 우리에게 흘러들어온다고 믿는 것이다. 상징성이 가득한 의사 가운에 대해 생각만 한 피험자들이나, 예술가의 작업복이라는 말을 듣고 흰 가운을 입은 피험자들이 우수한 성적을 거두지 못한 것도 이해할 수 있다. 첫째 경우에는 세심함의 정수가 신체를 통해 전달되지 못했고, 둘째 경우에는 가운의 정수가 사람에게 옮겨가지 못했다. 이 경우에는 단지 창의력을 북돋우는 엉뚱한 작용을 했는데 여기서는 결코 장점이라고 할 수 없다.

이 주장들이 너무 밀교적이라고 생각된다면 이제 소개할 유명한 사고실험이 여러분을 납득시켜줄 것이다. 실험에 의하면 우리는 옷이 타인의 정수로 가득차 있을 수 있다는 것, 또 원하든 아니든 그 정수가 우리에게 옮겨질 수 있다는 것을 정말로 믿는다고 한다. 고전으로 자리잡은 이 실험은 심리학자인 캐럴 니메로프와 폴 로진이 수행했다. 이들은 미국 성인들이 전염에 대해 어떻게 생각하고 있으며 그 이후에는 어떻게 행동하는지를 밝히고 싶었다. 이를 위해 그들은 피험자들에게 어떤 조건에서 남이 입었다가 세탁한 스웨터를 입을 의향이 있느냐고 질문했다.[14] 대답은 옷의 전 주인의 구체적인 삶의 이력에 따라 달랐다. 피험자들은 건강한 사람이 입었다는 설명을 들은 옷에는 아무런 거리낌이 없었다. 그러나 세탁한 스웨터가 간염을 앓았던 사람이 입었던 것이라는 말을 들었을 때는 결정을 내리기 어려워했다.

아인슈타인은 왜 양말을 신지 않았을까

스웨터의 전 주인이 '아돌프 히틀러'라고 했을 때는 피험자의 절대 다수가 스웨터를 만지는 것조차 절대로 있을 수 없는 일로 생각했다. '대부분의 사람들은 스웨터에서 아돌프 히틀러를 빼낼 수 없다고 여긴다'고 폴 로진은 간결하게 말했다.[15] 그리고 노버트 슈워츠의 주장을 뒷받침하는 이유를 제시했다. 사람들이 보기에 그 공포의 스웨터는 분명히 '영적인 정수'가 가득한 옷이며, 특히 독재자의 것이라면 영적인 정수는 그 무엇으로도 제거할 수 없다는 것이다. 앞에서 이야기했던 행운의 정수와는 정반대인 셈이다. 우리는 행운의 정수는 사라져버릴 수 있기 때문에, 단순히 세탁하기만 해도 없어진다고 생각한다. 정말 안타깝지 않은가.

요약해서 말하면 다음과 같다. 옷 중에는 상징적 의미가 실리는 것들이 있다. 그 결과 우리는 옷을 지속 기간이 서로 다른 각양각색의 정수가 가득한 대상처럼 다룬다. 그 옷을 입으면 정수가 우리에게 넘어온다고 상상하며, 자리를 이동한 정수는 우리 마음속에 여러 가지 관념을 불러일으킨다. 그것은 행운일 수도 있고 양심이나 성애적인 것일 수도 있다. 흔히 그렇듯이 이 모든 일들은 무의식적으로 일어나지만, 우리는 그런 걸 믿는 것은 비이성적인 바보짓이라고 완강하게 주장한다. 여러분도 그렇게 생각하지 않는가? 잠깐 히틀러의 스웨터를 떠올려보지 않겠는가……? '아니, 뭐라고요? 그건 극단적인 사례라 당신의 주장을 뒷받침하는 증거로는 쓸모가 없잖아요?' 아마 여러분은 이렇게 말할 것이다. 나는 이 반론을 인정할 수 없다. 히틀러의 스웨터에 놀라 움찔하는 사람(그러지 않을 사람이 누가 있을까)은 정수에 관한 주장을 믿는 것이다. 여러분이 의사 가운과 슈퍼맨 티셔츠의 작용을 믿는 사람들과 다른 단 한 가지는, 마법의 정수가 진지하게 받아들여지려면 그 정수가 강력한 힘을 발휘해야 한다는 여러분의 확신이다. 그러나 핵심에 있어서 여러분은 정수 관념에 동의한 지 이미 오래다.

이제 이 책의 제목에서 언급한 양말 이야기로 돌아가자. 이 양말도 당연히 상징성이 실린 의복이다. 그러나 의사 가운과는 조금 다른 방식으로 작용한다. 의사 가운의 특성은 다 알다시피 주의력이라는 긍정적 정수를 저장해놓았다가 전달하는 데 있다. 그렇다면 남자들의 전통적인 양말은 어떤 신비로운 정수들로 가득차 있을까? 아인슈타인 같은 천재가 양말을 벗어야 한다고 생각할 만큼 그것을 그토록 비정상적인 것, 최악의 것, 끔찍한 것으로 만든 것은 무엇일까? 그리고 무엇보다 중요한 의문이 있다. 우리는 날이면 날마다 양말을 신는데도 이 수수께끼 같은 특성을 왜 지금까지 아무도 알아차리지 못했을까?

결정적인 힌트를 준 사람은 영국 총리 데이비드 캐머런이다. 2011년 그가 토스카나에서 여름휴가를 보낼 때 사진 기자들은 그를 찾아내려고 분주히 움직였다. 나중에 기자들이 보도한 뉴스에 의하면, 당시 그들에게는 끔찍한 사진 한 장이 제공되었다고 한다. 보수적인 정치가 캐머런이 아내와 함께 카페에 앉아 카푸치노를 마시는 장면이었다. 캐머런은 짧은 소매의 파란색 셔츠와 어두운 색상의 바지 차림에, 검은 가죽 슬리퍼를 신고 있었지만 양말은 신지 않았다. 그러자 분노와 악의의 물결이 영국 전역을 휩쓸었으며 인디펜던트 같은 점잖은 일간지마저 여기에 가세했다. 이 소란의 이유를 알지 못했던 국외자들은 캐머런이 심각한 범죄라도 저지른 듯한 인상을 받았다. 하지만 그게 아니었다. 캐머런의 유일한 실수는 맨발로 신발을 신은 것이었다.

이 어마어마한 파문의 세기는 당혹스럽게도 (단지 처음에만) 양말이 남성의 착용품 가운데 가장 지루하고 재미없는 아이템이라는 사실과 맞아떨어진다. 남자 양말의 가장 중요한 특징은 절대로 남의 이목을 끌어서는 안 된다는 데 있다. 이건 말 그대로 운동할 때를 빼고는 남자가 절대로 신으면 안 된다며, 흰색 스포츠양말이 지루할 정도로 토론의 단골주제가 되고 있는 상황을 보아도 알 수 있다. 이상적인 남자 양말은 검은색과 짙은 회색 혹은 감청색이다.[16] 갖가지 패션잡지들이 반복적으로 쏟아내는 호소에도 이 견해는 오늘날까지도 달라지지 않았다. 핵심만 말해보자. 남자 양말은 두말할 필요 없이 정수로 가득차 있다. 바로 지루함, 관습, 순응이라는 정수다.

이렇게 본다면 데이비드 캐머런이 왜 그런 파문을 일으켰는지, 또 알베르트 아인슈타인 같은 비범한 인물이 왜 양말을 하찮게 여길 수 있었는지 단번에 파악된다. 아인슈타인이 양말 착용을 거부한 것은 의심할 나위 없이 그의 자유로운 정신의 표현이었다. 이 둘은 밀접히 연관되어 있다. 따라서 노벨상 수상자인 그가 그토록 자유롭게 사고할 수 있었던 이유 중 가장 중요한 한 가지는, 무엇보다 그가 관습적이지 않은 삶을 살았기 때문이며 양말을 신지 않았던 것도 바로 그런 삶의 방식 중 하나였다고 생각할 수 있다. 다시 말해 순응의 삶이라는 정수로 가득한 착용품을 벗어버린 것이다.

자신의 삶을 바꾸고 싶지만 양말과 완전히 이별할 용기

를 내지 못한 사람은, 적어도 일 년에 한 번 구태의연한 사고방식들을 조금쯤 흔들어볼 기회가 있다. 최근에 미국의 한 부부가 주창한 '양말 신지 않는 날'을 지키면 된다.[17] '양말 신지 않는 날'은 매년 5월 8일이다. 두 사람은 환경을 위해 뭔가를 할 수 있다는 말로 이날을 제창한 이유를 설명했다. 지저분한 양말이 빨랫감으로 덜 나오면 전기와 세제를 절약할 수 있다고 했다. 허브 통신판매업을 하는 이 부부는 다음과 같이 적고 있다. "뿐만 아니라 양말을 신지 않으면 최소한 하루만이라도 조금은 자유롭다는 느낌이 든다." 여기에 더 보탤 말이 뭐가 있겠는가.

## 성급한 독자를 위한 팁

이 책을 읽을 만한 가치가 있는지 궁금해하는 성급한 독자에게 미리 간단한 정보를 드린다. 지금까지 읽은 내용을 항목별로 기억하고 싶은 분들을 위해 짤막하게 요약한 조언이기도 하다.

---

**1. 기분을 고조시키고 싶다면 설사 그럴 마음이 없더라도 웃어라.**

밀교적인 말처럼 들리겠지만 무엇보다 찰스 다윈의 저술을 통해 과학적으로 입증된 사실이다. 선불교에서도 인정한 방법이다. 동일한 효과를 내는 다른 방법도 있다. 나지막하지만 분명하게 '에――' 하고 소리를 낸다. 이 방법들이 왜 효과가 있는지, 여기에서 어떤 결론이 나오는지는 57쪽 이하와 100쪽 이하를 읽어보라.

## 2. 아이가 학교에서 좋은 성적을 받게 하고 싶으면 맨 앞줄에 앉게 하라.

효과는 분명하게 입증되었지만 그 이유는 아직 완전하게 밝혀지지 않았다. 그래도 상관없다. 다음번 학부모 모임에서는 적극적으로 뛰어들어 확실한 좌석 배치에 신경써야 한다. 대학에서 공부할 때나 평생교육원에 다닐 때도 마찬가지다. 앞자리에 앉는 게 왜 유익한지는 248쪽에서부터 나와 있다.

## 3. 머지않아 공개석상에 나가 자신감 있게 행동하려면 몸을 곧게 펴고 서라.

그전에 미리 연습하라. 평소에는 똑바로 서 있는 자세를 계속 머릿속에서 생각하고 있어야 한다. 그러나 일단 이 자세가 몸에 배어 습관이 되면 당신의 자신감은 더 발전할 것이다. 관련 연구들(다양한 외래어가 포함된)도 있다. 70쪽 이하를 보라.

## 4. 좋은 아이디어를 내야 한다면 환하게 비추는 조명은 꺼라.

그리고 작은 작업등을 켜라. 어두운 방은 관습에 얽매이지 않는 사고를 할 수 있는 용기를 준다. 어둑어둑한 초저녁에

깜박 선잠이 든다면 그것도 좋다. 잠을 자며 생각이 정리될 테고 당신은 더 똑똑해질 것이다. 언제 다시 방을 환하게 해야 할지(반드시 그렇게 해야 한다)는 286쪽 이하에 나와 있다.

**5. 외로움을 느끼고 싶지 않으면 따뜻한 수프를 끓여라.**

수프에서 전해지는 따뜻함은 당신이 유아기에 느꼈던 안정감을 활성화한다. 이 조언의 참된 지혜를 알기 위해서는 그 배경에 대해 더 많은 것을 읽어야 한다. 134쪽에 나와 있다.

**6. 꼼꼼하게 일하고 싶으면 의사 가운을 입어라.**

옷이 우리의 사고에 어떤 작용을 하느냐에 관한 문제는 거대한 주제지만, 아쉽게도 관련 연구는 아직 초기 단계에 머물러 있다. 이제 겨우 하나둘씩 흥미로운 이론들이 나오는 중이다. 섹시한 속옷과 잘 만들어진 슈트도 우리의 사고에서 큰 역할을 한다. 어떤 흥미로운 이론들이 있는지 알려면 331쪽 이하를 읽어보라.

**7. 아이에게 책을 읽어줄 때는 제스처를 함께 사용하라. 그러면 아이는 말을 더 빨리 잘 배운다.**

아인슈타인은 왜 양말을 신지 않았을까

두 팔로 힘차게 노 젓는 제스처를 취하는 것은 유익한 동작이다. 특히 여학생들의 수학 공부에 도움이 된다. 이게 정확히 무슨 말인지, 그리고 '제스처의 힘'을 분석한 연구가 어느 수준까지 와 있는지 알고 싶으면 217쪽 이하를 참고하라.

### 8. 뭔가 일이 잘못되었을 때는 손을 씻어라.

양심의 가책을 느낄 때도 똑같이 하라. 분명히 도움이 된다. 그러나 잠깐! 이 방법을 쓰면 당신의 행운도 달아날 수 있다. 그러니까 이율배반적인 조언인 셈이다. 도덕적으로 복잡하게 얽힌 문제를 어떻게 씻어낼 수 있는지는 313쪽에 적혀 있다.

### 9. 초콜릿 과자를 먹고 싶은 욕구를 이기고 싶다면, 손으로 방어자세를 취하라.

이건 보편적으로 통용되는 조언이다. 당신이 뭔가를 하고 싶지 않거나 피하고 싶은 모든 경우에 해당된다. 포옹하는 제스처는 정반대의 효과를 낸다. 라틴어 단어를 공부하건, 세무신고서를 작성하건, 아니면 주변 사람을 다룰 때이건, 포옹하는 자세는 대상을 수용하겠다는 마음가짐을 높여준다. 이 문제에 관한 연구 상황은 292쪽에 나와 있다.

## 10. 상대방을 안심시키려면 당신의 손을 그의 등에 갖다대라.

단, 조건은 상대방도 그걸 원해야 한다. 만일 그렇다면 기적 같은 효과를 낸다. 스스로 시험해보라. 자세한 내용과 관련 일화는 134쪽 이하를 참고하라.

## 11. 따분한 강연에서 집중하고 싶으면 종이에 아무 의미 없는 동그라미를 그려보라.

그러나 그 모습이 발각되지 않게 하라. 2009년에 나온 영국 학자들의 연구 결과에 의하면, 당신이 그린 예술적 그림은 어쩌고저쩌고 하며 당신의 행동을 설명했을 때쯤이면 강연자는 이미 회복 불가능할 정도로 모욕감을 느낀 뒤다. 발각되지 않는 방법을 알려달라고? 불가능하다. 그러나 이 문제와 관련한 자세한 정보들은 상당히 많다. 152쪽을 보라.

## 12. 광고에 영향받고 싶지 않으면 당근을 먹어라.

우리는 새로운 단어를 접하면 그걸 기억하려고 입술로 단어의 모양을 따라 한다. 당연히 무의식적으로. 그래서 여러분이 여태 그렇게 해왔는지도 몰랐던 거다. 그러나 입이 다른 일에 바쁘다면…… 여러분이 이 문장을 입술로 따라 했으니 어떤 말로 이 문장이 끝날지도 알 것이다. 이 트릭은 팝콘이나 해바라기씨나 껌을 이용해도 효과가 있다. 103쪽을 읽어보라.

## 12+1. 바보가 되고 싶지 않으면 규칙적으로 운동하라.

고전적인 조언이다. 나도 안다. 그래서 대부분의 사람들이 무시하는 거다. 경솔한 짓이다. 운동이 효과가 있다는 것은 어마어마한 양의 메타연구(연구에 관한 연구)들을 통해 확실히 증명되었다. 운동을 하면 똑똑해진다. 일주일에 세 번 30분씩만 해도 충분하다. 잠깐! 어디를 가시는지? 벌써 나가버렸군…… 자, 여러분이 나중에 다시 와서 이 책을 들여다본다면 충분한 운동이 축복이 되는 이유를 213쪽 이하에서 읽을 수 있다.

모든 것은 모든 것과 연관을 맺고 있다는 것이 알다시피이 책의 핵심 주제다. 머리는 몸과, 사고는 움직임과, 껌 씹기는 단어 배우기와 연관되어 있다. 이 책을 쓴 내게도 당연히 해당되는 말이다. 이 책은 나 혼자만의 힘으로 나온게 아니라, 수많은 사람과 상황과 우연이 모여 탄생한 결과물이다. 이 책이 앞으로 독자의 관심을 얻기까지는 또다른여러 사람들의 노력이 보태질 것이다. 그중에는 내가 어렴풋이 아는 사람도 있을 테고, 앞으로 전혀 만나보지 못할사람도 있을 것이다. 그래도 그 모든 분들에게 진심으로 감사의 마음을 표하고 싶다.

• 아내 베티나와 두 아들은 몇 달간 내가 해야 할 많은 집안일을 참을성 있게 떠맡았으며, 시시때때로 다른 데 정신이 팔려 있는 남편과 아버지를 인내해주었다.

- 엘리자베트 그로나우는 수년간 함께 작업하며 자료 조사에 지속적으로 믿을 만한 도움을 주었다.

- 로볼트출판사의 구나어 슈미트는 저자인 내게 다시 신뢰를 보내주었다.

- 하나 슐러는 원고를 꼼꼼하게 편집해주었다. 더러 삭제한 부분도 있었다. 나로서는 별로 고통스럽지 않았지만, 그게 다음번 작업에서는 가능한 한 선례가 되지 않기를 바란다.

- 롤프 파이퍼는 귀중한 시간을 할애해 훌륭한 인터뷰를 해주었다. 그러나 아쉽게도 지면상 제약으로 그 내용을 원고에 넣지 못했다.

- 하이코 도이치만은 멋진 일화를 들려주었지만 이 역시 원고에 신지 못했다.

- 오스트리아 방송(ORF) 문학 프로그램 ⟨les.art⟩의 기획자 샤론 누니는 항상 대화를 통해 중요한 사항을 상기시켜주었다.

- 이 책과 커버를 만든 디자이너에게 고마운 마음을 전한다.

- 원고에서 오류를 찾아낸 교정자들에게 감사드린다.

- 책을 주문한 서적상 여러분과 이제 곧 주문한 뒤 진열창 맨 앞이나 계산대 바로 옆에 전시해줄 서점 직원들에게 감사드린다.

- 비평문을 쓰기 위해 책표지에 적힌 광고문보다 본문을 더 많이 읽는 수고를 해주실 비평가들, 그리고 최소한 광고문을 읽은 뒤 이 책을 언급할 비평가들에게 감사드린다.
- 어딘가에서 한번쯤 누군가에게 이 책을 무심코 추천할 사람도 있을 것이다. 나로서는 그가 누구인지 영원히 알 수 없고 남자인지 여자인지도 알 수 없지만, 그렇게 해서 작은 호응의 물결을 일으키고 확대 재생산해줄 분에게 고맙다는 인사를 드린다.
- 마지막으로 이 책을 구입하거나 선물하거나 읽을 여러분에게 감사드린다. 원고를 쓰는 몇 달간(특히 침체기에) 내가 늘 머릿속에 담아두었던 여러분이야말로 내가 분발하도록 독려한 사람들이었다.

이 모든 분들에게 감사의 말씀을 드린다.

안코비치 박사
2014년 10월 베를린에서

아인슈타인은 왜 양말을 신지 않았을까

**덧붙이는 말**

나는 성실하게 능력이 닿는 대로 오류 없이 작업하려고 노력했다. 그 노력이 성공적이었기를 바란다. 만일 그렇지 않다면 죄송하다는 말씀을 드린다. 혹시 오류를 발견할 경우 내 홈페이지(www.ankowitsch.de)를 통해 알려준다면 고맙겠다.

주

## 사용설명서

1  이에 관해서는 나의 책 *Dr. Ankowitschs Kleiner Seelenklempner.*
   *Wie Sie sich glücklich durchs Leben improvisieren*, 2009를 참조
   하라.

2  *Neue Zürcher Zeitung*: Intelligenz braucht einen Körper, 13. März
   2003.


## 1부. 사실 우리는 왼쪽 무릎으로 생각한다

1  토머스 하비는 다르게 주장했지만 혼자 작업했을 가능성이 높다. 지난
   몇 년 동안 아인슈타인의 뇌 추출 사건을 둘러싸고 자세한 정황들이 드
   러났다.

2  1978년 *New Jersey Monthly*에 실렸다.

3  Falk, Dean; Lepore, Frederick E.; Noe, Adrianne: The Cerebral
   Cortex of Albert Einstein: A Description and Preliminary Analysis
   of Unpublished Photographs, in: *Brain*, 16. November 2012.

4  알베르트 아인슈타인이 1943년 7월 26일 친구 구스타프 버키에게 보낸
   편지. http://www.einstein-website.de/z_information/faq.html.

5  이 동시대인은 아인슈타인의 의붓딸 일제의 남편인 루돌프 카이저
   다. 그는 1930년 안톤 라이저라는 필명으로 아인슈타인의 전기 *Albert*
   *Einstein. A Biographical Portrait*를 저술했다. http://www.einstein-

website.de/z–biography/tuemmler.html.

6    Steiner, Frank (Hrsg.): *Albert Einstein. Genie, Visionär und Legende*, p. 179.

7    www.einsteinjahr.de/page_2750.html.

8    Einstein, Albert: How I Created the Theory of Relativity, in: *Physics Today* 35/8 (1982), p. 47.

9    www.einsteinjahr.de/page_2749.html.

10   파이퍼 교수는 취리히대학교 '인공지능 실험실'에서 연구하며 강의하고 있다. 인터뷰는 의사인 진저 캠벨 박사가 자신의 팟캐스트 'Brain Science'(2007년 11월 30일, 25회)를 위해 진행했다. http://brainsciencepodcast.com/bsp/embodied-intelligence-with-rolf-pfeifer-bsp-25.html.

11   Rohrer, Tim: The Body in Space: Dimensions of Embodiment, in: Frank, Roslyn M. u. a. (Hg.): *Body, Language and Mind. Volume 2: Sociocultural Situatedness*, 2008, p. 339ff. 로러는 이 글에서 미국 심리학자이며 철학자인 윌리엄 제임스를 언급했다.

12   Buchholz, Thomas u. a.: Der Körper: eine unförmige Masse. Wege zur Habituationsprophylaxe, in: *Die Schwester Der Pfleger*, 37/7 (1998), pp. 568–572.

13   미국이 운용하는 쿠바의 관타나모수용소에서 그런 고문이 자행되었다. 관타나모수용소는 테러리스트들을 수감했던 곳이다.

14   이 표현은 더글러스 애덤스 극본의 라디오 드라마 〈은하수를 여행하는 히치하이커를 위한 안내서〉 시리즈(1979년 방송 시작)에 나온다. 잘 알려져 있듯이 드라마에서는 이 질문에 '42'라는 답을 제시했다. 어느덧 전설이 된 이 대답의 의미를 알려면 제대로 된 질문을 찾아내야 한다고 했다.

15   Noë, Alva: *Du bist nicht Dein Gehirn. Eine radikale Philosophie des Bewusstseins*, 2010.

16   이 사실은 Andreas Wehowsky가 Wirkprinzipien der Körperpsychotherapie, in: Marlock, Gustl; Weiss, Halko(Hg.): *Handbuch der Körperpsychotherapie*, 2006, p. 190에서 지적했다.

17  Tschacher, Wolfgang; Storch, Maja: Die Bedeutung von Embodiment für Psychologie und Psychotherapie, in: *Psychotherapie* 17/2 (2012), pp. 259-267.

18  Nietzsche, Friedrich: *Also sprach Zarathustra*, 1883.

19  언어학자 레이코프와 철학자 존슨의 이론은 대대적인 영향력에 비해 제목은 상당히 따분했던 책 『삶으로서의 은유』에 나와 있다. 초판은 1980년에 나왔으며 1997년 독일어 번역본이 출간되었다.

20  두 학자는 우리가 은유를 이용하면 "어떤 대상이나 과정을 다른 대상이나 다른 과정의 개념으로 이해하고 경험할 수 있다"고 적었다. Lakoff, George; Johnson, Mark: *Leben in Metaphern. Konstruktion und Gebrauch von Sprachbildern*, 1997, p. 13.

21  Lakoff; Johnson: *Leben in Metaphern*, p. 57.

22  Miles, Lynden K.; Nind, Louise K.; Macrae, C. Neil: Moving Through Time. Thinking of the Past or Future Causes Us to Sway Backward or Forward, in: *Psychological Science* 21/2 (2010), p. 22f.

23  Angier, Natalie: Abstract Thoughts? The Body Takes Them Literally, in: *New York Times*, 2. Februar 2010, D2.

24  최근 출판된 Leuzinger-Bohleber, Marianne; Emde, Robert N.; Pfeifer, Rolf (Hrsg.): *Embodiment. Ein innovatives Konzept für Entwicklungsforschung und Psychoanalyse*, 2013의 서문에도 이렇게 적혀 있다.

25  Krauss-Kogan, Wiltrud: Die Bedeutung des Körpers in der Gestalttherapie, in: Marlock; Weiss: *Handbuch der Körperpsychotherapie*, p. 903.

26  앞에서 언급한 진저 캠벨 박사와의 인터뷰에 나와 있다.

27  Hebb, Donald O.: *The Organization of Behavior. A Neuropsychological Theory*, 1949.

28  롤프 파이퍼가 팟캐스트 'Brain Science'에서 한 발언이다.

29  같은 곳.

30  잠깐 말해둘 것이 있다. 인간의 사고와 감정과 행위가 그물망처럼 엮여 있다는 것을 보여주려면, 아마 모든 것이 모든 것과 연결되어 있고 각각

의 행동이 일어나는 순간 그것이 다른 행동을 유발하는, 아주 정교하게 짜여 완성된 그물처럼 그 현상을 묘사해야 할 것이다. 그러나 안타깝게도 그것을 글로 묘사하기는 거의 불가능에 가깝다. 이 현상을 이해시키려면 서로 얽혀 있는 대상들을 분리하여 묘사 가능한 작은 부분으로 나누어야 하는데, 그렇게 되면 묘사할 때마다 전체 그물망이 가진 아름다움을 빼앗을 것이기 때문이다. 안타깝지만 그렇게는 할 수 없다.

31  Schrauth, Norbert: Körperpsychotherapie und das vegetative Nervensystem, in: Marlock; Weiss: *Handbuch der Körperpsychotherapie*, p. 659.

32  이 표현은 어떤 일에 무척 화가 나서 수십 년 전에 아문 천연두 주사 자리가 다시 터졌다는 뜻이다. 우리가 신체 경험을 토대로 세계를 설명한다는 것을 멋지게 보여주는 은유 중 하나다.

33  Schrauth: *Körperpsychotherapie und das vegetative Nervensystem*, p. 659f.

34  Johanson, Gregory J.: Die Organisation unserer Erfahrungen – ein systemorientierter Blick auf die Körperpsychotherapie, in: Marlock; Weiss: *Handbuch der Körperpsychotherapie*, p. 182.

35  *On the Origin of Species*, 1859; ders.: *The Descent of Man, and Selection in Relation to Sex*, 1871.

36  Ekman, Paul: An Argument for Basic Emotions, in: *Cognition and Emotion* 6/3,4 (1992), pp. 169–200.

37  Darwin, Charles: *Der Ausdruck der Gemüthsbewegungen bei dem Menschen und den Thieren*, 1872, p. 335f.

38  같은 책, p. 336.

39  Stepper, Sabine; Strack, Fritz; Martin, Leonard L.: Inhibiting and Facilitating Conditions of the Human Smile: A Nonobstrusive Test of the Facial Feedback Hypothesis, in: *Journal of Personality and Social Psychology* 54/5 (1988), pp. 768–777.

40  Förster, Jens: The Influence of Approach and Avoidance Motor Actions on Food Intake, in: *European Journal of Social Psychology* 33 (2003), pp. 339–350.

41  Haas, Michaela: Mir entgeht kein Gesichtsausdruck, in: *Süddeutsche Zeitung Magazin*, 17. Mai 2010.

42  Gallese, Vittorio: Den Körper im Gehirn finden. Konzeptuelle Überlegungen zu den Spiegelneuronen, in: Leuzinger-Bohleber; Emde; Pfeifer: *Embodiment*, p. 93.

43  Sänger, Johanna; Müller, Viktor; Lindenberger, Ulman: Intra- and Interbrain Synchronization and Network Properties When Playing Guitar in Duets, in: *Frontiers in Human Neuroscience* 6/312 (2012).

44  Lenzen, Manuela: Alle mal mitdenken! Die Kognitionswissenschaft entdeckt, dass es ein soziales Erkennen gibt, in: *Frankfurter Allgemeine Zeitung*, 13. Oktober 2010.

45  De Jaegher, Hanne; Di Paolo, Ezequiel; Gallagher, Shaun: Can Social Interaction Constitute Social Cognition?, in: *Trends in Cognitive Sciences* 14/10 (2010).

46  Grand, Ian J.: Körper, Kultur und Körperorientierte Psychothera-pien, in: Marlock; Weiss: *Handbuch der Körperpsychotherapie*, pp. 290–298.

47  같은 글.

48  Weiss, Halko: Der erfahrene Körper, in: Marlock; Weiss: *Handbuch der Körperpsychotherapie*, p. 420.

49  같은 글.

50  Rispoli, Luciano: Funktionalismus und Körperpsychotherapie, in: Marlock; Weiss: *Handbuch der Körperpsychotherapie*, p. 640.

51  Painter, Jack W.: Leben in der Vertikalen, in: Marlock; Weiss: *Handbuch der Körperpsychotherapie*, p. 910.

52  Hüther, Gerald: Wie Embodiment neurologisch erklärt werden kann, in: Storch, Maja u. a.: *Embodiment. Die Wechselwirkung von Körper und Psyche verstehen und nutzen*, 2. Aufl., 2011, p. 92.

53  Storch, Maja: Wie Embodiment in der Psychologie erforscht wurde, in: Storch u. a.: *Embodiment*, p. 67.

54  Johanson: *Die Organisation unserer Erfahrungen*, p. 182.

55  같은 글, p. 174.

56  Weiss, Halko: Der Körper und die Wahrheit, in: Marlock; Weiss: *Handbuch der Körperpsychotherapie*, p. 277.

57  Johanson: *Die Organisation unserer Erfahrungen*, p. 174.

58  Gottwald: *Bewusstseinszentrierte Körperpsychotherapie*, p. 112.

59  1000억 개(10의 11제곱)

60  1000조 개(10의 15제곱)

61  Gottwald, Christian: Bewusstseinszentrierte Körperpsychotherapie -an-gewandte Neurobiologie?, in: Schrenker, Leonhard; Schricker, Christoph; Sulz, Serge K. (Hrsg.): Die Psychotherapie entdeckt den Körper, 2005, p. 114.

62  Rutherford, Helena J. V.; Mayes, Linda C.: Wie Beziehungen unser Gehirn prägen. Die Neurobiologie elterlichen Verhaltens, in: Leuzinger-Bohleber; Emde; Pfeifer: *Embodiment*, p. 138f.

63  http://www.mediadesk.uzh.ch/articles/2012/arm-im-gips-veraenderthirn-in-16-tagen.html.

## 2부. 내 안에 감춰진 진정한 권력자

1  Damasio, Antonio: *Ich fühle, also bin ich. Die Entschlüsselung des Bewusstseins*, 2002; *Descartes' Irrtum. Fühlen, Denken und das menschliche Gehirn*, 2002; *Der Spinoza-Effekt. Wie Gefühle unser Leben bestimmen*, 2004.

2  Roth, Gerhard: *Fühlen, Denken, Handeln. Wie das Gehirn unser Verhalten steuert*, 2003, p. 321.

3  Darwin: *Der Ausdruck der Gemüthsbewegungen*, p. 335f.

4  Storch, Maja: *Wie Embodiment in der Psychologie erforscht wurde*, p. 45.

5  Marlock, Gustl: Körperpsychotherapie als Wiederbelebung des Selbst-eine tiefenpsychologische und phänomenologisch-existenzielle Perspektive, in: Marlock; Weiss: *Handbuch der*

*Körperpsychotherapie*, p. 145f.

6 Gottwald: *Bewusstseinszentrierte Körperpsychotherapie*, p. 182 참조.

7 같은 글.

8 Ankowitsch, Christian: *Mach's falsch, und du machst es richtig. Die Kunst der paradoxen Lebensführung*, 2011, p. 10ff.

9 Gottwald, Christian: Neurobiologische Perspektiven zur Körperpsychotherapie, in: Marlock; Weiss: *Handbuch der Körperpsychotherapie*, p. 126.

10 『쥐트도이체 차이퉁 마가진』의 편집자 토마스 베른트할러의 주선으로 진행된 이 인터뷰는 2014년 17호에 실렸다. 제목은 다음과 같다. "사람들이 나를 좋아했으면 좋겠다.' 세상은 그를 화가들의 왕, 멋쟁이, 천재로 불렀다. 그는 과연 누구일까? 허영, 스타일, 그 밖의 다른 오해들에 관하여."

11 McIntosh, Daniel N. u. a.: Facial Movement, Breathing, Temperature, and Affect: Implications of the Vascular Theory of Emotional Efference, in: *Cognition and Emotion* 11/2 (1997), pp. 171–195.

12 Wollmer, M. Axel u.a: Facing Depression with Botulinum Toxin: A Randomized Controlled Trial, in: *Journal of Psychiatric Research* 46/5 (2012), pp. 574–581.

13 Hennenlotter, Andreas u. a.: The Link between Facial Feedback and Neural Activity within Central Circuitries of Emotion–New Insights from Botulinum Toxin-Induced Denervation of Frown Muscles, in: *Cerebral Cortex* 19/3 (2009), pp. 537–542.

14 Oberman, Lindsay M.; Winkielman, Piotr; Ramachandran, Vilayanur S.: Face to Face: Blocking Facial Mimicry Can Selectively Impair Recognition of Emotional Expressions, in: *Social Neuroscience* 2/3,4 (2007), pp. 167–178.

15 Rispoli: *Funktionalismus und Körperpsychotherapie*, p. 643f.

16 Kosinár, Julia: Körperhaltung–eine unterschätzte Ressource der Selbstregulation? Erste Ergebnisse zum bewussten Einsatz von

Körperhaltung aus Selbstbeobachtungen von Lehramtsstudieren-den, in: Esslinger-Hinz, Ilona; Hahn, Heike: *Kompetenzen ent-wickeln – Unterrichtsqualität in der Grundschule steigern. Entwick-lungslinien und Forschungsbefunde*, 2008, pp. 56–63.

17  인용된 문장은 율리아 코지나르가 1998년부터 2002년까지 개최한 열 다섯 차례의 세미나에서 수집한 반응들을 요약한 말이다.

18  Stepper, Sabine; Strack, Fritz: Proprioceptive Determinants of Emotional and Nonemotional Feelings, in: *Journal of Personality and Social Psychology* 64/2 (1993), p. 218.

19  Darwin: *Der Ausdruck der Gemüthsbewegungen*, p. 241.

20  Döring-Seipel, Elke: *Stimmung und Körperhaltung. Eine experimentelle Studie*, 1996.

21  율리아 코지나르가 요약한 실험 결과와 동일하다. Kosinár: *Körperhal-tung – eine unterschätzte Ressource*, p. 57.

22  Janssen, Daniel; Schöllhorn, Wolfgang I.; Lubienetzki, Jessica: Diagnose emotionaler Zustände beim Gang mittels neuronaler Netze, in: Edelmann-Nusser, Jürgen; Witte, Kerstin (Hrsg.): *Sport und Informatik. IX. Bericht zum 6. Workshop Sportinformatik der dvs-Sektion Sportinformatik*, 2006, pp. 55–60.

23  Michalak, Johannes u. a.: Embodiment of Sadness and Depres-sion – Gait Patterns Associated with Dysphoric Mood, in: *Psycho-somatic Medicine* 71/5 (2009), pp. 580–587.

24  Hauschild, Jana; Wüstenhagen, Claudia: Körper und Seele – nur gemeinsam stark, in: *ZEIT Wissen* 3 (2013)에서 재인용.

25  Beckers, Dominiek; Deckers, Jos: *Ganganalyse und Gangschulung. Therapeutische Strategien für die Praxis*, 1997, p. 1.

26  Hauschild; Wüstenhagen: Körper und Seele – nur gemeinsam stark 참조.

27  Grand, Ian J.: Das verkörperte Unbewusste, in: Marlock; Weiss: *Handbuch der Körperpsychotherapie*, p. 227.

28  그녀의 교수 자격시험 논문인 *Embodiment. Der Einfluss von*

*Eigenbewegung auf Affekt, Einstellung und Kognition. Grun-dlagen und therapeutische Anwendung*, Ruprecht-Karls-Universität Heidelberg, Fakultät für Empirische Kultur- und Verhaltenswissenschaften, 2009에서도 이 문제를 다루었다. 자비네 코흐의 논문은 앞에서 언급한 Hauschild의 기사 "Wüstenhagen: Körper und Seele -nur gemeinsam stark"를 통해 알게 되었다.

29  Koch, Sabine; Morlinghaus, Katharina; Fuchs, Thomas: The Joy Dance. Specific Effects of a Single Dance Intervention on Psychiatric Patients with Depression, in: *The Arts in Psychotherapy* 34 (2007), pp. 340-349.

30  같은 글.

31  Hauschild; Wüstenhagen: Körper und Seele -nur gemeinsam stark.

32  같은 글.

33  같은 글에서 재인용.

34  Gottwald: *Bewusstseinszentrierte Körperpsychotherapie*, p. 136.

35  관련 메타연구는 함부르크의학대학원에서 스포츠과학과 연구방법론을 강의하는 헤닝 부데 교수가 주도했다. Budde, H.; Helmich, I.; Wegner, M.: Effects of Exercise on Anxiety and Depression Disorders: Review of Meta-analyses and Neurobiological Mechanisms, in: *CNS & Neurolical Disorders-Drug Targets* 13/6 (2014), pp. 1002-1014.

36  Grand: *Das verkörperte Unbewusste*, p. 229.

37  Scott, Brent A.; Barnes, Christopher M.: A Multilevel Field Investigation of Emotional Labor, Affect, Work Withdrawal, and Gender, in: *Academy of Management Journal* 54/1 (2011).

38  Storch, Maja: Embodiment im Zürcher Ressourcen Modell (ZRM), in: Storch u. a.: *Embodiment*, pp. 127-142.

39  이 제목은 록밴드 '펠파르벤'이 1980년에 발표하여 유명해진 〈Ein Jahr (Es geht voran)〉을 패러디한 것이다.

40  Schwab, Gustav: *Sagen des klassischen Altertums, Dritter Teil*, 1986,

p. 784.

41 Geuter, Ulfried: Die Rolle des Körpers bei seelischen Abwehrprozessen – Körperpsychotherapie und Emotionstheorie, in: Marlock; Weiss: *Handbuch der Körperpsychotherapie*, p. 556에서 재인용.

42 같은 글.

43 Tonella, Guy: Die orale Depression, in: Marlock; Weiss: *Handbuch der Körperpsychotherapie*, p. 770.

44 Grand: *Das verkörperte Unbewusste*, p. 227.

45 Rispoli: *Funktionalismus und Körperpsychotherapie*, p. 641.

46 Geuter: *Die Rolle des Körpers bei seelischen Abwehrprozessen*, p. 557.

47 Schmidt-Zimmermann, Ilse: Das Spektrum körperpsychotherapeutischer Übungen und Interventionen, in: Marlock; Weiss: *Handbuch der Körperpsychotherapie*, p. 571.

48 Vickhoff, Björn u. a.: Music Structure Determines Heart Rate Variability of Singers, in: *Frontiers in Psychology* 4/334 (2013).

49 Krauss-Kogan: *Die Bedeutung des Körpers in der Gestalttherapie*, p. 903.

50 Marcher, Lisbeth; Jarlnaes, Erik; Münster, Kristine: Die somatischen Grundlagen der Berührung, in: Marlock; Weiss: *Handbuch der Körperpsychotherapie*, pp. 530–540.

51 같은 글, p. 535 참조.

52 Petzold, Hilarion G.: Der 〈informierte Leib〉:〈embodied and embedded〉– ein Metakonzept für die Leibtherapie, in: Marlock; Weiss: *Handbuch der Körperpsychotherapie*, p. 113 참조.

53 Hahn, Amanda C. u. a.: Hot or not? Thermal Reactions to Social Contact, in: *Biology Letters* 8 (2012).

54 Zhong, Chen-Bo; Leonardelli, Geoffrey J.: Cold and Lonely. Does Social Exclusion Literally Feel Cold?, in: *Psychological Science* 19/9 (2008), pp. 838–842.

55 Troisi, Jordan D.; Gabriel, Shira: Chicken Soup Really Is Good for the Soul: ≪Comfort Food≫ Fulfills the Need to Belong, in: *Psychological Science* 22/6 (2011), pp. 747-753.

56 Zhong; Leonardelli: Cold and Lonely 참조.

## 3부. 손으로 사고하고, 발로 익힌다

1 토르베르크의 빼어난 책 『욜레슈 아주머니의 유산(Die Erben der Tante Jolesch)』에 묘사되어 있다. 이보다 앞서 나온 책 『욜레슈 아주머니 혹은 서양의 멸망(Die Tante Jolesch Oder Dev Untergang des Abendlandes in Anekdoten)』은 더 빼어난 책이다.

2 Torberg, Friedrich: *Die Erben der Tante Jolesch*, 1994, p. 105.

3 Roth: *Fühlen, Denken, Handeln*, p. 246 참조.

4 건축가 게오르크 프랑크는 이 문제를 다룬 『주의력의 경제에 관한 에세이(Ökonmie dev Aufmerksamkeit: Ein Entwurf)』라는 책을 썼다. 1998년 나온 유명 에세이다.

5 Weiss, Halko: Bewusstsein, Gewahrsein und Achtsamkeit, in: Marlock; Weiss: *Handbuch der Körperpsychotherapie*, p. 408.

6 Andrade, Jackie: What Does Doodling do?, in: *Applied Cognitive Psychology* 24/1 (2010), pp. 100-106.

7 예를 들어 껌 제조회사인 '리글리'는 긍정적인 결과가 나온 해당 연구들을 소개하고 있다.

8 Allen, A. P.; Smith, A. P.: A Review of the Evidence that Chewing Gum Affects Stress, Alertness and Cognition, in: *Journal of Behavioral and Neuroscience Research* 9/1 (2011), pp. 7-23.

9 Tucha, Lara; Koerts, Janneke: Gum Chewing and Cognition: An Overview, in: *Neuroscience & Medicine* 3 (2012), pp. 243-250.

10 Onyper, Serge V. u. a.: Cognitive Advantages of Chewing Gum. Now You See Them, Now You Don't, in: *Appetite* 57/2 (2011), pp. 321-328.

11 Kozlov, Michail D.; Hughes, Robert W.; Jones, Dylan M.: Gummed-

아인슈타인은 왜 양말을 신지 않았을까

up Memory: Chewing Gum Impairs Short-term Recall, in: *The Quarterly Journal of Experimental Psychology* 65/3 (2012), pp. 501-513.

12 Angier: *Abstract Thoughts*에서 재인용.

13 아이들은 이런 방법으로 무질서한 세계에 질서를 만들고 자신이 좋아하는 물건을 눈에 보이는 곳으로 옮겨놓는다. 그리고 이렇게 해서 인지를 조절한다. Yu, Chen u. a.: Active Information Selection: Visual Attention Through the Hands, in: *IEEE Transactions on Autonomous Mental Development* 1/2 (2009), pp. 141-151.

14 Hubert, Martin: Körper im Kopf. Wissenschaftler erforschen die leibhaftigen Wurzeln des Geistes, auf: *Deutschlandfunk*, 20. Januar 2008에서 재인용.

15 Banakou, Domna; Groten, Raphaela; Slater, Mel: Illusory Ownership of a Virtual Child Body Causes Overestimation of Object Sizes and Implicit Attitude Changes, in: *Proceedings of the National Academy of Science* 110/31 (2013).

16 Proffitt, Dennis R.: Embodied Perception and the Economy of Action, in: *Perspectives on Psychological Science* 1/2 (2006), pp. 110-122.

17 같은 글 참조.

18 Neuhoff, John G.; Long, Katherine L.; Worthington, Rebecca C.: Strength and Physical Fitness Predict the Perception of Looming Sounds, in: *Evolution and Human Behavior* 33/4 (2011), pp. 318-322.

19 Eerland, Anita; Guadalupe, Tulio M.; Zwaan, Rolf A.: Leaning to the Left Makes the Eiffel Tower Seem Smaller: Posture-Modulated Estimation, in: *Psychological Science* 22/1511 (2011).

20 Loetscher, Tobias u. a.: Head Turns Bias the Brain's Internal Random Generator, in: *Current Biology* 18/2 (2008), p. R60-R62.

21 Pettigrew, John D.: Laughter Abolishes Binocular Rivalry, in: *Clinical and Experimental Optometry* 88/1 (2005), pp. 39-45.

22  Dutton, Donald G.; Aron, Arthur P.: Some Evidence for Heightened Sexual Attraction under Conditions of High Anxiety, in: *Journal of Personality and Social Psychology* 30/4 (1974), pp. 510–517.

23  http://www.spiegel.de/netzwelt/web/kaese-weg-28–000-dollar-fuerdas-heilige-sandwich-a-329231.html.

24  Lakoff; Johnson: *Leben in Metaphern*, p. 70.

25  같은 책, p. 35f 참조.

26  같은 책, p. 35f.

27  IWF Jahrestagung. Die Weltwirschaft schwächelt extrem, wiwo.de, 23. September, 2011; IWF-Wirtschaftsausblick: Die Weltwirtschaft kommt in Schwung, faz.net, 25. Januar 2012; Börsen-Roundtable. Was Zulauf, Faber, Gross und Co. jetzt raten, wiwo.de, 17. Februar 2014.

28  레이코프와 존슨은 다음의 문장들을 예로 들었다. "그는 반대신문에 시달리고 쓰러졌다." "그 여자는 금방 충격을 받았다." "그의 신경은 아주 쇠약해졌다." Lakoff; Johnson: *Leben in Metaphern*, p. 38.

29  같은 책, p. 39.

30  Briñol, Pablov u. a.: Treating Thoughts as Material Objects Can Increase or Decrease Their Impact on Evaluation, in: *Psychological Science* 24/1 (2013).

31  Storch: *Wie Embodiment in der Psychologie erforscht wurde*, p. 26.

32  같은 책, p. 30.

33  이 문제를 공부하고 싶은 사람은 마야 슈토르히가 편찬한 책을 읽어보면 확실하게 알 수 있다.

34  Marlock: *Körperpsychotherapie als Wiederbelebung des Selbst*, p. 148 참조.

35  Gottwald: *Neurobiologische Perspektiven*, p. 123.

36  Glenberg, Arthur M.; Gallese, Vittorio: Action–based Language: A Theory of Language Acquisition, Comprehension, and Production, in: *Cortex* 48/7 (2012).

37  Gottwald: *Neurobiologische Perspektiven*, p. 117.

38 Lakoff; Johnson: *Leben in Metaphern*, p. 35f.

39 마리아네 로이칭거볼레버와 롤프 파이퍼는 헨리 L. 뢰디거의 연구 결과를 언급했다. 뢰디거는 '그가 기억에 관한 문헌에서 찾아낸 32개의 은유의 75퍼센트가 이런 '저장소 은유'의 변이형들이며 지금까지도 이 결과에서 달라진 것은 없다'고 말했다. Leuzinger-Bohleber, Marianne; Pfeifer, Rolf: Embodiment: Den Körper in der Seele entdecken – Ein altes Problem und ein revolutionäres Konzept, in: Leuzinger-Bohleber; Emde; Pfeifer: *Embodiment*, p. 16. Roediger, Henry L.: Memory Metaphors in Cognitive Psychology, in: *Memory & Cognition* 8 (1980), pp. 231–246.

40 Gottwald: *Neurobiologische Perspektiven*, p. 123.

41 Welcherin, Peter: Hildesheimer Grüße an die NSA, in: *Frankfurter Allgemeine Zeitung*, 6. Mai 2014, p. T4.

42 Leuzinger-Bohleber, Marianne; Pfeifer, Rolf: Psychoanalyse und Embodied Cognitive Science in Zeiten revolutionären Umdenkens, in: Leuzinger-Bohleber; Emde; Pfeifer: *Embodiment*, p. 51.

43 Gottwald: *Bewusstseinszentrierte Körperpsychotherapie*, p. 112.

44 Pesso, Albert: Dramaturgie des Unbewussten und korrigierende Erfahrungen: Wann ereignen sie sich? Bei wem? Und wo?, in: Marlock; Weiss: *Handbuch der Körperpsychotherapie*, p. 459 참조.

45 Gallese: *Den Körper im Gehirn finden*, p. 75.

46 Gottwald: *Neurobiologische Perspektiven*, p. 123.

47 Gottwald: *Bewusstseinszentrierte Körperpsychotherapie*, p. 109f.

48 Gottwald: *Neurobiologische Perspektiven*, p. 123.

49 Fuchs, Thomas: Das Gedächtnis unseres Körpers, in: *Psychologie Heute* 33/6 (2006).

50 Zweig, Stefan: *Die Welt von gestern*, 2014, zuerst 1944, p. 22.

51 Emde, Robert N.: Die Präventionswissenschaft der frühkindlichen Entwicklung und die herausfordernden Möglichkeiten für die Psychoanalyse, in: Leuzinger-Bohleber; Emde; Pfeifer:

*Embodiment*, p. 184 참조.

52  Leuzinger-Bohleber; Pfeifer: *Embodiment: Den Körper in der Seele entdecken*, p. 20.

53  Fuchs: *Das Gedächtnis unseres Körpers*, p. 4.

54  Wehowsky, Andreas: Wirkprinzipien der Körperpsychotherapie, in: Marlock; Weiss: *Handbuch der Körperpsychotherapie*, p. 351.

55  Canetti, Elias: *Die Stimmen von Marrakesch. Aufzeichnungen nach einer Reise*, 1989, zuerst 1967.

56  Gottwald: *Bewusstseinszentrierte Körperpsychotherapie*, p. 122 참조.

57  Hüther: *Wie Embodiment neurologisch erklärt werden kann*, p. 93.

58  Gottfried, Jay A. u. a.: Remembrance of Odors Past: Human Olfactory Cortex in Cross-Modal Recognition Memory, in: *Neuron* 42/4 (2004), pp. 687–695.

59  http://sciencev1.orf.at/science/news/114279.

60  Gick, Bryan; Derrick, Donald: Aero-tactile Integration in Speech Perception, in: *Nature* 462 (2009), pp. 502–504.

61  Friederici, Angela: Lebenslanges Lernen ist wie eine Muskelübung, in: *Frankfurter Allgemeine Zeitung*, 17. März 2008.

62  Gottwald: *Bewusstseinszentrierte Körperpsychotherapie*, p. 131.

63  Chowdhury, Rumana u. a.: Dopamine Modulates Episodic Memory Persistence in Old Age, in: *The Journal of Neuroscience* 32/41 (2012), pp. 193–204.

64  Storch: *Wie Embodiment in der Psychologie erforscht wurde*, p. 67.

65  Dordel, Sigrid; Breithecker, Dieter: Bewegte Schule als Chance einer Förderung der Lern-und Leistungsfähigkeit, in: *Haltung und Bewegung* 23 (2003), p. 6.

66  Booth, J N u. a.: Associations Between Objectively Measured Physical Activity and Academic Attainment in Adolescents From a UK Cohort, in: *British Journal of Sports Medicine* 48 (2013).

67  Goldin-Meadow, Susan: How Gesture Works to Change Our

Minds, in: *Trends in Neuroscience and Education* 3/1 (2014), pp. 4-6 참조.

68  같은 글.

69  Rowe, Meredith L.; Goldin-Meadow, Susan: Differences in Early Gesture Explain SES Disparities in Child Vocabulary Size at School Entry, in: *Science* 323/5916 (2009), pp. 951-953.

70  Sassenberg, Uta: Mit den Händen denken, in: faz.net, 18. März 2011, http://www.faz.net/aktuell/wissen/atomium-culture/gestik-und-intelligenzmit-den-haenden-denken-1610336.html.

71  Miller, Patricia; O'Neill, Gina: A Show of Hands: Relations between Young Children's Gesturing and Executive Function, in: *Developmental Psychology* 49/8 (2013), pp. 1517-1528.

72  Sassenberg: *Mit den Händen denken.*

73  Ehrlich, Stacy B.; Levine, Susan C.; Goldin-Meadow, Susan: The Importance of Gesture in Children's Spatial Reasoning, in: *Developmental Psychology* 42/6 (2006), pp. 1259-1268.

74  의사인 진저 캠벨 박사와 팟캐스트 'Brain Science'에서 행한 인터뷰. 2011년 3월 25일, 73회. http://brainsciencepodcast.com/bsp/embodied-cognition-with-lawrence-shapiro-bsp-73.html.

75  Goldin-Meadow: *How Gesture Works to Change Our Minds*, pp. 4-6.

76  같은 글 참조.

77  Lenzen, Manuela: Bohnenexperiment: Denkende Hand im kognitionswissenschaftlichen Versuchslabor, in: *Frankfurter Allgemeine Zeitung*, 2. Dezember 2009, p N4.

78  Neumann, Roland; Strack, Fritz: Approach and Avoidance: The Influence of Proprioceptive and Exteroceptive Cues on Encoding of Affective Information, in: *Journal of Personality and Social Psychology* 79/1 (2000), pp. 39-48.

79  Propper, Ruth E.; McGraw, Sean E.; Brunye, Tad T.; Weiss, Michael: *Getting a Grip on Memory: Unilateral Hand Clenching*, PloS ONE

    (2013).

80  같은 책.

81  Bender, Andrea; Beller, Sieghard: Fingers as a Tool for Counting – Naturally Fixed or Culturally Flexible?, in: *Frontiers in Psychology* 2/256 (2011).

82  Snyder, Kristy M. u. a.: What Skilled Typists Don't Know About the QWERTY Keyboard, in: *Attention, Perception, & Psychophysics* 76/1 (2014), pp. 162–171.

83  http://news.vanderbilt.edu/2013/12/automatic-typing.

84  "뛰어난 직관은 정보를 무시해야 한다." 게르트 기거렌처와의 인터뷰, in: *Uniprisma*, Januar 2009, p. 15.

85  Casasanto, Daniel; Dijkstra, Katinka: Motor Action and Emotional Memory, in: *Cognition* 115 (2010), pp. 179–185.

86  Noice, Helga; Noice, Tony; Kennedy, Cara: Effects of Enactment by Professional Actors at Encoding and Retrieval, in: *Memory* 8/6 (2000), pp. 353–363.

87  Wagner Cook, Susan; Yip, Terina Kuangyi; Goldin-Meadow, Susan: Gesturing Makes Memories That Last, in: *Journal of Memory and Language* 63/4 (2010), pp. 465–475.

88  Schmidt-Kassow u. a.: *Physical Exercise During Encoding Improves Vocabulary Learning in Young Female Adults: A Neuroendocrinological Study*, PLoS ONE (2013).

89  Förster, Jens; Strack, Fritz: Motor Actions in Retrieval of Valenced Information: A Motor Congruence Effect, in: *Perceptual and Motor Skills* 85/3 (1997), pp. 1419–1427 참조.

90  Radvansky, Gabriel A.; Copeland, David E.: Walking Through Doorways Causes Forgetting: Situation Models and Experienced Space, in: *Memory & Cognition* 34/5 (2006), pp. 1150–1156; Radvansky, Gabriel A.; Krawietz, Sabine A.; Tamplin, Andrea K.: Walking Through Doorways Causes Forgetting: Further Explorations, in: *The Quarterly Journal of Experimental Psychology*

64/8 (2011), pp. 1632-1645.

91  Fuchs: *Das Gedächtnis unseres Körpers*, p. 2.

92  Fuchs: *Leibgedächtnis und Unbewusstes*, p. 38.

93  Gendlin, Eugene T.; Hendricks-Gendlin, Marion N.: Das körperliche Empfinden als Grundlage von Körperpsychotherapien, in: Marlock; Weiss: *Handbuch der Körperpsychotherapie*, p. 266f.

94  Weiss; Harrer: *Der Körper und die Wahrheit*, p. 278.

95  Thaler, Richard H.; Sunstein, Cass R.: *Nudge. Wie man kluge Entscheidungen anstößt*, 2009.

96  Wells, Nancy M.: At Home With Nature. Effects of 'Greenness' on Children's Cognitive Functioning, in: *Environment and Behavior* 32/6 (2000), pp. 775-795.

97  Vandewalle, Gilles u. a.: Blue Light Stimulates Cognitive Brain Activity in Visually Blind Individuals, in: *Journal of Cognitive Neuroscience* 25/12 (2013), pp. 2072-2085.

98  Czernotta, Annegret: Erleuchtung im Klassenzimmer. Licht beeinflusst unser Denken — und die Leseleistung von Schülern, in: *Neue Zürcher Zeitung*, 21. November 2010.

99  Giles, R. M. u. a.: Recall of Lecture Information: A Question of What, When, and Where, in: *Medical Education* 16/5 (1982), pp. 264-268.

100 Rennels, Max R.; Chaudhari, Ramesh B.: Eye-contact and Grade Distribution, in: *Perceptual and Motor Skills* 67 (1988), pp. 627-632.

101 Benedict, Mary Ellen; Hoag, John: Seating Location in Large Lectures: Are Seating Preferences or Location Related to Course Performance?, in: *The Journal of Economic Education* 35/3 (2004), pp. 215-231.

102 Meusburger, Peter: Wissen und Raum — ein subtiles Beziehungsgeflecht, in: Kempter, Klaus; Meusburger, Peter (Hrsg.): *Bildung und Wissensgesellschaft*, 2006, p. 274.

103 Gispert, Laura; Grau, Benjamin: Zeit hat hier keine Bedeutung mehr, in: *Frankfurter Allgemeine Zeitung*, 10. Mai 2012.

104 http://www.archdaily.com/184725/can-design-influence-memory.

105 Fuchs: *Das Gedächtnis unseres Körpers*, p. 2.

106 같은 글.

107 같은 글.

108 Simon, Fritz B.: *Die Kunst, nicht zu lernen. Und andere Paradoxien in Psychotherapie, Management, Politik ...*, 2002, p. 154.

109 같은 책, p. 156.

110 Parker, Elizabeth S.; Cagill, Larry; McGaugh, James L.: A Case of Unusual Autobiographical Remembering, in: *Neurocase* 12 (2006), pp. 35-49.

## 4부. 좋은 아이디어가 당신을 찾아내도록

1 Liessmann, Konrad Paul: Rennräder sind Reflexionsmaschinen. Im Gespräch mit Lukas Wieselberg, 31. Mai 2013, http://science. orf.at/stories/1718831; ders.: Die letzte Kehre. Hommage an das Rennrad, in: *Das Universum der Dinge. Zur* Ästhetik *des Alltäglichen*, 2010, p. 145ff.

2 Andreasen, Nancy C.: Secrets of the Creative Brain, in: *The Atlantic*, 25. Juni 2014.

3 Andreasen, Nancy C.: *A Journey into Chaos: Creativity and the Unconscious*, 2011, pp. 42-53.

4 Andreasen: *Secrets of the Creative Brain*.

5 같은 책.

6 Einstein, Albert: How I Created the Theory of Relativity, in: *Physics Today* 35/8 (1982), p. 47.

7 Liessmann: Rennräder sind Reflexionsmaschinen.

8 Leung, Angela Ka-yee u. a.: Embodied Metaphors and Creative ≪Acts≫, in: *Psychological Science* 23/5 (2012).

9   Bernhard, Thomas: *Gehen*, 1971, p. 7.

10  같은 책, p. 85f.

11  Johnson, Steven: *Wo gute Ideen herkommen. Eine kurze Geschichte der Innovation*, 2013, p. 124.

12  같은 책, p. 126.

13  http://www.jkrowling.com/de_DE/#/zeitlinie/es-begann-am-bahnsteig.

14  Bodmer, Thomas: Die Herrin von Hogwarts, in: *stern.de*, 20. Juli 2007, http://www.stern.de/kultur/film/2-joanne-k-rowling-die-herrin-vonhogwarts-592935.html.

15  Aitkenhead, Decca: J.K. Rowling: The worst that can happen is that everyone says, That's shockingly bad, in: *The Guardian*, 22. September 2012.

16  Bodmer: Die Herrin von Hogwarts.

17  Akinola, Modupe; Mendes, Wendy Berry: The Dark Side of Creativity: Biological Vulnerability and Negative Emotions Lead to Greater Artistic Creativity, in: *Personality and Social Psychology Bulletin* 34/12 (2008), pp. 1677–1686.

18  Leung u. a.: Embodied Metaphors and Creative ≪Acts≫.

19  Meyers-Levy, Joan; Zhu, Rui (Juliet): The Influence of Ceiling Height: The Effect of Priming on the Type of Processing That People Use, in: *Journal of Consumer Research* 34/2 (2007).

20  Mehta, Ravi; Zhu, Rui (Juliet): Blue or Red? Exploring the Effect of Color on Cognitive Task Performances, in: *Science* 323/5918 (2009), pp. 1226–1229.

21  Steidle, Anna; Werth, Lioba: Freedom from Constraints: Darkness and Dim Illumination Promote Creativity, in: *Journal of Environmental Psychology* 35 (2013), pp. 67–80.

22  Jacobs, Tom: Dim Lighting Sparks Creativity, in: *Pacific Standard*, 18. Juni 2013.

23  빈의 응용미술박물관에서 2011년 8월까지 '위대한 빈의 커피하우스 실

험'이 열렸다. 그레고르 아이힝거는 그 자신의 표현대로 '연구 감독'의 자격으로 참여했으며, 미래의 커피하우스를 설계한 디자이너들을 베를린, 뉴욕, 밀라노에서 데려왔다.

24 Mehta, Ravi; Zhu, Rui (Juliet); Scheema, Amar: Is Noise Always Bad? Exploring the Effects of Ambient Noise on Creative Cognition, in: *Journal of Consumer Research* 39/4, pp. 784–799.

25 동료 프리츠 슈트락과 공동 연구를 하고 있다. Förster; Strack: *Motor Actions in Retrieval of Valenced Information.*

26 Förster: *The Influence of Approach and Avoidance Motor Actions on Food Intake.*

27 Storch: *Wie Embodiment in der Psychologie erforscht wurde*, p. 59f.

28 Förster, Jens; Werth, Lioba: Zur Wechselwirkung von Medien und Motorik, in: *Zeitschrift für Sozialpsychologie* 32/4 (2011).

29 Casasanto, Daniel: Embodiment of Abstract Concepts: Good and Bad in Right-and Left-Handers, in: *Journal of Experimental Psychology: General* 138/3 (2009), pp. 351–367.

30 Casasanto, Daniel; Chrysikou, Evangelina G.: When Left is ≪Right≫: Motor Fluency Shapes Abstract Concepts, in: *Psychological Science* 22/4 (2011), pp. 419–422.

31 Jandl, Ernst: *Laut und Luise*, 1976, p. 135.

32 Briñol, Pablo; Petty, Richard E.: Overt Head Movements and Persuasion: A Self-Validation Analysis, in: *Journal of Personality and Social Psychology* 84/6 (2003), pp. 1123–1139.

33 Grabmeier, Jeff: Nodding Or Shaking Your Head May Even Influence Your Own Thoughts, in: Study Finds, http://news.osu.edu/news/2003/07/03/headmvmt.

34 같은 글.

35 Harmon-Jones, Eddie; Gable, Philip A.; Price, Tom F.: Leaning Embodies Desire: Evidence That Leaning Forward Increases Relative Left Frontal Cortical Activation to Appetitive Stimuli, in: *Biological Psychology* 87/2 (2011), pp. 311–313.

36 Tschacher; Storch: *Die Bedeutung von Embodiment für Psychologie und Psychotherapie.*

37 Ackerman, Joshua M.; Nocera, Christopher C.; Bargh, John A.: Incidental Haptic Sensations Influence Social Judgments and Decisions, in: *Science* 328 (2010), pp. 1712–1715.

38 Kouchaki, Maryam; Gino, Francesca; Jami, Ata: The Burden of Guilt: Heavy Backpacks, Light Snacks, and Enhanced Morality, in: *Journal of Experimental Psychology: General* 143/1 (2014), pp. 414–424.

39 Ackerman; Nocera; Bargh: *Incidental Haptic Sensations Influence Social Judgments and Decisions.*

40 Bradt, Steve: How Touch Can Influence Judgments, in: *Harvard Gazette*, 24. Juni 2010.

41 같은 글.

42 Zhong; Liljenquist: *Washing Away Your Sins*, pp. 1451–1452.

43 같은 글.

44 Liljenquist, Katie; Zhong, Chen-Bo; Galinsky, Adam D.: The Smell of Virtue: Clean Scents Promote Reciprocity and Charity, in: *Psychological Science* 21/3 (2010), pp. 381–383.

45 Lee, Spike W. S.; Schwarz, Norbert: Wiping the Slate Clean: Psychological Consequences of Physical Cleansing, in: *Current Directions in Psychological Science* 20/5 (2011), pp. 307–311.

46 Lee, Spike W. S.; Schwarz, Norbert: Dirty Hands and Dirty Mouths: Embodiment of the Moral-Purity Metaphor Is Specific to the Motor Modality Involved in Moral Transgression, in: *Psychological Science* 21/10 (2010), pp. 1423–1425.

47 Schnall, Simone; Benton, Jennifer; Harvey, Sophie: With a Clean Conscience: Cleanliness Reduces the Severity of Moral Judgments, in: *Psychological Science* 19/12 (2008), pp. 1219–1222.

48 Lakoff; Johnson: *Leben in Metaphern*, p. 161.

49 그래서 슈미트는 자신이 쓴 책의 한 장의 제목을 다음처럼 달았다. '소

중한 정보원 역할을 하는 '장내 일주'라는 용어 사용으로의 이른바 재
발에 대하여.' Schmidt, Gunther: *Liebesaffären zwischen Problem
und Lösung. Hypnosystemisches Arbeiten in schwierigen Kontexten*,
2004, p. 361f.

50  Krauss-Kogan: *Die Bedeutung des Körpers in der Gestalttherapie*,
p. 899f.

51  Prior, Manfred: *MiniMax-Interventionen. 15 minimale Interven-
tionen mit maximaler Wirkung*, 2009, p. 44.

## 5부. 그래서 아인슈타인은 양말을 신지 않았다

1   Mark G. Frank; Thomas Gilovich: The Dark Side of Self- and
Social Perception: Black Uniforms and Aggression in Professional
Sports, in: *Journal of Personality and Social Psychology* 54/1 (1988),
pp. 74-85.

2   http://www.huffingtonpost.de/2014/04/15/kleidung-im-buero_
n_5153369.html.

3   http://www.welt.de/wissenschaft/article8820092/Rot-macht-
Maenner-sexy-Weiss-steht-fuer-Langweiler.html.

4   Zweig: *Die Welt von Gestern*, p. 94.

5   내가 진행한 인터뷰에서의 발언. 해당 인터뷰는 2014년 『쥐트도이체 차
이퉁 마가진』 제17호에 '사람들이 나를 좋아했으면 좋겠다'라는 제목으
로 실렸다.

6   Adam, Hajo; Galinsky, Adam D.: Enclothed Cognition, in: *Journal
of Experimental Social Psychology* 48/4 (2012), pp. 918-925.

7   이 책의 주제인 '신체를 통한 사고' 또는 '체화된 인지'를 뜻하는
'Embodied Cognition'을 참고해서 만든 표현이다.

8   Adam; Galinsky: *Enclothed Cognition*.

9   Pine, Karen J.: *Mind What You Wear. The Psychology of Fashion*,
2014.

10  https://twitter.com/beckenbauer/status/340846078846988288.

11  독일 분데스리가, 챔피언스리그, DFB 포칼컵

12  Xu, Alison Jing; Zwick, Rami; Schwarz, Norbert: Washing Away Your (Good or Bad) Luck: Physical Cleansing Affects Risk-Taking Behavior, in: *Journal of Experimental Psychology: General* 141/1 (2012).

13  저자는 군트람 루카스(Guntram Lukas)이며 2010년에 출간되었다.

14  Nemeroff, Carol; Rozin, Paul: The Contagion Concept in Adult Thinking in the United States: Transmission of Germs and of Interpersonal Influence, in: *Ethos* 22/2 (1994), pp. 158-186.

15  Rozin, Paul; Haidt, Jonathan; McCauley, Clark: Disgust: The Body and Soul Emotion in the 21st Century, in: McKay, Dean; Olatunji, Bunmi O. (Hrsg.): *Disgust and Its Disorders*, 2008, p. 11.

16  이 철칙에도 예외가 있다. 영국에서는 빨간 양말을 신는 것이 전혀 예법에 어긋나지 않는다.

17  http://www.wellcat.com/may/no_socks_day.htm.

옮긴이 **이기숙**

연세대학교 독어독문학과를 졸업하고 독일 뒤셀도르프대학교에서 언어학으로 박사
학위를 받았다. 현재 전문 번역가로 활동하며 독일 인문사회과학서와 예술서, 소설을
우리말로 옮기고 있다. 제17회 한독문학번역상을 수상했다. 옮긴 책으로 『음악과 음
악가』 『율리아와 동네 기사단』 『공간적 전회』 『나의 인생』 『데미안』 『소녀』 『인간과 공
간』 『푸르트벵글러』 『이탈리아 르네상스의 문화』 『청춘의 집, 아우어하우스』 『담배 가
게 소년』 등이 있다.

아인슈타인은 왜 양말을 신지 않았을까
사소한 행동들의 결코 사소하지 않은 힘

1판 1쇄 2019년 2월 15일 | 1판 2쇄 2019년 4월 12일

지은이 크리스티안 안코비치 | 옮긴이 이기숙 | 펴낸이 염현숙

책임편집 이경록 | 편집 고아라 | 디자인 엄자영 | 저작권 한문숙 김지영
마케팅 정민호 이숙재 양서연 안남영 | 홍보 김희숙 김상만 이천희
제작 강신은 김동욱 임현식 | 제작처 한영문화사

펴낸곳 (주)문학동네
출판등록 1993년 10월 22일 제406-2003-000045호
주소 10881 경기도 파주시 회동길 210
전자우편 editor@munhak.com | 대표전화 031) 955-8888 | 팩스 031) 955-8855
문의전화 031) 955-3578(마케팅) 031) 955-3572(편집)
문학동네카페 http://cafe.naver.com/mhdn | 트위터 @munhakdongne
북클럽문학동네 http://bookclubmunhak.com

ISBN 978-89-546-5485-2 03180

www.munhak.com